民事执行实务精要

请求权基础·案例·专题

周培鑫 / 编著

中国法治出版社
CHINA LEGAL PUBLISHING HOUSE

序言
Preface

  司法是社会公正的最后一道防线。司法裁判的主要任务是明确权利义务，实现定分止争，而执行工作则以国家强制力为后盾，以实现胜诉当事人权益为目标。因此，执行工作必然是司法活动中各种矛盾集中冲突、激烈对抗的过程。

  最高人民法院于2016年3月15日公开发布的《人民法院执行工作报告》白皮书指出，相当一部分有履行能力的被执行人逃避、规避甚至抗拒执行。有的玩"人间蒸发"，四处隐藏难觅踪影；有的直接转移、隐匿财产，造成资产状况不明的假象；有的移花接木，将房产、股权、证券等登记在他人名下，使追加执行困难重重；有的搞假离婚、假破产甚至假诉讼，玩"金蝉脱壳"，悬空债务；有的诉诸威胁，以跳楼、喝农药、自焚等极端方式阻碍执行；有的不惜暴力抗法，围攻、殴打执行人员，抗拒执行等，可谓心思费尽，花样翻新，不仅消耗了有限的司法资源，造成了案件执行难，而且严重破坏了社会诚信体系建设。

  现代社会禁止非法暴力，除正当防卫、紧急避险等危急情形外，人们应当首先寻求公力救济，通过法定的程序，由国家来匡扶正义。在民事法律关系中，除当事人以法定事由诉请外，国家一般不介入私人事务，这体现为司法活动的被动性，即不诉不理，不请不裁，不申不执。我国有两千多年的中央集权统治史，传统上诉讼活动以官员为主导，采取纠问模式，这与现代司法的被动性完全不同。现代司法注重程序公平，双方享有平等的程序性权利，通过程序去发现法律事实，追求但不保证实质上的正义。法官不是事件的亲历者，无法知道客观上发生了什么，只能认可通过证据来还原事实真相，在法律事实的基础上作出裁判。对普通民众来说，如果不了解现代司法的这种特性，就可能会对审判公正性产生怀疑，对执行不能难以理解，从而动摇对司法的信心。

  在执行活动中，司法的被动性尤为明显。在审判活动中，当事人在发起诉讼程序之后，后续审判工作主要由法官推动，直至作出裁判文书并送达，而执行活动则完全不同，大量工作需要当事人推动法官完成。强制措施的对象主要是针对被执行人的财产，执行活动都围绕财产线索的查找、控制与变价展开，从程序启动、财产调查到查封、扣押、冻结措施等，都需要执行员推动完成。除了网络查控之外，对于其他执行措施，一般执行员不会依职权启动，而是需要申请执行人主动提出申请。这种"申请—审查—实施"的过程，就是一步步调动国家强制力的过程。如何有效地调动这些强制措施，对于能否成功执行十分重要，可以说执行效果的好坏，与当事人能在多大程度上调动国家强制力密切相关。

自20世纪90年代以来，"执行难"逐步成为司法领域的一个痼疾，使不少胜诉判决沦为"法律白条"，严重影响了人们对司法的信心。2014年召开的中共十八届四中全会提出全面推进依法治国，要求解决执行难问题。2016年最高法院提出"用两到三年时间基本解决执行难"，此后出台大量司法解释和规范文件，弥补执行立法不足的缺陷，建立起限制高消费、失信联合惩戒、网络查控、网络拍卖等多项配套制度。

目前，我国民事执行的依据是《民事诉讼法》及相关的司法解释和规范性文件，这些规定非常庞杂。我深刻感觉到对这些规定进行系统性梳理很有必要，正是抱着这样的想法，本书以执行程序中的请求权为脉络，对民事执行法律法规进行了系统地归纳总结，希望能对法律同仁有所帮助。但必须说明的是，因本人能力有限，这种梳理难免有失周全，有些请求权还值得商榷，很多地方经验也不具有普遍性，这需要我们在实践中不断探索。党的二十届三中全会提出，"深化审判权和执行权分离改革，健全国家执行体制，强化当事人、检察机关和社会公众对执行活动的全程监督"，为执行工作的改革发展指明了方向。我衷心地希望国家法治进步，希望全国人大早日重启强制执行立法工作，让执行难不再是个社会问题。

2024年11月12日

第一章　执行程序启动与强制措施

第一节　执行程序启动 /003

一、申请执行 /003

二、执行时效 /005

三、迟延履行责任 /006

四、执行回转 /007

专题一　如何判断生效法律文书的可执行性，以及执行内容不明确时，执行机构应当如何处理？/008

第二节　财产控制 /010

一、一般规定 /011

专题二　执行程序中，在同一案件中同时存在人的担保和物的担保情况下，能否直接执行保证人的财产？/014

二、共有、第三人 /016

三、效力 /018

四、轮候查封 /020

五、预查封 /021

六、分割查封 /023

专题三　关于诉讼程序中采取查封、扣押、冻结措施的注意事项 /023

第三节　搜查 /027

第四节　财产变价 /029

  一、处置参考价 /029

  二、司法评估 /030

  三、拍卖变卖 /034

  四、直接变卖 /042

  五、竞买资格 /043

  专题四　执行程序中，投资人如何尽调及解决不动产疑难问题？/044

  六、税费承担 /048

  专题五　关于司法拍卖中涉及的税种、承担原则及税收优先权的处理 /049

第五节　履行交付 /055

  一、交付财产 /055

  二、强制移交 /056

  三、代履行 /056

  四、排除妨害 /057

第六节　对妨害执行的强制措施 /057

  一、妨害执行行为 /058

  二、恶意串通损害他人合法权益 /059

  三、拒不履行协助执行义务 /059

  专题六　不动产执行程序中，如何应对暴力抗拒执行的行为？/060

第七节　执行和解 /064

第八节　执行程序管理 /066

  一、执行中止 /066

  二、暂缓执行 /066

  三、执行终本 /067

  四、执行终结 /069

  五、执行结案 /070

  专题七　执行程序中，当事人隐匿、拒签法律文书，如何解决送达问题？/070

第二章　财产调查、执行与分配

第一节　财产调查 /079

一、法院调查 /079

二、报告财产令 /081

三、律师调查令 /082

专题八　律师调查令制度梳理、实践中的问题与立法展望 /082

四、委托审计 /087

五、悬赏公告 /088

六、调查询问 /089

第二节　协助执行 /089

一、协助执行义务 /090

二、违反协助义务的法律责任 /091

第三节　关于被执行人责任财产的执行 /092

一、关于责任财产的范围 /093

专题九　关于被执行人责任财产的认定问题 /099

二、关于"唯一住房"的执行 /105

三、关于瑕疵不动产的执行 /106

四、关于公司股权的执行 /112

五、关于上市公司股票的执行 /114

六、关于船舶执行的特别规定 /117

七、关于执行特定物灭失或毁损的处理 /119

八、关于第三人到期债权的执行 /120

专题十　关于执行过程中抵押权人收取租金的实务问题 /123

九、关于第三人持有被执行人财产的执行 /126

专题十一　在不动产名义登记人与实际权利人不一致时，如何执行？ /127

十、关于第三人共有财产的执行 /129

专题十二　对于被执行人与案外人（含配偶）共有的财产以及未成年子女名下财产，如何执行？ /130

003

第四节 执行顺序与分配 /135

一、一般受偿顺序 /135

二、优先受偿权 /137

三、狭义参与分配 /141

四、广义参与分配 /143

专题十三 执行程序中，债权人如何申请参与分配？/143

第三章 破产、清算与扩大被执行主体

第一节 扩大被执行主体 /149

一、申请变更、追加权利承受人 /149

二、申请变更、追加股东、出资人 /150

三、申请变更、追加清算义务人、承诺人 /152

四、申请追究发起人、董事、高级管理人员及第三人的赔偿责任 /153

五、变更、追加救济程序 /156

第二节 申请清算 /157

第三节 申请破产 /160

专题十四 新修订《公司法》的探讨，如何更好地保护债权人利益？/163

第四章 执行异议与案外人权利救济

第一节 执行异议 /173

一、执行行为异议 /173

二、执行标的异议 /177

专题十五 关于确权之诉、执行异议之诉与权利保护的顺位问题 /186

第二节 执行异议之诉 /191

专题十六 执行异议之诉与撤销之诉、再审的衔接，案外人、当事人如何正确地选择救济程序？/198

第三节 刑民交叉执行异议 /204

一、刑事查封、扣押、冻结措施的异议 /204

二、刑事涉案财产的执行异议 /206

目 录

专题十七　执行程序中，民事执行标的同时被刑事查封时，"民刑交叉"案件如何处理？/210

第五章　关于规避执行的应对策略

第一节　采取联合惩戒措施 /215

一、限制高消费 /215

二、纳入失信被执行人名单 /217

三、媒体曝光 /219

四、限制出境 /219

五、失信惩戒措施 /220

六、公职人员监督 /220

专题十八　被执行人恶意变更法定代表人逃避执行，应当如何应对？/221

第二节　依法破解规避执行行为 /223

一、破解恶意转移财产行为 /223

专题十九　关于被执行人规避执行行为的具体表现与应对措施 /226

二、破解恶意诉讼行为 /230

三、破解虚假仲裁行为 /233

专题二十　案外人如何破解虚假仲裁、调解等难题？/236

四、破解利用公司规避执行行为 /238

五、追究被执行人、案外人侵权责任 /241

六、以物抵债协议的效力审查 /242

专题二十一　被执行人与案外人以恶意租赁方式排除执行，申请执行人应如何破除？/243

第三节　追究被执行人的刑事责任 /247

一、拒不执行生效判决、裁定罪 /248

专题二十二　关于拒不执行判决、裁定犯罪的法律适用，以及如何以刑事手段推动执行工作？/253

二、非法处置查封、扣押、冻结的财产罪 /258

三、妨害清算罪 /260

　　　　四、隐匿、故意销毁会计凭证、会计账簿、财务会计报告罪 /261

　　　　五、虚假破产罪 /261

　　　　六、虚假诉讼罪 /263

　　专题二十三　执行程序中，申请执行人如何发起刑事控告程序？/269

第六章　执行监督、申诉与国家赔偿

　　第一节　执行工作监督 /277

　　　　一、申请督促执行 /277

　　　　二、申请移送执行 /278

　　　　三、申请执行监督 /279

　　　　四、申请检察监督 /281

　　专题二十四　关于人民法院执行权制约与内部分离机制 /283

　　第二节　执行信访申诉 /285

　　　　一、执行案件信访程序 /285

　　　　二、人民法院监察程序 /286

　　　　三、人民法院督查程序 /287

　　　　四、执行工作"一案双查" /288

　　第三节　执行国家赔偿 /289

请求权基础索引表 /293

第一章　执行程序启动与强制措施

第一节　执行程序启动

法律文书生效之后，即具有以国家强制力为保障的效力。一方当事人拒绝履行时，对方当事人即有权向人民法院申请强制执行。除给付赡养费、扶养费、抚育费及刑事附带民事法律文书由审判庭移送执行以外，其他法律文书均由当事人提出执行申请，超过一定期限未申请执行，即有可能丧失强制执行力。因此，当事人在取得生效法律文书之后，应当及时启动执行程序，通过国家强制力保证胜诉权益的实现。

一、申请执行

> **第1项请求权：申请执行民事判决、裁定**　发生法律效力的民事判决、裁定，当事人必须履行。一方拒绝履行的，对方当事人可以向人民法院申请执行，也可以由审判员移送执行员执行。调解书和其他应当由人民法院执行的法律文书，当事人必须履行。一方拒绝履行的，对方当事人可以向人民法院申请执行。[1]

最高人民法院指导案例　生效法律文书确定的权利人在进入执行程序前合法转让债权的，债权受让人即权利承受人可以作为申请执行人直接申请执行，无需执行法院作出变更申请执行人的裁定。[2]

最高人民法院案例　债权转让后各方均没有向执行法院提交该协议及申请变更申请执行人，原权利人始终是申请执行人。此种情况下债权转让协议是否生效、履行条件是否成就、是否依协议履行等，只是债权转让双方间的民事合同法律关系问题，对执行程序无直接影响。[3]

同步采取措施　执行员接到申请执行书或者移交执行书，应当向被执行人发出执

---

[1]　参见《民事诉讼法》第二百四十七条。
[2]　参见李某裕、李某玲申请执行厦门海某实业（集团）股份有限公司、厦门海某实业总公司执行复议案执行裁定书［最高人民法院指导案例34号、（2012）执复字第26号］。
[3]　参见上海超某投资管理有限公司、中某供应链管理有限公司买卖合同纠纷执行审查类执行裁定书［（2017）最高法执监435号］。

行通知，并可以立即采取强制执行措施。①

> **第2项请求权：申请执行仲裁裁决** 申请执行仲裁机构的仲裁裁决，应当向人民法院提交有仲裁条款的合同书或仲裁协议书。申请执行国外仲裁机构的仲裁裁决的，应当提交经我国驻外使领馆认证或我国公证机关公证的仲裁裁决书中文本。②
>
> **第3项请求权：申请执行赋予强制执行效力的债权文书** 对公证机关依法赋予强制执行效力的债权文书，一方当事人不履行的，对方当事人可以向有管辖权的人民法院申请执行，受申请的人民法院应当执行。公证债权文书确有错误的，人民法院裁定不予执行，并将裁定书送达双方当事人和公证机关。③
>
> **第4项请求权：申请执行实现担保物权裁定、确认调解协议裁定、支付令** 发生法律效力的实现担保物权裁定、确认调解协议裁定、支付令，由作出裁定、支付令的人民法院或者与其同级的被执行财产所在地的人民法院执行。认定财产无主的判决，由作出判决的人民法院将无主财产收归国家或者集体所有。④

移送执行 生效法律文书的执行，一般应当由当事人依法提出申请。发生法律效力的具有给付赡养费、扶养费、抚育费内容的法律文书、民事制裁决定书，以及刑事附带民事判决、裁定、调解书，由审判庭移送执行机构执行。⑤

第一审人民法院或同级财产所在地人民法院执行 发生法律效力的民事判决、裁定，以及刑事判决、裁定中的财产部分，由第一审人民法院或者与第一审人民法院同级的被执行的财产所在地人民法院执行。法律规定由人民法院执行的其他法律文书，由被执行人住所地或者被执行的财产所在地人民法院执行。⑥

申请执行人向被执行的财产所在地人民法院申请执行的，应当提供该人民法院辖区有可供执行财产的证明材料。⑦

---

① 参见《民事诉讼法》第二百五十一条。
② 参见《最高人民法院关于人民法院执行工作若干问题的规定（试行）》第19条。
③ 参见《民事诉讼法》第二百四十九条。
④ 参见《最高人民法院关于适用〈中华人民共和国民事诉讼法〉的解释》第四百六十条。
⑤ 参见《最高人民法院关于人民法院执行工作若干问题的规定（试行）》第17条。
⑥ 参见《民事诉讼法》第二百三十五条。
⑦ 参见《最高人民法院关于适用〈中华人民共和国民事诉讼法〉执行程序若干问题的解释》第一条。

> **第 5 项请求权：申请执行担保财产或者保证人的财产**　在执行中，被执行人向人民法院提供担保，并经申请执行人同意的，人民法院可以决定暂缓执行及暂缓执行的期限。被执行人逾期仍不履行的，人民法院有权执行被执行人的担保财产或者担保人的财产。①

执行过程中，第三人因书面承诺自愿代被执行人偿还债务而被追加为被执行人后，无正当理由反悔并提出异议的，人民法院不予支持。②

人民法院依照民事诉讼法第二百三十八条规定决定暂缓执行的，如果担保是有期限的，暂缓执行的期限应当与担保期限一致，但最长不得超过一年。被执行人或者担保人对担保的财产在暂缓执行期间有转移、隐藏、变卖、毁损等行为的，人民法院可以恢复强制执行。③

人民法院在审理案件期间，保证人为被执行人提供保证，人民法院据此未对被执行人的财产采取保全措施或解除保全措施的，案件审结后如果被执行人无财产可供执行或其财产不足清偿债务时，即使生效法律文书中未确定保证人承担责任，人民法院有权裁定执行保证人在保证责任范围内的财产。④

二、执行时效

申请执行的期间为二年。申请执行时效的中止、中断，适用法律有关诉讼时效中止、中断的规定。⑤ 因撤销申请而终结执行后，当事人在民事诉讼法第二百四十六条规定的申请执行时效期间内再次申请执行的，人民法院应当受理。⑥

最高人民法院批复　生效法律文书确定保证人和主债务人承担连带责任的，连带责任保证人与主债务人即各自独立对债权人承担全部连带债务，债权人向连带责任保证人和主债务人申请强制执行的期限应当同时开始计算。债权人在法定申请强制执行期限内只对主债务人申请执行，而未申请执行保证人的，在申请执行期限届满后即丧

---

① 参见《民事诉讼法》第二百四十二条。
② 参见《最高人民法院关于人民法院办理执行异议和复议案件若干问题的规定》第十八条。
③ 参见《最高人民法院关于适用〈中华人民共和国民事诉讼法〉的解释》第四百六十七条。
④ 参见《最高人民法院关于人民法院执行工作若干问题的规定（试行）》第五十四条。
⑤ 参见《民事诉讼法》第二五十条第一款。
⑥ 参见《最高人民法院关于适用〈中华人民共和国民事诉讼法〉的解释》第五百一十八条。

失了对连带责任保证申请强制执行的权利。①

下列请求权不适用诉讼时效的规定：（一）请求停止侵害、排除妨碍、消除危险；（二）不动产物权和登记的动产物权的权利人请求返还财产；（三）请求支付抚养费、赡养费或者扶养费；（四）依法不适用诉讼时效的其他请求权。②

最高人民法院案例 从抚养费的性质来看，其属于具有财产利益内容的身份权请求权，且事关公序良俗和人的基本生存权利，以及未成年人和不能独立生活的子女等弱势群体的利益保护。在抚养法律关系存续期间，给付抚养费的请求权不应适用诉讼时效的规定，亦不应适用申请执行时效的规定。③

三、迟延履行责任

被执行人未按判决、裁定和其他法律文书指定的期间履行给付金钱义务的，应当加倍支付迟延履行期间的债务利息。被执行人未按判决、裁定和其他法律文书指定的期间履行其他义务的，应当支付迟延履行金。④ 被执行人迟延履行的，迟延履行期间的利息或者迟延履行金自判决、裁定和其他法律文书指定的履行期间届满之日起计算。⑤

迟延履行金 被执行人未按判决、裁定和其他法律文书指定的期间履行非金钱给付义务的，无论是否已给申请执行人造成损失，都应当支付迟延履行金。已经造成损失的，双倍补偿申请执行人已经受到的损失；没有造成损失的，迟延履行金可以由人民法院根据具体案件情况决定。⑥

迟延履行债务利息 根据民事诉讼法第二百五十三条规定加倍计算之后的迟延履行期间的债务利息，包括迟延履行期间的一般债务利息和加倍部分债务利息。迟延履行期间的一般债务利息，根据生效法律文书确定的方法计算；生效法律文书未确定给

---

① 参见《最高人民法院执行工作办公室关于申请执行人在法定期限内向法院申请执行主债务人但未申请执行负有连带责任的担保人，在法定申请期限届满后，法院是否可以依申请人的申请强制执行连带责任人的请示的答复》[〔2004〕执他字第29号]。
② 参见《民法典》第一百九十六条。
③ 参见冯某、程某离婚纠纷执行审查类执行裁定书[（2020）最高法执监66号]。
④ 参见《民事诉讼法》第二百六十四条。
⑤ 参见《最高人民法院关于适用〈中华人民共和国民事诉讼法〉的解释》第五百零四条。
⑥ 参见《最高人民法院关于适用〈中华人民共和国民事诉讼法〉的解释》第五百零五条。

付该利息的，不予计算。加倍部分债务利息的计算方法为：加倍部分债务利息＝债务人尚未清偿的生效法律文书确定的除一般债务利息之外的金钱债务×日万分之一点七五×迟延履行期间。①

被执行人的财产不足以清偿全部债务的，应当先清偿生效法律文书确定的金钱债务，再清偿加倍部分债务利息，但当事人对清偿顺序另有约定的除外。②

最高人民法院案例　迟延履行期间的加倍部分债务利息，是债务人没有履行生效判决确定的义务而产生的法律后果，其立法本意是最大限度地保护债权人的合法权益，给迟延履行的债务人以惩罚，该债务利息具有惩罚的性质。而民事法律文书中确定的金钱给付之债中的利息是当事人基于合同法律关系而产生的，具有收益、补偿损失的性质，因此，两种利息的性质明显不同。债权人将加倍利息纳入优先受偿范围的主张缺乏法律依据，不能成立。③

四、执行回转

> **第6项请求权：申请执行回转**　在执行中或执行完毕后，据以执行的法律文书被人民法院或其他有关机关撤销或变更的，原执行机构应当依照民事诉讼法第二百三十三条的规定，依当事人申请或依职权，按照新的生效法律文书，作出执行回转的裁定，责令原申请执行人返还已取得的财产及其孳息。拒不返还的，强制执行。执行回转应重新立案，适用执行程序的有关规定。④

执行回转时，已执行的标的物系特定物的，应当退还原物。不能退还原物的，经双方当事人同意，可以折价赔偿。双方当事人对折价赔偿不能协商一致的，人民法院应当终结执行回转程序。申请执行人可以另行起诉。⑤

---

① 参见《最高人民法院关于执行程序中计算迟延履行期间的债务利息适用法律若干问题的解释》第一条。
② 参见《最高人民法院关于执行程序中计算迟延履行期间的债务利息适用法律若干问题的解释》第四条。
③ 参见中国信某资产管理股份有限公司河南省分公司、河南信某祥实业有限公司金融借款合同纠纷执行审查类执行裁定书［（2019）最高法执监378号］。
④ 参见《最高人民法院关于人民法院执行工作若干问题的规定（试行）》第65条。
⑤ 参见《最高人民法院关于人民法院执行工作若干问题的规定（试行）》第66条。

民事执行实务精要：请求权基础·案例·专题

专题一　如何判断生效法律文书的可执行性，以及执行内容不明确时，执行机构应当如何处理？

一、生效法律文书执行应当具备的条件

当事人申请人民法院执行的生效法律文书应当具备下列条件：（一）权利义务主体明确；（二）给付内容明确。法律文书确定继续履行合同的，应当明确继续履行的具体内容。①

由于诉讼的目的不同，诉讼可以分为给付之诉、确认之诉和形成之诉。给付之诉是要求法院判决义务人为一定义务的诉讼；确认之诉是要求法院确认一定法律关系存在与否的诉讼；形成之诉是要求法院变动既有法律关系的诉讼。确认之诉、形成之诉均因无给付内容而无执行力。只有在给付之诉中，在一方没有履行义务时，另一方可以向法院申请强制执行，具有强制执行力。

在实践中，有的当事人在起诉时没有提出正确的诉讼请求，或是诉讼请求缺乏给付内容，而法官在庭审中没有行使释明权，或者当事人在法官释明之后没有变更、增加诉讼请求，导致诉讼请求缺乏给付内容。当事人的诉讼请求决定了法院裁决范围，由于没有提出具有给付内容的诉讼请求，法院最终作出缺乏给付内容的裁判文书。如此一来，不仅没有解决当事人的问题，还白白浪费了诉讼救济程序，因"一事不再理"原则而不能再次寻求司法救济。例如，在买卖合同纠纷中，卖方收款后未发货，买方提出诉讼只是要求解除合同，而没有要求卖方退还货款，判决确认双方合同关系解除。这个案件就因为当事人没有提出退款请求，所以判决只是一个形成之诉，没有给付内容，缺乏执行力。

二、判决文书中的"本院认为"部分不可以作为执行依据

裁判文书释法说理的目的是通过阐明裁判结论的形成过程和正当性理由，提高裁判的可接受性，实现法律效果和社会效果的有机统一；其主要价值体现在增强裁判行为的公正度、透明度，规范审判权行使，提升司法公信力和司法权威，发挥裁判的定分止争和价值引领作用。② 判决文书中的"本院认为"部分是审判法院释法说理的集中体现，代表审判法院的倾向性观点，在此基础上对当事人权利义务作最终调整，形成判决主文即判项。

生效法律文书的判项具有强制执行力，属于执行的依据，决定了执行的范围。判

---

① 参见《最高人民法院关于适用〈中华人民共和国民事诉讼法〉的解释》第四百六十一条。
② 参见《最高人民法院关于加强和规范裁判文书释法说理的指导意见》第一条。

决主文是人民法院就当事人的诉讼请求作出的结论,而判决书中的"本院认为"部分,是人民法院就认定的案件事实和判理由所作的表述,其本身并不构成判项的内容。人民法院强制执行只能依据生效判决的主文,而"本院认为"部分不能作为执行依据。①

三、执行内容不明确时应征询审判部门意见

审执分离是司法权内部制约的一项基本原则,审判机构负责审查事实、适用法律,明确当事人实体上的权利义务关系,而执行机构则负责生效法律文书的实施,即在当事人不履行生效法律文书确定的义务时,执行机构根据胜诉权利人的申请,以国家强制力为后盾,强行将当事人的权利调整为法律文书确定的状态。因此,执行机构据以执行的依据必须是明确的,即实体权利义务关系清晰,无任何实体上的争议。

执行机构发现本院作出的生效法律文书执行内容不明确的,应书面征询审判部门的意见。审判部门应在15日内作出书面答复或者裁定予以补正。审判部门未及时答复或者不予答复的,执行机构可层报院长督促审判部门答复。②

执行内容不明确的生效法律文书是上级法院作出的,执行法院的执行机构应当层报上级法院执行机构,由上级法院执行机构向审判部门征询意见。审判部门应在15日内作出书面答复或者裁定予以补正。上级法院的审判部门未及时答复或者不予答复的,上级法院执行机构层报院长督促审判部门答复。③

执行内容不明确的生效法律文书是其他法院作出的,执行法院的执行机构可以向作出生效法律文书的法院执行机构发函,由该法院执行机构向审判部门征询意见。审判部门应在15日内作出书面答复或者裁定予以补正。审判部门未及时答复或者不予答复的,作出生效法律文书的法院执行机构层报院长督促审判部门答复。④

最高人民法院案例 刑事审判部门未在判决书中明确查封财物的处理方式,执行异议审查部门应当书面征询刑事审判部门的意见,对是否涉及申诉人合法权益进行实质性审查。

《最高人民法院关于刑事裁判涉财产部分执行的若干规定》第六条亦规定,刑事裁判涉财产部分的裁判内容,应当明确、具体。涉案财物或者被害人人数较多,不宜

---

① 参见最高人民法院判决主义或判决理由作为执行依据的请求的复函[[2004]执他字第19号]。
② 参见《最高人民法院关于人民法院立案、审判与执行工作协调运行的意见》第15条第一款。
③ 参见《最高人民法院关于人民法院立案、审判与执行工作协调运行的意见》第15条第二款。
④ 参见《最高人民法院关于人民法院立案、审判与执行工作协调运行的意见》第15条第三款。

在判决主文中详细列明的，可以概括叙明并另附清单。案涉房产虽系已经查封的涉案财产，但是执行法院刑事审判部门未在判决书中明确这些财物的处理方式。由于案涉房产属于赃款赃物还是被告人的合法财产不明确，因此，依照相关规定，执行法院在异议审查过程中，应当就此书面征询刑事审判部门的意见，由刑事审判部门依法予以明确。但是，执行法院未书面征询刑事审判部门的意见，径行以没收被告人个人全部财产为由处置案涉房产并无不当，属于认定事实不清，本案应由执行法院重新审查。在重新审查过程中，执行异议审查部门应当就案涉房产是否属于被执行人的合法财产书面征询刑事审判部门的意见。如案涉房产属于被执行人合法财产，则应当就其是否属于申诉人与被执行人的夫妻共同财产、应否为申诉人保留相应份额等问题依法进行实质性审查。①

第二节　财产控制

财产保全措施目的是保证生效法律文书能够顺利执行，对被执行人财产采取的限制处分措施。当事人可以在诉前、诉中申请财产保全措施，进入执行程序后，有效的保全裁定自动转为执行中的保全措施。人民法院在对被执行人的财产进行处分前，必须先采取查封、扣押、冻结措施，进而取得对保全财产的处分权。在执行法院采取保全措施之后，即取得对标的物的处置权，其他对标的物采取租赁、买卖、抵押等处分行为均不能对抗执行法院，包括通过其他法院判决、调解、仲裁等取得的生效法律文书，亦不得对抗执行法院的执行行为。

人民法院对债务人财产采取的查封、扣押、冻结措施，具有固定权利现状、排除之后的权利变动的效力，不仅限制了当事人的处分权，而且取得了对权利归属的裁判权。需要注意的是，实践中有的执行员工作不规范，采取执行措施较为随意，例如将扣留、提取、扣划等措施混淆，对特定财产未采取对应的执行措施，在被执行人、利害关系人提出执行异议后被撤销，导致未能实现保全效果或错失执行良机，对此，申请执行人应引起重视。

---

① 参见李某芝、彭某等刑事执行监督执行裁定书［（2022）最高法执监162号］。

一、一般规定

> **第 7 项请求权：申请查封、扣押、冻结被执行人的动产、不动产及其他财产权**
> 人民法院可以查封、扣押、冻结被执行人占有的动产、登记在被执行人名下的不动产、特定动产及其他财产权。未登记的建筑物和土地使用权，依据土地使用权的审批文件和其他相关证据确定权属。对于第三人占有的动产或者登记在第三人名下的不动产、特定动产及其他财产权，第三人书面确认该财产属于被执行人的，人民法院可以查封、扣押、冻结。①

被保全财产系机动车、航空器等特殊动产的，除被保全人下落不明的以外，人民法院应当责令被保全人书面报告该动产的权属和占有、使用等情况，并予以核实。②

最高人民法院案例 根据合同约定，被执行人对案涉地下商业兼人防工程有经营、使用和有偿转让、出租、抵押的权利。被执行人的上述合同权利具有财产性价值，执行法院对案涉商铺的使用权进行查封，查封范围及内容为商铺使用权在查封期间不得进行转让、出售或抵押，并未超出合同约定范围，具有事实依据。③

对被执行的财产，人民法院非经查封、扣押、冻结不得处分。对银行存款等各类可以直接扣划的财产，人民法院的扣划裁定同时具有冻结的法律效力。④

查封、扣押、冻结期限 人民法院冻结被执行人的银行存款的期限不得超过一年，查封、扣押动产的期限不得超过两年，查封不动产、冻结其他财产权的期限不得超过三年。申请执行人申请延长期限的，人民法院应当在查封、扣押、冻结期限届满前办理续行查封、扣押、冻结手续，续行期限不得超过前款规定的期限。人民法院也可以依职权办理续行查封、扣押、冻结手续。⑤

最高人民法院案例 执行法院根据当事人的申请冻结案涉租金，属于对被执行人其他财产权采取的冻结措施，法院作出的协助执行通知书，未明确记载冻结期限，应

---

① 参见《最高人民法院关于人民法院民事执行中查封、扣押、冻结财产的规定》第二条。
② 参见《最高人民法院关于人民法院办理财产保全案件若干问题的规定》第十四条。
③ 某市住房和城乡建设局、王某平等借款合同纠纷、借款合同纠纷执行复议执行裁定书［（2022）最高法执复15号］。
④ 参见《最高人民法院关于适用〈中华人民共和国民事诉讼法〉的解释》第四百八十四条。
⑤ 参见《最高人民法院关于适用〈中华人民共和国民事诉讼法〉的解释》第四百八十五条。

适用法定最长期限,即冻结期限不得超过三年。①

> **第 8 项请求权：申请扣留、提取被执行人收入** 被执行人未按执行通知履行法律文书确定的义务,人民法院有权扣留、提取被执行人应当履行义务部分的收入。但应当保留被执行人及其所扶养家属的生活必需费用。人民法院扣留、提取收入时,应当作出裁定,并发出协助执行通知书,被执行人所在单位、银行、信用合作社和其他有储蓄业务的单位必须办理。②

最高人民法院案例 人民法院依法可支取被执行人的收入,作为执行案款转交给申请执行人。但对于被执行人的收入,不宜作扩大解释,一般为被执行人的工资、奖金、劳务报酬、稿费等。③

> **第 9 项请求权：申请责令被执行人或其他人限期追回财产或承担赔偿责任** 被执行人或其他人擅自处分已被查封、扣押、冻结财产的,人民法院有权责令责任人限期追回财产或承担相应的赔偿责任。④
>
> **第 10 项请求权：申请禁止被执行人转让知识产权,申请拍卖、变卖知识产权** 被执行人不履行生效法律文书确定的义务,人民法院有权裁定禁止被执行人转让其专利权、注册商标专用权、著作权（财产权部分）等知识产权。上述权利有登记主管部门的,应当同时向有关部门发出协助执行通知书,要求其不得办理财产权转移手续,必要时可以责令被执行人将产权或使用权证照交人民法院保存。对前款财产权,可以采取拍卖、变卖等执行措施。⑤
>
> **第 11 项请求权：申请冻结、提取股息或红利等收益** 对被执行人从有关企业中应得的已到期的股息或红利等收益,人民法院有权裁定禁止被执行人提取和有关企业向被执行人支付,并要求有关企业直接向申请执行人支付。对被执行人预期从有关企业中应得的股息或红利等收益,人民法院可以采取冻结措施,禁止到期后被执

---

① 青岛海某源建筑劳务有限公司、高某涛等借款合同纠纷执行监督执行裁定书[（2022）最高法执监 67 号]。
② 参见《民事诉讼法》第二百五十四条。
③ 参见赵某峰、李某涛服务合同纠纷、服务合同纠纷执行监督执行裁定书[（2021）最高法执监 458 号]。
④ 参见《最高人民法院关于人民法院执行工作若干问题的规定（试行）》第 32 条。
⑤ 参见《最高人民法院关于人民法院执行工作若干问题的规定（试行）》第 35 条。

行人提取和有关企业向被执行人支付。到期后人民法院可从有关企业中提取，并出具提取收据。①

第12项请求权：申请扣划收益权收费账户内资金　生效法律文书确定申请执行人对被执行人的公路、桥梁、隧道等不动产收益权享有质权，申请执行人自行扣划收益权收费账户内资金实现其质押债权，其他债权人以申请执行人仅对收费权享有质权而对收费账户内资金不享有质权为由，向人民法院提起异议的，不予支持。在执行过程中，人民法院可以扣划收益权收费账户内资金实现申请执行人质押债权，收费账户内资金足以清偿债务的，不应对被执行人的收益权进行强制变价。②

第13项请求权：申请扣押、强制转让、拍卖、变卖股份凭证（股票）　对被执行人在其他股份有限公司中持有的股份凭证（股票），人民法院可以扣押，并强制被执行人按照公司法的有关规定转让，也可以直接采取拍卖、变卖的方式进行处分，或直接将股票抵偿给债权人，用于清偿被执行人的债务。③

第14项请求权：申请冻结投资权益或股权　对被执行人在有限责任公司、其他法人企业中的投资权益或股权，人民法院可以采取冻结措施。冻结投资权益或股权的，应当通知有关企业不得办理被冻结投资权益或股权的转移手续，不得向被执行人支付股息或红利。被冻结的投资权益或股权，被执行人不得自行转让。④

第15项请求权：申请转让、拍卖、变卖投资权益或股权　被执行人在其独资开办的法人企业中拥有的投资权益被冻结后，人民法院可以直接裁定予以转让，以转让所得清偿其对申请执行人的债务。对被执行人在有限责任公司中被冻结的投资权益或股权，人民法院可以依据《中华人民共和国公司法》第七十一条、第七十二条、第七十三条的规定，征得全体股东过半数同意后，予以拍卖、变卖或以其他方式转让。不同意转让的股东，应当购买该转让的投资权益或股权，不购买的，视为同意转让，不影响执行。人民法院也可允许并监督被执行人自行转让其投资权益或股权，将转让所得收益用于清偿对申请执行人的债务。⑤

---

① 参见《最高人民法院关于人民法院执行工作若干问题的规定（试行）》第36条。
② 参见《最高人民法院关于在执行工作中进一步强化善意文明执行理念的意见》第12条。
③ 参见《最高人民法院关于人民法院执行工作若干问题的规定（试行）》第37条。
④ 参见《最高人民法院关于人民法院执行工作若干问题的规定（试行）》第38条。
⑤ 参见《最高人民法院关于人民法院执行工作若干问题的规定（试行）》第39条。

拍卖查封、扣押的财产 财产被查封、扣押后,执行员应当责令被执行人在指定期间履行法律文书确定的义务。被执行人逾期不履行的,人民法院应当拍卖被查封、扣押的财产;不适于拍卖或者当事人双方同意不进行拍卖的,人民法院可以委托有关单位变卖或者自行变卖。国家禁止自由买卖的物品,交有关单位按照国家规定的价格收购。①

被执行人生存保障 被执行人未按执行通知履行法律文书确定的义务,人民法院有权查封、扣押、冻结、拍卖、变卖被执行人应当履行义务部分的财产。但应当保留被执行人及其所扶养家属的生活必需品。采取前款措施,人民法院应当作出裁定。②

> **第 16 项请求权:申请自行处分被保全财产** 财产保全期间,被保全人请求对被保全财产自行处分,人民法院经审查,认为不损害申请保全人和其他执行债权人合法权益的,可以准许,但应当监督被保全人按照合理价格在指定期限内处分,并控制相应价款。被保全人请求对作为争议标的的被保全财产自行处分的,须经申请保全人同意。人民法院准许被保全人自行处分被保全财产的,应当通知申请保全人;申请保全人不同意的,可以依照民事诉讼法第二百二十五条规定提出异议。③
>
> **第 17 项请求权:申请解除保全** 财产纠纷案件,被保全人或第三人提供充分有效担保请求解除保全,人民法院应当裁定准许。被保全人请求对作为争议标的的财产解除保全的,须经申请保全人同意。④

专题二 执行程序中,在同一案件中同时存在人的担保和物的担保情况下,能否直接执行保证人的财产?

同一案件中既存在人的担保又有物的担保的情形,在司法实践中比较常见,对于混合担保中债权人实现债权的顺序,《民法典》第三百九十二条(原《物权法》第一百七十六条)对此作出了明确规定,即"被担保的债权既有物的担保又有人的担保的,债务人不履行到期债务或者发生当事人约定的实现担保物权的情形,债权人应当按照约定实现债权;没有约定或者约定不明确,债务人自己提供物的担保的,债权人

---

① 参见《民事诉讼法》第二百五十八条。
② 参见《民事诉讼法》第二百五十五条。
③ 参见《最高人民法院关于人民法院办理财产保全案件若干问题的规定》第二十条。
④ 参见《最高人民法院关于人民法院办理财产保全案件若干问题的规定》第二十二条。

应当先就该物的担保实现债权；第三人提供物的担保的，债权人可以就物的担保实现债权，也可以请求保证人承担保证责任。提供担保的第三人承担担保责任后，有权向债务人追偿"。该条规定包含了以下原则：

第一，有约定的从约定。即当物保和人保并存时，如果当事人之间对债权实现顺序有约定的，按照当事人的约定。此约定既包括当事人之间约定的实现债权的先后顺序的情况，也包括当事人约定债权人有权不分先后，对任意一个物保或者人保主张担保责任的情况。

第二，保证人优待主义。即当事人之间无约定或者约定不明的，如果债务人自己提供了物保，则债权人应当先就该物的担保实现债权。但是，如果在此种情况下，债权没有通过物的担保实现，而是由保证人履行清偿义务，则保证人有权主张行使债权人享有的担保物权。①

最高人民法院案例 被担保的债权既有债务人物的担保又有第三人的担保，在没有约定或者约定不明确时，债权人应当先就该物的担保实现债权。

被担保的债权既有物的担保又有人的担保的，在没有约定或者约定不明确时，债务人自己提供物的担保的，债权人应当先就该物的担保实现债权。此时债务人的物的担保与第三人的人的担保在清偿顺序上并不具有平等性，债权人不享有选择权；当第三人提供物的担保的，债权人可以就该物的担保实现债权，也可以要求保证人承担保证责任。第三人的物的担保与第三人的人的担保在清偿顺序上平等视之，债权人享有选择权。从物权法第一百七十六条关于共同担保责任的立法本意看，债权人优先就债务人的物的担保实现债权，可以避免提供担保的第三人承担担保责任后向债务人的追偿及可能由此形成的不必要成本。②

第三，保证人和物上担保人平等主义。即如果是第三人提供物的担保的，那么债权人既可以就物的担保实现债权，也可以请求保证人承担保证责任。但二者之间并非非此即彼的关系，债权人当然也可以一并要求保证人和物上担保人承担担保责任。

从立法精神上看，如果没有约定或约定不明，那么在债务人提供物的担保时，保证人、其他物上担保人承担的是补充责任；在债务人未提供担保时，保证人、物上担

---

① 见《最高人民法院关于适用〈中华人民共和国民法典〉有关担保制度的解释》第十八条第二款的规定，即"同一债权既有债务人自己提供的物的担保，又有第三人提供的担保，承担了担保责任或者赔偿责任的第三人，主张行使债权人对债务人享有的担保物权的，人民法院应予支持"。

② 参见海口明某大酒店有限公司、海口农村商业银行股份有限公司龙某支行金融借款合同纠纷二审民事判决书［（2017）最高法民终230号］。

保人处于平等地位，但保证人是以其全部财产对债权人承担保证责任，而物上担保人仅以担保财产为限承担担保责任。在执行主债务人时，因主债务人以其全部责任财产对债权人承担责任，故债权人既可以申请执行主债务人已担保的财产，也有权申请执行主债务人未担保的其他财产。

在司法实践中，债务人提供的抵押物难以处置变现，无法实现债权时，能否直接要求保证人承担责任？对此问题，法律没有明确规定。参照最高人民法院120号指导案例，"在一般保证情形，并非只有在债务人没有任何财产可供执行的情形下，才可以要求一般保证人承担责任，即债务人虽有财产，但其财产严重不方便执行时，可以执行一般保证人的财产"。在债务人提供的抵押物难以处置变现时，应当允许债权人向保证人主张债权，"难以处置"的判断可以参照《关于严格规范终结本次执行程序的规定（试行）》第四条第（一）种情形，即被执行人的财产经法定程序拍卖、变卖未成交，申请执行人不接受抵债或者依法不能交付其抵债，又不能对该财产采取强制管理等其他执行措施的。

二、共有、第三人

根据《民法典》的规定，共有人对共有的不动产或者动产没有约定为按份共有或者共同共有，或者约定不明确的，除共有人具有家庭关系等外，视为按份共有。① 按份共有人对共有的不动产或者动产享有的份额，没有约定或者约定不明确的，按照出资额确定；不能确定出资额的，视为等额享有。② 因此，对于共有财产的执行，应当首先明确被执行人的共有份额，只能针对被执行人享有的部分采取执行措施。

> **第18项请求权：申请代位析产诉讼** 对被执行人与其他人共有的财产，人民法院可以查封、扣押、冻结，并及时通知共有人。共有人协议分割共有财产，并经债权人认可的，人民法院可以认定有效。查封、扣押、冻结的效力及于协议分割后被执行人享有份额内的财产；对其他共有人享有份额内的财产的查封、扣押、冻结，人民法院应当裁定予以解除。共有人提起析产诉讼或者申请执行人代位提起析产诉讼的，人民法院应当准许。诉讼期间中止对该财产的执行。③

---

① 参见《民法典》第三百零八条。
② 参见《民法典》第三百零九条。
③ 参见《最高人民法院关于人民法院民事执行中查封、扣押、冻结财产的规定》第十二条。

实物分割 共有人约定不得分割共有的不动产或者动产,以维持共有关系的,应当按照约定,但是共有人有重大理由需要分割的,可以请求分割;没有约定或者约定不明确的,按份共有人可以随时请求分割,共同共有人在共有的基础丧失或者有重大理由需要分割时可以请求分割。因分割造成其他共有人损害的,应当给予赔偿。①

变价分割 共有人可以协商确定分割方式。达不成协议,共有的不动产或者动产可以分割且不会因分割减损价值的,应当对实物予以分割;难以分割或者因分割会减损价值的,应当对折价或者拍卖、变卖取得的价款予以分割。②

查封、扣押、冻结涉第三人财产 对第三人为被执行人的利益占有的被执行人的财产,人民法院可以查封、扣押、冻结;该财产被指定给第三人继续保管的,第三人不得将其交付给被执行人。对第三人为自己的利益依法占有的被执行人的财产,人民法院可以查封、扣押、冻结,第三人可以继续占有和使用该财产,但不得将其交付给被执行人。第三人无偿借用被执行人的财产的,不受前款规定的限制。③

被执行人将其财产出卖给第三人,第三人已经支付部分价款并实际占有该财产,但根据合同约定被执行人保留所有权的,人民法院可以查封、扣押、冻结;第三人要求继续履行合同的,向人民法院交付全部余款后,裁定解除查封、扣押、冻结。④

第三人财产权期待权 被执行人将其所有的需要办理过户登记的财产出卖给第三人,第三人已经支付部分或者全部价款并实际占有该财产,但尚未办理产权过户登记手续的,人民法院可以查封、扣押、冻结;第三人已经支付全部价款并实际占有,但未办理过户登记手续的,如果第三人对此没有过错,人民法院不得查封、扣押、冻结。⑤

被执行人购买第三人的财产,已经支付部分价款并实际占有该财产,第三人依合同约定保留所有权的,人民法院可以查封、扣押、冻结。保留所有权已办理登记的,第三人的剩余价款从该财产变价款中优先支付;第三人主张取回该财产的,可以依据民事诉讼法第二百二十七条规定提出异议。⑥

---

① 参见《民法典》第三百零三条。
② 参见《民法典》第三百零四条第一款。
③ 参见《最高人民法院关于人民法院民事执行中查封、扣押、冻结财产的规定》第十三条。
④ 参见《最高人民法院关于人民法院民事执行中查封、扣押、冻结财产的规定》第十四条。
⑤ 参见《最高人民法院关于人民法院民事执行中查封、扣押、冻结财产的规定》第十五条。
⑥ 参见《最高人民法院关于人民法院民事执行中查封、扣押、冻结财产的规定》第十六条。

被执行人购买需要办理过户登记的第三人的财产,已经支付部分或者全部价款并实际占有该财产,虽未办理产权过户登记手续,但申请执行人已向第三人支付剩余价款或者第三人同意剩余价款从该财产变价款中优先支付的,人民法院可以查封、扣押、冻结。①

三、效力

从物和天然孳息 查封、扣押的效力及于查封、扣押物的从物和天然孳息。②

债务人不履行到期债务或者发生当事人约定的实现抵押权的情形,致使抵押财产被人民法院依法扣押的,自扣押之日起,抵押权人有权收取该抵押财产的天然孳息或者法定孳息,但是抵押权人未通知应当清偿法定孳息义务人的除外。前款规定的孳息应当先充抵收取孳息的费用。③

最高人民法院案例 "自扣押之日起,抵押权人有权收取该抵押财产的天然孳息或法定孳息"中的"扣押"是否包括查封。

《民法典》第四百一十二条规定,债务人不履行到期债务或者发生当事人约定的实现抵押权的情形,致使抵押财产被人民法院依法扣押的,自扣押之日起,抵押权人有权收取该抵押财产的天然孳息或者法定孳息。案涉不动产已抵押且被查封后,法院向承租人发布停止支付租金公告及协助执行通知。据此,抵押权人自案涉房产查封之日起有权收取法定孳息即租金。④

房地一体原则及例外 查封地上建筑物的效力及于该地上建筑物使用范围内的土地使用权,查封土地使用权的效力及于地上建筑物,但土地使用权与地上建筑物的所有权分属被执行人与他人的除外。地上建筑物和土地使用权的登记机关不是同一机关的,应当分别办理查封登记。⑤

替代物、赔偿款 查封、扣押、冻结的财产灭失或者毁损的,查封、扣押、冻结的效力及于该财产的替代物、赔偿款。人民法院应当及时作出查封、扣押、冻结该替

---

① 参见《最高人民法院关于人民法院民事执行中查封、扣押、冻结财产的规定》第十七条。
② 参见《最高人民法院关于人民法院民事执行中查封、扣押、冻结财产的规定》第二十条。
③ 参见《民法典》第四百一十二条。
④ 参见九江盈某经营管理有限公司、中信银行股份有限公司某分行等借款合同纠纷执行复议执行裁定书 [(2021) 最高法执复71号]。
⑤ 参见《最高人民法院关于人民法院民事执行中查封、扣押、冻结财产的规定》第二十一条。

代物、赔偿款的裁定。①

北京市高级人民法院座谈会纪要　金钱债权执行中，人民法院查封登记在被执行人名下的不动产后，不影响相关部门依法征收、拆迁该不动产，但查封的效力及于因征收、拆迁而获得的补偿款（物）。②金钱债权执行中，人民法院查封被执行人建设的违法建筑后，不影响相关部门依法拆除该违法建筑。被执行人因拆除该违法建筑获得补偿的，查封的效力及于该补偿款（物）。③

> **第 19 项请求权：申请解除占有或者排除妨害**　被执行人就已经查封、扣押、冻结的财产所作的移转、设定权利负担或者其他有碍执行的行为，不得对抗申请执行人。第三人未经人民法院准许占有查封、扣押、冻结的财产或者实施其他有碍执行的行为的，人民法院可以依据申请执行人的申请或者依职权解除其占有或者排除其妨害。人民法院的查封、扣押、冻结没有公示的，其效力不得对抗善意第三人。④

最高人民法院民二庭法官会议纪要　查封作为一种保全措施，具有限制被查封人处分权的效力。人民法院作出的查封裁定一经送达给当事人就产生法律效力，被查封的当事人其后所为的任何处分行为均构成无权处分，原则上不能产生预期的法律后果。但查封裁定生效后，并不当然具有对抗善意第三人的效力，除非已经完成了查封公示。就不动产查封的公示方法而言，原则上应当通过办理查封登记的方式进行公示，只有在不动产本身并未登记产权的情况下，才能通过张贴封条、公告等方式进行公示。因此，查封裁定生效但未完成查封公示，被查封人处分被查封财产，构成善意取得的，相对人仍可依法取得物权，从而排除对该标的物的执行。⑤

最高人民法院案例　当事人虽是在法院作出查封财产的民事裁定之后与房地产公司签订商品房买卖合同，办理产权证书，但并无证据表明查封财产在当事人签订商品房买卖合同和办理产权证书时已经进行公示，亦没有证据证明当事人签订商品房买卖

---

①　《最高人民法院关于人民法院民事执行中查封、扣押、冻结财产的规定》第二十二条与《民法典》关于担保物权的规定一脉相承，《民法典》第三百九十条规定，"担保期间，担保财产毁损、灭失或者被征收等，担保物权人可以就获得的保险金、赔偿金或者补偿金等优先受偿"。
②　参见《北京市法院执行局局长座谈会（第九次会议）纪要——关于执行查控时财产权属判断规则及案外人异议审查中权利（利益）冲突规则若干问题的意见》第 26 条。
③　参见《北京市法院执行局局长座谈会（第九次会议）纪要——关于执行查控时财产权属判断规则及案外人异议审查中权利（利益）冲突规则若干问题的意见》第 27 条。
④　参见《最高人民法院关于人民法院民事执行中查封、扣押、冻结财产的规定》第二十四条。
⑤　参见《最高人民法院民二庭第 5 次法官会议纪要》。

合同和办理产权证书时知道涉案房屋已被查封。根据《最高人民法院关于人民法院民事执行中查封、扣押、冻结财产的规定》第二十六条第三款关于"人民法院的查封、扣押、冻结没有公示的，其效力不得对抗善意第三人"之规定，法院的查封案涉房屋的行为不能对抗作为善意第三人的当事人。①

最高额抵押担保债权金额的确定　人民法院查封、扣押被执行人设定最高额抵押权的抵押物的，应当通知抵押权人。抵押权人受抵押担保的债权数额自收到人民法院通知时起不再增加。人民法院虽然没有通知抵押权人，但有证据证明抵押权人知道或者应当知道查封、扣押事实的，受抵押担保的债权数额从其知道或者应当知道该事实时起不再增加。②

四、轮候查封

轮候查封、扣押、冻结　对已被人民法院查封、扣押、冻结的财产，其他人民法院可以进行轮候查封、扣押、冻结。查封、扣押、冻结解除的，登记在先的轮候查封、扣押、冻结即自动生效。③查封、扣押、冻结期限届满，人民法院未办理延期手续的，查封、扣押、冻结的效力消灭。查封、扣押、冻结的财产已经被执行拍卖、变卖或者抵债的，查封、扣押、冻结的效力消灭。④

轮候查封、扣押、冻结效力　针对实践中部分法院未能准确掌握和运用轮候查封制度，导致相关财产处置损害轮候查封债权人合法权益的问题，最高人民法院发布《关于正确处理轮候查封效力相关问题的通知》（法［2022］107号）明确：

一、轮候查封具有确保轮候查封债权人能够取得首封债权人从查封物变价款受偿后剩余部分的作用。首封法院对查封物处置变现后，首封债权人受偿后变价款有剩余的，该剩余价款属于轮候查封物的替代物，轮候查封的效力应当及于该替代物，即对于查封物变价款中多于首封债权人应得数额部分有正式查封的效力。轮候查封债权人对该剩余价款有权主张相应权利。

---

① 参见李某燕、烟台德某建筑有限公司申请执行人执行异议之诉再审民事判决书［（2017）最高法民再90号］。

② 参见《最高人民法院关于人民法院民事执行中查封、扣押、冻结财产的规定》第二十五条。

③ 参见《最高人民法院关于人民法院民事执行中查封、扣押、冻结财产的规定》第二十六条第一款。

④ 参见《最高人民法院关于人民法院民事执行中查封、扣押、冻结财产的规定》第二十七条。

二、轮候查封对于首封处置法院有约束力。首封法院在所处置的查封物有轮候查封的情况下，对于查封物变价款清偿首封债权人后的剩余部分，不能径行返还被执行人，首封债权人和被执行人也无权自行或协商处理。首封法院有义务将相关处置情况告知变价款处置前已知的轮候查封法院，并将剩余变价款移交给轮候查封法院，由轮候查封法院依法处理；轮候查封法院案件尚在诉讼程序中的，应由首封处置法院予以留存，待审判确定后依法处理。

三、首封处置法院在明知拍卖标的物有轮候查封的情况下，违反上述义务，径行将剩余变价款退还被执行人的，构成执行错误。

五、预查封

> **第 20 项请求权：申请预查封未登记的土地使用权** 被执行人全部缴纳土地使用权出让金但尚未办理土地使用权登记的，人民法院可以对该土地使用权进行预查封。① 被执行人部分缴纳土地使用权出让金但尚未办理土地使用权登记的，对可以分割的土地使用权，按已缴付的土地使用权出让金，由国土资源管理部门确认被执行人的土地使用权，人民法院可以对确认后的土地使用权裁定预查封。对不可以分割的土地使用权，可以全部进行预查封。被执行人在规定的期限内仍未全部缴纳土地出让金的，在人民政府收回土地使用权的同时，应当将被执行人缴纳的按照有关规定应当退还的土地出让金交由人民法院处理，预查封自动解除。②
>
> **第 21 项请求权：申请预查封未登记的房屋所有权** 下列房屋虽未进行房屋所有权登记，人民法院也可以进行预查封：（一）作为被执行人的房地产开发企业，已办理了商品房预售许可证且尚未出售的房屋；（二）被执行人购买的已由房地产开发企业办理了房屋权属初始登记的房屋；（三）被执行人购买的办理了商品房预售合同登记备案手续或者商品房预告登记的房屋。③

---

① 参见《最高人民法院、国土资源部、建设部关于依法规范人民法院执行和国土资源房地产管理部门协助执行若干问题的通知》第十三条。
② 参见《最高人民法院、国土资源部、建设部关于依法规范人民法院执行和国土资源房地产管理部门协助执行若干问题的通知》第十四条。
③ 参见《最高人民法院、国土资源部、建设部关于依法规范人民法院执行和国土资源房地产管理部门协助执行若干问题的通知》第十五条。

国土资源、房地产管理部门应当依据人民法院的协助执行通知书和所附的裁定书办理预查封登记。土地、房屋权属在预查封期间登记在被执行人名下的，预查封登记自动转为查封登记，预查封转为正式查封后，查封期限从预查封之日起开始计算。①

预查封的期限为二年。期限届满可以续封一次，续封时应当重新制作预查封裁定书和协助执行通知书，预查封的续封期限为一年。确有特殊情况需要再续封的，应当经过所属高级人民法院批准，且每次再续封的期限不得超过一年。② 预查封的效力等同于正式查封。预查封期限届满之日，人民法院未办理预查封续封手续的，预查封的效力消灭。③

最高人民法院案例 预查封不是正式查封，在预查封阶段不能对案涉房产进行处置，只有案涉房屋完成过户登记、预查封转为正式查封后，才能对案涉房屋进行拍卖、变卖和折价。

根据《最高人民法院、国土资源部、建设部关于依法规范人民法院执行和国土资源房地产管理部门协助执行若干问题的通知》第十五条第三项和第十六条规定，人民法院的预查封仅系执行部门在房屋未办理产权登记之前，根据网签备案情况所作。预查封的对象是被执行人基于一个有效的房屋买卖合同所享有的债权，即房屋交付请求权和所有权移转登记请求权，旨在使被执行人保有该债权，以便将来实现该债权，取得该房屋的所有权，从而预查封转化为正式查封，得以执行。但预查封不是正式查封，预查封的被执行人对未登记在其名下的房屋仅享有所有权期待利益，对能否成为真正的权利主体，尚处于不确定状态。在预查封阶段不能对案涉房产进行处置，只有完成过户登记，欧某洪取得案涉房屋的物权，预查封转为正式查封后，才能对案涉房屋进行拍卖、变卖和折价。④

最高人民法院案例 预查封的效力等同于正式查封，两者限制标的物转让的效力相同。

最高人民法院联合相关中央国家机关发布的《关于依法规范人民法院执行和国土

---

① 参见《最高人民法院、国土资源部、建设部关于依法规范人民法院执行和国土资源房地产管理部门协助执行若干问题的通知》第十六条。
② 参见《最高人民法院、国土资源部、建设部关于依法规范人民法院执行和国土资源房地产管理部门协助执行若干问题的通知》第十七条。
③ 参见《最高人民法院、国土资源部、建设部关于依法规范人民法院执行和国土资源房地产管理部门协助执行若干问题的通知》第十八条。
④ 参见蔡某芳、黄某海等案外人执行异议之诉民事申请再审审查民事裁定书［(2022)最高法民申376号］。

资源房地产管理部门协助执行若干问题的通知》（法发〔2004〕5号）第十八条规定，预查封的效力等同于正式查封。因此，无论预查封与正式查封在具体实施阶段系采取何种形式实现，两者在限制标的物转让的法律效力上是相同的，即执行标的一旦被人民法院查封（包括预查封、正式查封），非经人民法院允许，任何人不得对其进行毁损变动、设定权利负担等有违查封目的的处分行为。①

六、分割查封

> **第22项请求权：申请分割登记查封** 需要查封的不动产整体价值明显超出债权额的，应当对该不动产相应价值部分采取查封措施；相关部门以不动产登记在同一权利证书下为由提出不能办理分割查封的，人民法院在对不动产进行整体查封后，经被执行人申请，应当及时协调相关部门办理分割登记并解除对超标的部分的查封。相关部门无正当理由拒不协助办理分割登记和查封的，依照民事诉讼法第一百一十四条采取相应的处罚措施。②

同一类型的执行财产数量较多，被执行人认为分批次变价或者整体变价能够最大限度实现其价值的，人民法院可以准许。尤其是对体量较大的整栋整层楼盘、连片商铺或别墅等不动产，已经分割登记或事后可以分割登记的，被执行人认为分批次变价能够实现不动产最大价值的，一般应当准许。多项财产分别变价时，其中部分财产变价款足以清偿债务的，应当停止变价剩余财产，但被执行人同意全部变价的除外。③

专题三　关于诉讼程序中采取查封、扣押、冻结措施的注意事项

一、保全与执行衔接

保全裁定未经人民法院依法撤销或者解除，进入执行程序后，自动转为执行中的查封、扣押、冻结措施，期限连续计算，执行法院无需重新制作裁定书，但查封、扣押、冻结期限届满的除外。④

---

① 参见肖某、某建工集团股份有限公司等案外人执行异议之诉民事二审民事判决书〔（2021）最高法民终1298号〕。
② 参见《最高人民法院关于在执行工作中进一步强化善意文明执行理念的意见》第4条。
③ 参见《最高人民法院关于在执行工作中进一步强化善意文明执行理念的意见》第11条。
④ 参见《最高人民法院关于适用〈中华人民共和国民事诉讼法〉的解释》第一百六十八条。

保全措施的适当性、必要性　被保全人有多项财产可供保全的，在能够实现保全目的的情况下，人民法院应当选择对其生产经营活动影响较小的财产进行保全。人民法院对厂房、机器设备等生产经营性财产进行保全时，指定被保全人保管的，应当允许其继续使用。①

人民法院应当依据财产保全裁定采取相应的查封、扣押、冻结措施。可供保全的土地、房屋等不动产的整体价值明显高于保全裁定载明金额的，人民法院应当对该不动产的相应价值部分采取查封、扣押、冻结措施，但该不动产在使用上不可分或者分割会严重减损其价值的除外。对银行账户内资金采取冻结措施的，人民法院应当明确具体的冻结数额。②

二、诉讼中申请网络查控财产

当事人、利害关系人申请财产保全，应当向人民法院提供明确的被保全财产信息。当事人在诉讼中申请财产保全，确因客观原因不能提供明确的被保全财产信息，但提供了具体财产线索的，人民法院可以依法裁定采取财产保全措施。③

人民法院依照本规定第十条第二款规定作出保全裁定的，在该裁定执行过程中，申请保全人可以向已经建立网络执行查控系统的执行法院，书面申请通过该系统查询被保全人的财产。申请保全人提出查询申请的，执行法院可以利用网络执行查控系统，对裁定保全的财产或者保全数额范围内的财产进行查询，并采取相应的查封、扣押、冻结措施。人民法院利用网络执行查控系统未查询到可供保全财产的，应当书面告知申请保全人。④

三、关于超标的查封的禁止、例外与审查标准

查封、扣押、冻结被执行人的财产，以其价额足以清偿法律文书确定的债权额及执行费用为限，不得明显超标的额查封、扣押、冻结。发现超标的额查封、扣押、冻结的，人民法院应当根据被执行人的申请或者依职权，及时解除对超标的额部分财产的查封、扣押、冻结，但该财产为不可分物且被执行人无其他可供执行的财产或者其他财产不足以清偿债务的除外。⑤

---

① 参见《最高人民法院关于人民法院办理财产保全案件若干问题的规定》第十三条。
② 参见《最高人民法院关于人民法院办理财产保全案件若干问题的规定》第十五条。
③ 参见《最高人民法院关于人民法院办理财产保全案件若干问题的规定》第十条。
④ 参见《最高人民法院关于人民法院办理财产保全案件若干问题的规定》第十一条。
⑤ 参见《最高人民法院关于人民法院民事执行中查封、扣押、冻结财产的规定》第十九条。

(一) 关于超标的的审查标准

在执行程序中，查封金额以足以清偿法律文书确定的债权额及执行费用为限，因为查封资产变价具有不确定性，债权金额也在不断变化（主要是利息），所以不可能做到使查封资产的变现金额与债权金额完全一致，适当超标的查封可以理解，但不能"明显"超标的查封。在（2021）最高法执复94号案中法官认为，认定是否存在超标的查封情形，应当根据案件执行标的数额和被查封财产能够清偿债权额及执行费用的价值进行对比判断。评估价格或当事人自认价格并非认定是否超标的查封的唯一考量因素，还需兼顾司法拍卖变现过程中的降价因素、交易成本、执行费用等因素综合判断。[①] 在（2020）最高法执复37号案中法官认为，股权价值的不确定性较大，直接将保全的股权价值以认缴出资额计算，并以此作为本案保全价值占比中较大的部分，进而解除对相应房地产的保全，有可能导致保全的真实价值在较大程度上低于保全金额，损害保全申请人的合法利益。[②]

(二) 关于标的物价值判断的时点

因查封、扣押、冻结的财产在不同时点可能有不同的价值，对于超标的审查究竟是以查封时的价值，还是以审查时的价值进行判断，实践中有不同意见。

一种观点认为，应以审查时的价值进行判断。最高人民法院在（2022）最高法执监221号案中认为，法律设定财产保全制度的目的在于保障日后作出的生效裁判能够得到顺利执行。由于房地产的市场价值处于不断波动之中，所以审查查封是否超标的额，以审查时房产的市场价值为基准，更具客观性。以审查时的房产的市场价值为基准审查查封是否超标的额，不影响双方当事人在房地产市场价格发生明显变动时依法维护自身权益。[③]

另一种观点认为，应以查封时的价值进行判断。在（2020）最高法执监92号案中法官认为，判断是否构成超标的查封，系对查封行为的评判，就法律逻辑而言，应以财产被查封时的客观价值作为判断基准，而不应以财产在未来被处置时的可能价格作为判断基准。在确定查封财产价值时，当然可以适当考虑市场行情和价格变化趋势，

[①] 参见湖北园某置业有限公司、武汉中某建工集团有限公司等建设工程合同纠纷、建设工程合同纠纷执行复议执行裁定书［（2021）最高法执复94号］。

[②] 参见勾某东、朝阳通某房地产开发有限公司侵害企业出资人权益纠纷执行审查类执行裁定书［（2020）最高法执复37号］。

[③] 参见唐山市中某房地产开发有限公司建设工程合同纠纷、建设工程合同纠纷执行监督执行裁定书［（2022）最高法执监221号］。

在不"明显"超过查封财产现时客观价值的幅度内，合理确定查封标的范围，但不宜只看到查封财产的未来处置价下浮这一种可能性，以"第一次拍卖起拍价可以为评估价或者市场价的百分之七十、第二次拍卖起拍价可以为第一次起拍价的百分之八十"为由，将查封财产价值直接扣减百分之五十六之后，再与申请执行债权来比较是否构成超标的查封，这种做法对被执行人无疑是不公平的。①

江苏省高级人民法院在这一问题上进行了区别，保全案件原则上以查封时财产实际价值进行判断，不考虑处置降价问题，但执行案件则需考虑变价问题，以审查时财产价值综合判断更为科学。具体观点如下：

人民法院在保全案件中对已查封、扣押、冻结财产是否超标的额的认定，原则上应以查封、扣押、冻结该财产时的实际价值为准，一般无需考虑财产处置时是否降价问题。②对执行案件中已查封、扣押、冻结财产是否超标的额的认定，应当综合财产性质、财产价值、执行变现过程中可能出现的流拍降价、利息增加等因素进行衡量。③

广东省高级人民法院在（2019）粤执异1号案中也表达了同样的观点：

保全查封不同于执行查封，执行查封由于被执行人的给付义务已经生效法律文书确定，且被执行人有不履行生效法律文书确定义务的行为，故可以适度向保护债权倾斜。而且执行程序中查封和拍卖之间间隔较短，执行法官可以预判标的物情况和市场走向，适当扩大查封财产的范围，提高执行的效率。诉讼程序中原告和被告法律地位完全平等，被告是否对原告负有给付义务尚不确定，应当按照平等保护的原则，既通过财产保全保障将来生效裁判的执行，又防止超出原告申请的范围保全财产损害被告的合法权益。同时，保全查封和执行拍卖之间时间间隔往往较长，要求实施保全措施的法官预测市场行情走向并按照预测结果确定保全财产的范围并不现实，以审查时的评估价值为基准审查查封是否超标的额更为科学。④

四、中小微企业灵活采取查封、变价措施

---

① 参见唐山市南北房地产开发有限公司、浙江环某建设集团有限公司建设工程施工合同纠纷执行审查类执行裁定书〔（2020）最高法执监92号〕。
② 参见《江苏省高级人民法院关于进一步规范查封、扣押、冻结财产工作指引》第9条。
③ 参见《江苏省高级人民法院关于进一步规范查封、扣押、冻结财产工作指引》第10条第二款。
④ 参见北京恒某隆房地产开发有限公司、深圳市思某科投资有限公司金融借款合同纠纷执行审查类执行裁定书〔（2019）粤执异1号〕。

查封中小微企业等市场主体的厂房、机器设备等生产性资料的，优先采取"活封"措施，在能够保障债权人利益的情况下，应当允许其继续使用或者利用该财产进行融资。需要查封的不动产整体价值明显超出债权额的，应当对该不动产相应价值部分采取查封措施；因不动产未办理分割登记而对其进行整体查封后，应当及时协调相关部门办理分割登记并解除对超标的部分的查封。积极引导当事人通过议价、询价等方式确定财产处置参考价，切实为被执行中小微企业等市场主体节省评估费用。发挥网络司法拍卖溢价率高、成本低的优势，优先适用网络司法拍卖方式处置财产。对不动产等标的额较大或者情况复杂的财产，被执行中小微企业等市场主体认为委托评估确定的参考价过低，申请在一定期限内自行处置的，在能够保障债权人利益的情况下，人民法院可以准许。[1]

五、特殊账户审慎采取保全、执行措施

对商品房预售资金监管账户、农民工工资专用账户和工资保证金账户内资金依法审慎采取保全、执行措施，支持保障相关部门防范应对房地产项目逾期交付风险，维护购房者合法权益，确保农民工工资支付到位。冻结商品房预售资金监管账户的，应当及时通知当地住房和城乡建设主管部门；除当事人申请执行因建设该商品房项目而产生的工程建设进度款、材料款、设备款等债权案件外，在商品房项目完成房屋所有权首次登记前，对于监管账户中监管额度内的款项，不得采取扣划措施，不得影响账户内资金依法依规使用。除法律另有专门规定外，不得以支付为本项目提供劳动的农民工工资之外的原因冻结或者划拨农民工工资专用账户和工资保证金账户资金；为办理案件需要，人民法院可以对前述两类账户采取预冻结措施。[2]

第三节　搜　　查

搜查本身不是强制执行措施，却是执行中查找被执行人财产的一种必不可少的手段，通过搜查可以发现隐匿的财产，调查逃避执行的违法线索。实践中，有的债务人明明有履行能力而不如实申报财产、规避执行，通过搜查被执行人办公地点、查封财务账簿、审计固定资产，调查公款私存、公车私挂、公房登记在他人名下和借公司人

---

[1] 参见《最高人民法院关于充分发挥司法职能作用　助力中小微企业发展的指导意见》第19条。
[2] 参见《最高人民法院关于充分发挥司法职能作用　助力中小微企业发展的指导意见》第14条。

格"金蝉脱壳"等逃避执行行为,为采取司法拘留、罚款,乃至追究拒执犯罪提供事实依据。执行中,如能恰当地利用这项权力,可极大地增强法院发现债务财产的能力,对债务人起到有效震慑作用。

> **第23项请求权:申请人民法院采取搜查措施** 被执行人不履行法律文书确定的义务,并隐匿财产的,人民法院有权发出搜查令,对被执行人及其住所或者财产隐匿地进行搜查。采取前款措施,由院长签发搜查令。①

搜查中发现应当依法采取查封、扣押措施的财产,依照民事诉讼法第二百五十二条第二款和第二百五十四条规定办理。②

在执行中,被执行人隐匿财产、会计账簿等资料的,人民法院除可依照民事诉讼法第一百一十四条第一款第六项规定对其处理外,还应责令被执行人交出隐匿的财产、会计账簿等资料。被执行人拒不交出的,人民法院可以采取搜查措施。③

被执行人隐匿财产、会计账簿等资料拒不交出的,人民法院可以依法采取搜查措施。人民法院依法搜查时,对被执行人可能隐匿财产或者资料的处所、箱柜等,经责令被执行人开启而拒不配合的,可以强制开启。④

典型案例 2015年4月,东莞星某天姬影视传媒有限公司与北京青某报社签订合作协议,约定北京青某报社投资拍摄电影,该报社以固定化收益率取得回报保底收益,星某天姬(北京)公司承担连带责任。后因合作协议发生纠纷,北京青某报社向北京仲裁委员会提出仲裁。2018年3月,三方达成返还投资款等仲裁调解。因东莞星某天姬影视传媒有限公司与星某天姬(北京)公司未履行,北京青某报社向北京市第二中级人民法院申请强制执行。在向被执行人发出了执行通知书和报告财产令后,被执行人仍未履行应尽义务。

北京市第二中级人民法院通过查控系统,对星某天姬(北京)公司进行了财产查控,对该公司及其法定代表人采取限制高消费措施,将其纳入失信被执行人名单。被执行人称因资金紧张,所拍摄作品还未完成,无实际支付能力,案件执行陷入僵局。

2018年11月1日,北京市第二中级人民法院对被执行人星某天姬(北京)公司

---

① 参见《民事诉讼法》第二百五十九条。
② 参见《最高人民法院关于适用〈中华人民共和国民事诉讼法〉的解释》第四百九十七条。
③ 参见《最高人民法院关于适用〈中华人民共和国民事诉讼法〉的解释》第四百九十四条。
④ 参见《最高人民法院关于民事执行中财产调查若干问题的规定》第十四条。

办公场所进行了强制搜查,当场清查、封存了保险柜的现金。随后,在公司停车场,对该公司实际控制的一辆丰田商务车进行了查封。在执行的威慑下,星某天姬(北京)公司负责人梁某当天到北京市第二中级人民法院接受谈话,同意由申请人将其作品拿去发行获利,以支付债务。同时,通过核实发现该公司对外存在点映影片分账款,遂向第三人华某电影发行公司发出协助执行通知书,要求将电影票房分账款转入法院专案账户。①

第四节　财产变价

对于冻结、扣留、提取的货币资产,人民法院可以直接向申请执行人分配。对于查封、扣押、冻结的非货币财产,人民法院需要经过司法变价程序,将其转化为货币资产向申请执行人分配,或经过拍卖定价程序明确财产的市场价值,通过以物抵债等方式完成执行。变价程序不仅涉及债权人、债务人利益,而且涉及第三人利益,涉及多个债权人公平受偿问题,必须经过严格的、公开的变价程序,保证变价、分配程序公正。

在实践中,拍卖环节易引发争议,尤其是对缺乏公开市场交易价格的财产定价,不同的评估方法价格可能存在较大差异。对于处置财产的降价问题,一拍、二拍降价幅度空间很大,法官有自由裁量权,挂拍价格的高低直接影响变价的实现。在变价程序中,需要注意程序合法,公告、期限均要严格要求,避免程序性错误,导致当事人提出异议,影响变价进度。

一、处置参考价

人民法院确定财产处置参考价,可以采取当事人议价、定向询价、网络询价、委托评估等方式。② 人民法院应当在参考价确定后十日内启动财产变价程序。③

全国法院询价评估系统　财产处置参考价应当通过全国法院询价评估系统确定。

---

① 参见刘仲良,徐浩:"北京二中院:强制搜查知名影视公司",https://www.chinacourt.org/article/detail/2018/12/id/3594154.shtml,最后访问时间 2024 年 7 月 22 日。
② 参见《最高人民法院关于人民法院确定财产处置参考价若干问题的规定》第二条。
③ 参见《最高人民法院关于人民法院确定财产处置参考价若干问题的规定》第三十条。

人民法院查封、扣押、冻结财产后，对需要拍卖、变卖的财产，应当在30日内启动确定财产处置参考价程序，参考价确定后10日内启动财产变价程序。双方当事人议价一致的，优先采取议价方式确定财产处置参考价，当事人议价不成的，可以网络询价或者定向询价。无法采取上述方式确定参考价的，应当委托评估机构进行评估。①

网络询价 定向询价不能或者不成，财产无需由专业人员现场勘验或者鉴定，且具备网络询价条件的，人民法院应当通过司法网络询价平台进行网络询价。双方当事人一致要求或者同意直接进行网络询价，财产无需由专业人员现场勘验或者鉴定，且具备网络询价条件的，人民法院应当准许。②

二、司法评估

委托评估 法律、行政法规规定必须委托评估、双方当事人要求委托评估或者网络询价不能或不成的，人民法院应当委托评估机构进行评估。③

确定评估机构 采取委托评估方式确定参考价的，人民法院应当通知双方当事人在指定期限内从名单分库中协商确定三家评估机构以及顺序；双方当事人在指定期限内协商不成或者一方当事人下落不明的，采取摇号方式在名单分库或者财产所在地的名单子库中随机确定三家评估机构以及顺序。双方当事人一致要求在同一名单子库中随机确定的，人民法院应当准许。④

现场勘验 评估需要进行现场勘验的，人民法院应当通知当事人到场；当事人不到场的，不影响勘验的进行，但应当有见证人见证。现场勘验需要当事人、协助义务人配合的，人民法院依法责令其配合；不予配合的，可以依法强制进行。⑤

评估期限 评估机构应当在三十日内出具评估报告。人民法院决定暂缓或者裁定中止执行的期间，应当从前述期限中扣除。评估机构不能在期限内出具评估报告的，应当在期限届满五日前书面向人民法院申请延长期限。人民法院决定延长期限的，延期次数不超过两次，每次不超过十五日。评估机构未在期限内出具评估报告、补正说明，且未按照规定申请延长期限的，人民法院应当通知该评估机构三日内将人民法院

---

① 参见《最高人民法院关于进一步完善执行权制约机制 加强执行监督的意见》第16条。
② 参见《最高人民法院关于人民法院确定财产处置参考价若干问题的规定》第七条。
③ 参见《最高人民法院关于人民法院确定财产处置参考价若干问题的规定》第十四条。
④ 参见《最高人民法院关于人民法院确定财产处置参考价若干问题的规定》第十六条。
⑤ 参见《最高人民法院关于人民法院确定财产处置参考价若干问题的规定》第十八条。

委托评估时移交的材料退回，另行委托下一顺序的评估机构重新进行评估。人民法院未在评估结果有效期内发布一拍拍卖公告或者直接进入变卖程序的，应当通知原评估机构在十五日内重新出具评估报告。①

送达 人民法院收到定向询价、网络询价、委托评估、说明补正等报告后，应当在三日内发送给当事人及利害关系人。当事人、利害关系人已提供有效送达地址的，人民法院应当将报告以直接送达、留置送达、委托送达、邮寄送达或者电子送达的方式送达；当事人、利害关系人下落不明或者无法获取其有效送达地址，人民法院无法按照前述规定送达的，应当在中国执行信息公开网上予以公示，公示满十五日即视为收到。②

> **第24项请求权：申请不进行评估** 对拟拍卖的财产，人民法院可以委托具有相应资质的评估机构进行价格评估。对于财产价值较低或者价格依照通常方法容易确定的，可以不进行评估。当事人双方及其他执行债权人申请不进行评估的，人民法院应当准许。对被执行人的股权进行评估时，人民法院可以责令有关企业提供会计报表等资料；有关企业拒不提供的，可以强制提取。③拍卖评估需要对现场进行检查、勘验的，人民法院应当责令被执行人、协助义务人予以配合。被执行人、协助义务人不予配合的，人民法院可以强制进行。④
>
> **第25项请求权：申请网络询价报告或者评估报告的书面异议** 当事人、利害关系人认为网络询价报告或者评估报告具有下列情形之一的，可以在收到报告后五日内提出书面异议：（一）财产基本信息错误；（二）超出财产范围或者遗漏财产；（三）评估机构或者评估人员不具备相应评估资质；（四）评估程序严重违法。对当事人、利害关系人依据前款规定提出的书面异议，人民法院应当参照民事诉讼法第二百二十五条的规定处理。⑤

最高人民法院案例 评估机构在进行评估过程中，未经执行法院委托审计，审计结果未经双方确认，即在该审计结果的基础上进行评估，侵害了当事人的合法权益，属于评估程序严重违法的情形。

《最高人民法院关于人民法院确定财产处置参考价若干问题的规定》第三条规定，

---

① 参见《最高人民法院关于人民法院确定财产处置参考价若干问题的规定》第十九条。
② 参见《最高人民法院关于人民法院确定财产处置参考价若干问题的规定》第二十一条。
③ 参见《最高人民法院关于人民法院民事执行中拍卖、变卖财产的规定》第四条。
④ 参见《最高人民法院关于适用〈中华人民共和国民事诉讼法〉的解释》第四百八十七条。
⑤ 参见《最高人民法院关于人民法院确定财产处置参考价若干问题的规定》第二十二条。

人民法院确定参考价前，应当查明财产的权属、权利负担、占有使用、欠缴税费、质量瑕疵等事项。人民法院查明前款规定事项需要当事人、有关单位或者个人提供相关资料的，可以通知其提交；拒不提交的，可以强制提取；对妨碍强制提取的，参照民事诉讼法第一百一十一条、第一百一十四条的规定处理。查明本条第一款规定事项需要审计、鉴定的，人民法院可以先行审计、鉴定。根据上述法律规定，执行法院在确定参考价前，认为需要审计的，人民法院可以先行审计。故，委托审计的主体应当是人民法院。本案中，根据查明的事实，评估机构在进行评估过程中，未经执行法院委托而进行委托审计，与上述规定不符。由于审计系评估机构自行委托，审计结果未经双方确认，即在该审计结果的基础上进行评估，并作出评估报告，侵害了当事人的合法权益，属于评估程序严重违法的情形。①

> **第 26 项请求权：申请对评估报告的参照标准、计算方法或者评估结果等的书面异议**　当事人、利害关系人收到评估报告后五日内对评估报告的参照标准、计算方法或者评估结果等提出书面异议的，人民法院应当在三日内交评估机构予以书面说明。评估机构在五日内未作说明或者当事人、利害关系人对作出的说明仍有异议的，人民法院应当交由相关行业协会在指定期限内组织专业技术评审，并根据专业技术评审出具的结论认定评估结果或者责令原评估机构予以补正。当事人、利害关系人提出前款异议，同时涉及本规定第二十二条第一款第一、二项情形的，按照前款规定处理；同时涉及本规定第二十二条第一款第三、四项情形的，按照本规定第二十二条第二款先对第三、四项情形审查，异议成立的，应当通知评估机构三日内将人民法院委托评估时移交的材料退回，另行委托下一顺序的评估机构重新进行评估；异议不成立的，按照前款规定处理。②

当事人、利害关系人未在本规定第二十二条、第二十三条规定的期限内提出异议或者对网络询价平台、评估机构、行业协会按照本规定第二十二条、第二十三条所作的补正说明、专业技术评审结论提出异议的，人民法院不予受理。当事人、利害关系人对议价或者定向询价提出异议的，人民法院不予受理。③

---

① 参见青岛中某能源集团股份有限公司、中兴天某能源科技（北京）股份公司等与公司有关的纠纷执行复议执行裁定书［（2021）最高法执复6、7、8号］。
② 参见《最高人民法院关于人民法院确定财产处置参考价若干问题的规定》第二十三条。
③ 参见《最高人民法院关于人民法院确定财产处置参考价若干问题的规定》第二十四条。

> **第 27 项请求权：申请对拍卖行为执行监督**　当事人、利害关系人有证据证明具有下列情形之一，且在发布一拍拍卖公告或者直接进入变卖程序之前提出异议的，人民法院应当按照执行监督程序进行审查处理：（一）议价中存在欺诈、胁迫情形；（二）恶意串通损害第三人利益；（三）有关机构出具虚假定向询价结果；（四）依照本规定第二十二条、第二十三条作出的处理结果确有错误。①

有效期　司法网络询价平台、评估机构应当确定网络询价或者委托评估结果的有效期，有效期最长不得超过一年。当事人议价的，可以自行协商确定议价结果的有效期，但不得超过前款规定的期限；定向询价结果的有效期，参照前款规定确定。人民法院在议价、询价、评估结果有效期内发布一拍拍卖公告或者直接进入变卖程序，拍卖、变卖时未超过有效期六个月的，无需重新确定参考价，但法律、行政法规、司法解释另有规定的除外。②

最高人民法院案例　评估异议同时涉及评估程序和评估结果的，应当先对评估程序进行审查，未区分异议情形的情况下即对评估结果进行审查处理，属于程序错误。

复议申请人青岛中某公司、中兴天某公司、江苏泓某公司分别向浙江省高级人民法院提出异议，认为评估报告存在评估机构自行委托审计、签字资产评估师未参与评估、仅采用一种评估方法导致评估结果低估等问题。复议申请人针对评估报告提出的异议不仅涉及评估程序，同时也涉及评估结果。根据上述法律规定（即《确定参考价规定》第二十二条、第二十三条），浙江省高级人民法院应当先对复议申请人提出的关于评估程序的异议情形进行审查，审查后认为针对评估程序异议成立的，应当通知评估机构三日内将法院委托评估时移交的材料退回，另行委托下一顺序的评估机构重新进行评估；审查后认为异议不成立的，应当将关于评估结果的异议交评估机构予以书面说明，评估机构在规定期限内未作说明或者当事人、利害关系人对作出的说明仍有异议的，应当交由相关行业协会在指定期限内组织专业技术评审。根据查明的事实，浙江省高级人民法院在异议审查中，未按照上述法律规定予以阐释，而是在异议审查中未区分异议情形的情况下即对复议申请人提出的针对评估结果的异议进行了审查处理，程序错误，显属不当。③

---

① 参见《最高人民法院关于人民法院确定财产处置参考价若干问题的规定》第二十五条。
② 参见《最高人民法院关于人民法院确定财产处置参考价若干问题的规定》第二十七条。
③ 参见青岛中某能源集团股份有限公司、中兴天某能源科技（北京）股份公司等与公司有关的纠纷执行复议执行裁定书［（2021）最高法执复 6、7、8 号］。

三、拍卖变卖

网拍优先 人民法院以拍卖方式处置财产的，应当采取网络司法拍卖方式，但法律、行政法规和司法解释规定必须通过其他途径处置，或者不宜采用网络拍卖方式处置的除外。①

拍卖公告 网络司法拍卖应当先期公告，拍卖公告除通过法定途径发布外，还应同时在网络司法拍卖平台发布。拍卖动产的，应当在拍卖十五日前公告；拍卖不动产或者其他财产权的，应当在拍卖三十日前公告。②

> **第 28 项请求权：申请扩大公告范围** 当事人申请在其他新闻媒体上公告或者要求扩大公告范围的，应当准许，但该部分的公告费用由其自行承担。③

不经拍卖、变卖直接以物抵债 经申请执行人和被执行人同意，且不损害其他债权人合法权益和社会公共利益的，人民法院可以不经拍卖、变卖，直接将被执行人的财产作价交申请执行人抵偿债务。对剩余债务，被执行人应当继续清偿。④ 被执行人的财产无法拍卖或者变卖的，经申请执行人同意，且不损害其他债权人合法权益和社会公共利益的，人民法院可以将该项财产作价后交付申请执行人抵偿债务，或者交付申请执行人管理；申请执行人拒绝接收或者管理的，退回被执行人。⑤

合并拍卖 拍卖的多项财产在使用上不可分，或者分别拍卖可能严重减损其价值的，应当合并拍卖。⑥

最高人民法院案例 被执行人主张的遗漏财产主要为厂房、生产线及机器设备，均在抵押的土地范围内，且为被执行人建设的项目二期工程。根据房地一体的基本原

---

① 参见《最高人民法院关于人民法院网络司法拍卖若干问题的规定》第二条，需要说明的是，网络司法拍卖的一般规则，一般拍卖是例外规定，在定价和降价规则方面与网拍有很大不同：一般拍卖规定，评估价是第一次拍卖的保留价，每次可降价 20%。动产二次流拍后如不接受抵债，则解除查封、扣押并退还被执行人。不动产和其他财产三次流拍后，进入变卖程序，变卖价为第三次流拍价。如不接受抵债，则解除查封、冻结并退还被执行人，但可以采取其他执行措施的除外。具体参见《最高人民法院关于人民法院民事执行中拍卖、变卖财产的规定》，本书不再赘述。
② 参见《最高人民法院关于人民法院网络司法拍卖若干问题的规定》第十二条第一款。
③ 参见《最高人民法院关于人民法院民事执行中拍卖、变卖财产的规定》第九条第二款。
④ 参见《最高人民法院关于适用〈中华人民共和国民事诉讼法〉的解释》第四百八十九条。
⑤ 参见《最高人民法院关于适用〈中华人民共和国民事诉讼法〉的解释》第四百九十条。
⑥ 参见《最高人民法院关于人民法院民事执行中拍卖、变卖财产的规定》第十五条。

则，对地上附着物可以按照财产现状与其占用范围内的土地使用权一并处置。虽然作为抵押物的土地上有关厂房、生产线、机器设备并非不可以拆除，但是鉴于拆分会影响到被执行人建设项目的整体价值，不利于其他债权人受偿。而且，案涉抵押房地产已经三次拍卖后流拍，变卖后仍无人买受，流拍保留价高于抵押权人申请执行的金额，目前直接以物抵债也涉及比较复杂的实务处理。综上，法院支持了被执行人关于遗漏财产应当一并拍卖变卖的主张，是综合本案具体情况作出的认定，该意见较为合理，并不违反相关法律规定，亦不影响抵押权人在抵押权范围内的优先受偿权。[1] 执行法院应对施工行为进行全面审查，不能仅以被执行人未经查封法院允许、未办理建设工程施工许可证、未经抵押权人书面同意即进行施工行为为由认定建设施工行为违法。

最高人民法院案例 已办理建设工程规划许可证但尚未办理施工许可证而进行建设施工的，并不必然导致建设施工行为无效。执行异议、复议程序中，应当对于法院查封时是否知晓申诉人已施工建设、是否对申诉人的施工建设采取明确的禁止措施、施工建设行为是否减损土地价值、是否有碍执行等基本事实予以审查认定。执行法院仅以被执行人未经查封法院允许、未办理建设工程施工许可证、未经抵押权人书面同意即进行施工行为为由认定建设施工行为违法，地上建设工程的施工利益不应予以保护，进而认定案涉建设工程不予一并评估拍卖，显属认定基本事实不清，适用法律错误。[2]

优先购买权 网络司法拍卖的事项应当在拍卖公告发布三日前以书面或者其他能够确认收悉的合理方式，通知当事人、已知优先购买权人。权利人书面明确放弃权利的，可以不通知。无法通知的，应当在网络司法拍卖平台公示并说明无法通知的理由，公示满五日视为已经通知。优先购买权人经通知未参与竞买的，视为放弃优先购买权。[3]

物权优先于债权在优先购买权上的体现 出租人出卖租赁房屋的，应当在出卖之前的合理期限内通知承租人，承租人享有以同等条件优先购买的权利；但是，房屋按份共有人行使优先购买权或者出租人将房屋出卖给近亲属的除外。出租人履行通知义务后，承租人在十五日内未明确表示购买的，视为承租人放弃优先购买权。[4]

---

[1] 参见兴业银行股份有限公司某分行、贵州省诺某精工制造有限公司金融借款合同纠纷执行审查类执行裁定书［（2017）最高法执复15号］。
[2] 参见濮阳创某生态园投资开发有限公司、中国长城资产管理股份有限公司某省分公司等借款合同纠纷执行监督执行裁定书［（2021）最高法执监280号］。
[3] 参见《最高人民法院关于人民法院网络司法拍卖若干问题的规定》第十六条。
[4] 参见《民法典》第七百二十六条。

最高人民法院案例 在执行程序中，承租人仅以未接到拍卖通知损害其优先购买权为由，主张拍卖程序无效或请求撤销拍卖的，不予支持。

一般法理认为，优先购买权可以分为物权性质的优先购买权和债权性质的优先购买权两种。共有人的优先购买权是典型的物权性质的优先购买权，而房屋承租人的优先购买权则是典型的债权性质的优先购买权。正是因为房屋承租人享有的是债权性质的优先购买权，所以当房屋所有人与第三人签订房屋买卖合同、侵害其优先购买权时，其并不能主张该买卖合同无效，但可以主张相应的损害赔偿。《中华人民共和国民法典》第七百二十八条规定："出租人未通知承租人或者有其他妨害承租人行使优先购买权情形的，承租人可以请求出租人承担赔偿责任。但是，出租人与第三人订立的房屋买卖合同的效力不受影响。"参照该规定精神，在执行程序中，房屋承租人仅以没有接到司法拍卖通知导致其优先购买权受侵害为由，主张拍卖程序无效或请求撤销拍卖的，亦不予支持。[①]

权利保留与消灭 拍卖财产上原有的担保物权及其他优先受偿权，因拍卖而消灭，拍卖所得价款，应当优先清偿担保物权人及其他优先受偿权人的债权，但当事人另有约定的除外。拍卖财产上原有的租赁权及其他用益物权，不因拍卖而消灭，但该权利继续存在于拍卖财产上，对在先的担保物权或者其他优先受偿权的实现有影响的，人民法院应当依法将其除去后进行拍卖。[②]

买卖不破租赁及其例外 租赁物在承租人按照租赁合同占有期限内发生所有权变动的，不影响租赁合同的效力。[③] 租赁房屋在承租人按照租赁合同占有期限内发生所有权变动，承租人请求房屋受让人继续履行原租赁合同的，人民法院应予支持。但租赁房屋具有下列情形或者当事人另有约定的除外：（一）房屋在出租前已设立抵押权，因抵押权人实现抵押权发生所有权变动的；（二）房屋在出租前已被人民法院依法查封的。[④]

人民法院负责腾退 各级人民法院不得在最高人民法院司法拍卖网络服务提供者名单库中进一步限定网络司法拍卖平台，不得干预、替代申请执行人进行选择。拍卖

[①] 参见绵阳宏某塑胶有限公司、中国长城资产管理股份有限公司某省分公司等借款合同纠纷执行监督执行裁定书［（2022）最高法执监229号］。
[②] 参见《最高人民法院关于人民法院民事执行中拍卖、变卖财产的规定》第二十八条。
[③] 参见《民法典》第七百二十五条。
[④] 参见《最高人民法院关于审理城镇房屋租赁合同纠纷案件具体应用法律若干问题的解释》第十四条。

财产为不动产且被执行人或者他人无权占用的，人民法院应当依法负责腾退，不得在公示信息中载明"不负责腾退交付"等信息。①

安徽省高级人民法院指导意见　执行法院拍卖房屋时，原则上应当先清空后拍卖；确有特殊情况未能清空的，可先行拍卖，但应当在拍卖公告中说明未予清空的原因，且必须在交付前予以清空。执行法院对于裁定确认拍卖、变卖成交、以物抵债的房屋，应负责交付。②

江苏省高级人民法院指导意见　司法拍卖可以在拍卖前腾空，符合下列情形之一的，也可以在成交后腾空：（一）占有人书面承诺参与竞买，如未竞买成功，主动腾空标的物并搬离；（二）书面承诺成交后腾空标的物，配合法院执行；（三）提供担保金作为拒不腾空妨害执行罚款预交款；（四）申请执行人欠缺腾空所需费用垫付能力或不愿垫付腾空所需费用；（五）其他有正当理由需要在成交后腾空的。③

拍卖土地、厂房或其他房产时，土地、厂房或者房屋内的机器设备、家具、电器等合并拍卖的，或者被执行房产内或土地上的所有财产合并拍卖的，可以不腾空拍卖。④

浙江省高级人民法院指导意见　执行法院裁定拍卖不动产后，一般应及时腾空后再拍卖，但符合下列情形之一的除外：

（1）案外人对不动产的占有合法且可以对抗申请执行人。

（2）占有人已缴纳腾空保证金并作出书面腾空承诺的。腾空保证金金额可按1至6个月的租金或拍卖房产评估价（处置参考价）的5-10%标准计算；被处置不动产为被执行人及其所抚养家属维持生活所必需的居住房屋的，可不缴纳腾空保证金，但应在保证书中写明"如不按时腾退，执行法院可在安置费中扣除相应金额"。

（3）不腾空拍卖更有利于财产变价的。

被执行人下落不明的，执行法院可进行强制腾空。对核实物品需要另行存放保管的物品，由申请执行人提供场所或者垫付租金，并在拍卖价款中预留物品保管费用。

案外人以对不动产的占有可以对抗申请执行人为由提出异议的，执行法院不得在

---

① 参见《最高人民法院关于进一步完善执行权制约机制　加强执行监督的意见》第18条第二款、第三款，《最高人民法院关于在执行工作中进一步强化善意文明执行理念的意见》第10条。
② 参见《安徽省高级人民法院执行局关于强制执行中房屋腾退若干问题的指导意见》第三条。
③ 参见《江苏省高级人民法院关于进一步提高网络司法拍卖规范化水平的指导意见》第9条。
④ 参见《江苏省高级人民法院关于进一步提高网络司法拍卖规范化水平的指导意见》第10条。

异议审查期间以"现状处置"为由对不动产进行拍卖、变卖。①

拍卖保留价　网络司法拍卖应当确定保留价，拍卖保留价即为起拍价。起拍价由人民法院参照评估价确定；未作评估的，参照市价确定，并征询当事人意见。起拍价不得低于评估价或者市价的百分之七十。②

特别说明：关于保留价的规定，一般拍卖与网络拍卖并不一致。《最高人民法院关于人民法院民事执行中拍卖、变卖财产的规定》第5条第2款是司法拍卖的一般规则，《最高人民法院关于人民法院网络司法拍卖若干问题的规定》第10条是适用于网络司法拍卖的特别规则，应当依据特别法优于一般法的处理规则，在网络司法拍卖中适用《最高人民法院关于人民法院网络司法拍卖若干问题的规定》第10条，在其他司法拍卖中适用《最高人民法院关于人民法院民事执行中拍卖、变卖财产的规定》第5条第2款。因司法拍卖原则上通过网络拍卖，故一般拍卖为例外情形且不多见，在此不作详细说明。

最高人民法院案例　在网络司法拍卖中，将案涉房产的起拍价定为评估价的70%是否合法有据？

重庆高级人民法院于2019年对案涉资产进行网络司法拍卖，基于特殊法优于一般法原则，应当适用《最高人民法院关于人民法院网络司法拍卖若干问题的规定》。网络司法拍卖模式下，网络拍卖竞价在虚拟的网络平台上进行，拍卖人、竞买人之间相互不见面，竞买人在竞价结束前随时都可以参与拍卖，不存在现场拍卖中围标、串标和职业控场的可能。司法解释规定将第一次拍卖起拍价确定为不低于评估价或市场价的70%，且未区分动产或不动产，有利于简化程序、促成拍卖成交。故重庆高院启动的网络司法拍卖程序，将案涉房产起拍价确定为评估价格的70%，符合上述司法解释规定，应予维持。③

再次拍卖、变卖　网络司法拍卖竞价期间无人出价的，本次拍卖流拍。流拍后应当在三十日内在同一网络司法拍卖平台再次拍卖，拍卖动产的应当在拍卖七日前公告；拍卖不动产或者其他财产权的应当在拍卖十五日前公告。再次拍卖的起拍价降价幅度不得超过前次起拍价的百分之二十。再次拍卖流拍的，可以依法在同一网络司法

---

① 参见《浙江省高级人民法院执行局关于规范不动产网络司法拍卖、变卖工作指引》第8条。
② 参见《最高人民法院关于人民法院网络司法拍卖若干问题的规定》第十条。
③ 参见遵义新某房地产开发有限公司、重庆遵某富经贸有限公司等借款合同纠纷执行复议执行裁定书［（2022）最高法执复68号］。

拍卖平台变卖。① 网络司法变卖的变卖价为网络司法拍卖二拍流拍价。②

最高人民法院案例 拍卖公告期限明显少于十五日的法定公告期限,属于应当撤销拍卖的情形。

泰安市中级人民法院在拍卖案涉股权时,第一次流拍后,于2020年8月26日发布第二次拍卖公告,网络拍卖时间自2020年9月4日起至2020年9月5日止,由此可见,再次拍卖时的公告期限明显少于司法解释规定的十五日。本院认为,拍卖公告期限大幅度缩短,可能对拍卖公告的受众范围产生实质影响,导致司法拍卖不能实现充分竞价,从而损害当事人合法权益。从严格规范人民法院网络司法拍卖程序、充分发挥网络司法拍卖的公开透明优势的角度而言,公告期限明显少于司法解释规定期限的,构成《最高人民法院关于人民法院网络司法拍卖若干问题的规定》第三十一条第六项规定的"其他严重违反网络司法拍卖程序且损害当事人或其他竞买人利益的情形",相关拍卖应予撤销。③

流拍后以物抵债 网拍二拍流拍后,人民法院应当于10日内询问申请执行人或其他执行债权人是否接受以物抵债。不接受以物抵债的,人民法院应当于网拍二拍流拍之日起15日内发布网络司法变卖公告。④

拍卖时无人竞买或者竞买人的最高应价低于保留价,到场的申请执行人或者其他执行债权人申请或者同意以该次拍卖所定的保留价接受拍卖财产的,应当将该财产交其抵债。有两个以上执行债权人申请以拍卖财产抵债的,由法定受偿顺位在先的债权人优先承受;受偿顺位相同的,以抽签方式决定承受人。承受人应受清偿的债权额低于抵债财产的价额的,人民法院应当责令其在指定的期间内补交差额。⑤

最高人民法院案例 前位债权人放弃接受财产抵债,只是放弃这一变价措施,并不意味着其放弃对流拍财产变价所得优先受偿的权利。在优先受偿权人未明示放弃其优先权的情况下,接受抵债的债权人即承受人不会因接受以物抵债获得优先于其他债权人就抵债财产变现后的价值受偿的地位。以物抵债相当于以流拍的财产保留价购买执行标的,只不过债权人作为申请执行人,可以在应受清偿的债权范围内与流拍的保

---

① 参见《最高人民法院关于人民法院网络司法拍卖若干问题的规定》第二十六条。
② 参见《最高人民法院关于认真做好网络司法拍卖与网络司法变卖衔接工作的通知》第四条。
③ 参见张某清、泰安市金某源置业有限公司等其他案由执行监督执行裁定书[(2021)最高法执监231号]。
④ 参见《最高人民法院关于认真做好网络司法拍卖与网络司法变卖衔接工作的通知》第二条。
⑤ 参见《最高人民法院关于人民法院民事执行中拍卖、变卖财产的规定》第十六条。

留价进行抵销。因此，在存在多个债权人的情形下，执行法院仍然应当按照法定顺位计算多个债权各自应受清偿金额，并非将流拍财产直接交由接受抵债的执行债权人受偿自身债权。①

变卖 网络司法变卖期为 60 天，人民法院应当在公告中确定变卖期的开始时间。② 变卖期开始后，取得竞买资格的竞买人即可以出价。自第一次出价开始进入 24 小时竞价程序，其他取得竞买资格的竞买人可在竞价程序内以递增出价方式参与竞买。③

变卖失败且不接受抵债的处理 《最高人民法院关于人民法院网络司法拍卖若干问题的规定》对于变卖不成时，对查封、扣押财产如何处理未作明确规定，但根据《最高人民法院关于人民法院网络司法拍卖若干问题的规定》第三十七条规定"本规定对网络司法拍卖行为没有规定的，适用其他有关司法拍卖的规定"。因此，可以参照《最高人民法院关于人民法院民事执行中拍卖、变卖财产的规定》关于变卖失败的处理意见，"自公告之日起六十日内没有买受人愿意以第三次拍卖的保留价买受该财产，且申请执行人、其他执行债权人仍不表示接受该财产抵债的，应当解除查封、冻结，将该财产退还被执行人，但对该财产可以采取其他执行措施的除外"。④

最高人民法院案例 《最高人民法院关于人民法院民事执行中拍卖、变卖财产的规定》第二十八条第二款规定，人民法院处置财产，变卖不成且申请执行人、其他执行债权人仍不表示接受该财产抵债的，应当解除查封、冻结，将该财产退还被执行人，但对该财产可以采取其他执行措施的除外。该规定中的其他执行措施，包括执行法院可以根据市场的具体情况，在不存在过分拖延程序，损害被执行人合法权益的前提下，及时重新启动评估、拍卖程序。因此，贵州高院在案涉股权经两次网络司法拍卖均流拍、经变卖仍未成交，且申请执行人拒绝接受抵债的情形下，根据市场价格变化，重新启动评估、拍卖程序，以实现案涉股权的公平变价，并未违反相关司法解释的禁止性规定。⑤

---

① 参见某市基础工程有限公司、云浮泓某投资置业有限公司建设工程合同纠纷执行监督执行裁定书［（2021）最高法执监 414 号］。
② 参见《最高人民法院关于认真做好网络司法拍卖与网络司法变卖衔接工作的通知》第三条。
③ 参见《最高人民法院关于认真做好网络司法拍卖与网络司法变卖衔接工作的通知》第六条。
④ 参见《最高人民法院关于人民法院民事执行中拍卖、变卖财产的规定》第二十五条。
⑤ 参见广西联某科技股份有限公司、包某检股权转让纠纷执行审查类执行裁定书［（2019）最高法执复 37 号］。

标的物所有权转移 拍卖成交或者依法定程序裁定以物抵债的，标的物所有权自拍卖成交裁定或者抵债裁定送达买受人或接受抵债物的债权人时转移。①

> **第 29 项请求权：申请撤销网络司法拍卖** 当事人、利害关系人提出异议请求撤销网络司法拍卖，符合下列情形之一的，人民法院应当支持：
>
> （一）由于拍卖财产的文字说明、视频或者照片展示以及瑕疵说明严重失实，致使买受人产生重大误解，购买目的无法实现的，但拍卖时的技术水平不能发现或者已经就相关瑕疵以及责任承担予以公示说明的除外；
>
> （二）由于系统故障、病毒入侵、黑客攻击、数据错误等原因致使拍卖结果错误，严重损害当事人或者其他竞买人利益的；
>
> （三）竞买人之间，竞买人与网络司法拍卖服务提供者之间恶意串通，损害当事人或者其他竞买人利益的；
>
> （四）买受人不具备法律、行政法规和司法解释规定的竞买资格的；
>
> （五）违法限制竞买人参加竞买或者对享有同等权利的竞买人规定不同竞买条件的；
>
> （六）其他严重违反网络司法拍卖程序且损害当事人或者竞买人利益的情形。②

最高人民法院案例 司法拍卖标的物实际位置与拍卖公告不符，致使买受人产生重大误解，买受人有权主张撤销拍卖。

青海高院通过网络司法拍卖的方式，对被执行人宝某公司名下的 6 号楼 5 套商铺及 7 号楼 5 套商铺进行拍卖，两次拍卖流拍后，经变卖程序，买受人高某华购得 6 号楼 5 套商铺及 7 号楼 5 套商铺。后高某华以 6 号楼 5 套商铺实际位置与拍卖公告不符为由提出本案异议。根据异议程序查明的事实，拍卖公告中载明的 6 号楼 5 套商铺与买受人高某华实地看样、被执行人宝某公司现场所指标的物不一致，由于 6 号楼 5 套商铺的实际位置确与拍卖公告产生偏差，变卖标的物的现状与买受人高某华通过拍卖公告及现场看样所知晓的信息不符，致使买受人高某华产生重大误解，购买目的无法实现。故本案买受人高某华请求撤销对 6 号楼 5 套商铺的变卖并主张退还价款，存在法定理由。③

---

① 参见《最高人民法院关于适用〈中华人民共和国民事诉讼法〉的解释》第四百九十一条。
② 参见《最高人民法院关于人民法院网络司法拍卖若干问题的规定》第三十一条。
③ 参见靳某平、青海宝某房地产开发有限公司等借款合同纠纷执行复议执行裁定书 [（2022）最高法执复 48 号]。

四、直接变卖

《最高人民法院关于在执行工作中进一步强化善意文明执行理念的意见》提出适当增加财产变卖程序适用情形。要在坚持网络司法拍卖优先原则的基础上，综合考虑变价财产实际情况、是否损害执行债权人、第三人或社会公共利益等因素，适当采取直接变卖或强制变卖等措施。具体如下：

> **第 30 项请求权：申请不经拍卖直接变卖** （1）被执行人申请自行变卖查封财产清偿债务的，在确保能够控制相应价款的前提下，可以监督其在一定期限内按照合理价格变卖。变卖期限由人民法院根据财产实际情况、市场行情等因素确定，但最长不得超过 60 日。
>
> （2）被执行人申请对查封财产不经拍卖直接变卖的，经执行债权人同意或者变卖款足以清偿所有执行债务的，人民法院可以不经拍卖直接变卖。
>
> （3）被执行人认为网络询价或评估价过低，申请以不低于网络询价或评估价自行变卖查封财产清偿债务的，人民法院经审查认为不存在被执行人与他人恶意串通低价处置财产情形的，可以监督其在一定期限内进行变卖。
>
> **第 31 项请求权：第三人申请以流拍价购买财产** （4）财产经拍卖后流拍且执行债权人不接受抵债，第三人申请以流拍价购买的，可以准许。
>
> **第 32 项请求权：被执行人申请以流拍价融资** （5）网络司法拍卖第二次流拍后，被执行人提出以流拍价融资的，人民法院应结合拍卖财产基本情况、流拍价与市场价差异程度以及融资期限等因素，酌情予以考虑。准许融资的，暂不启动以物抵债或强制变卖程序。[①]
>
> 被执行人依照上述规定申请自行变卖，经人民法院准许后，又依照《最高人民法院关于人民法院确定财产处置参考价若干问题的规定》第二十二、二十三条规定向人民法院提起异议的，不予受理；被执行人就网络询价或评估价提起异议后，又依照上述规定申请自行变卖的，不应准许。

---

① 参见《最高人民法院关于在执行工作中进一步强化善意文明执行理念的意见》第 9 条。

> **第 33 项请求权：申请通过网络平台自行公开拍卖** 对不动产等标的额较大或者情况复杂的财产，被执行人认为委托评估确定的参考价过低、申请自行处置的，在可控制其拍卖款的情况下，人民法院可以允许其通过网络平台自行公开拍卖；有确定的交易对象的，在征得申请执行人同意或者能够满足执行债权额度的情况下，人民法院可以允许其直接交易。自行处置期限由人民法院根据财产实际情况、市场行情等因素确定，但最长不得超过 90 日。①

五、竞买资格

人民法院组织的司法拍卖房产活动，受房产所在地限购政策约束的竞买人申请参与竞拍的，人民法院不予准许。②

司法拍卖房产出现流拍等无法正常处置情形，不具备购房资格的申请执行人等当事人请求以该房抵债的，人民法院不予支持。③

> **第 34 项请求权：申请拍卖行为无效** 买受人虚构购房资格参与司法拍卖房产活动且拍卖成交，当事人、利害关系人以违背公序良俗为由主张该拍卖行为无效的，人民法院应予支持。依据前款规定，买受人虚构购房资格导致拍卖行为无效的，应当依法承担赔偿责任。④

人民法院组织的司法拍卖房产活动，竞买人虚构购房资格或者当事人之间恶意串通，侵害他人合法权益或者逃避履行法律文书确定的义务的，人民法院应当根据情节轻重予以罚款、拘留；构成犯罪的，依法追究刑事责任。⑤

最高人民法院答复 设立中公司虽然不具有法人资格，但是可以从事设立公司所必需的民事行为。发起人为设立中公司购买财产，并以设立中公司名义参与司法拍卖的，不应仅以竞买人是设立中公司为由否定司法拍卖的效力。⑥

---

① 参见《最高人民法院关于进一步完善执行权制约机制　加强执行监督的意见》第 17 条。
② 参见《最高人民法院关于人民法院司法拍卖房产竞买人资格若干问题的规定》第一条。
③ 参见《最高人民法院关于人民法院司法拍卖房产竞买人资格若干问题的规定》第五条。
④ 参见《最高人民法院关于人民法院司法拍卖房产竞买人资格若干问题的规定》第四条。
⑤ 参见《最高人民法院关于人民法院司法拍卖房产竞买人资格若干问题的规定》第六条。
⑥ 参见最高人民法院（2014）执他字第 4 号函。

北京市高级人民法院座谈会纪要 经济适用房、限价商品房、共有产权房等保障性住房未满上市交易年限的，不构成不推进处置工作的理由。

对经济适用房、限价商品房、共有产权房等保障性住房上市交易年限的限制性规定，属于对一般性市场交易的限制，不适用于司法处置。处置时，应当将竞买人的主体资格明确限定为具有购买经济适用房、限价商品房、共有产权房等保障性住房的主体资格。依法拍卖、变卖成交或以物抵债后，执行法院协调不动产登记部门办理过户登记手续。协调不成的，依法强制其办理对该房屋的过户登记手续。①

专题四　执行程序中，投资人如何尽调及解决不动产疑难问题？

一、不动产现状查明

执行法院在依法确定不动产拍卖的参考价之前，应当查明不动产的权属、权利负担、占有使用、应缴税费、质量瑕疵等事项。为了避免拍卖中出现重大瑕疵影响执行效率，投资人也应参照最高院关于执行相关规定，对标的物进行详细尽调：

（一）向自然资源局、不动产登记中心等有关部门调查如下情况：

1. 土地用途：即按照有关政府部门编制的土地利用总体规划，案涉土地的用地分类情况，如土地用途为农用地、建设用地、未利用地等。

2. 用地性质：即城市规划管理部门根据城市总体规划的需要，对某种用地所规定的用途，如用地性质为居住用地、工业用地、教育文化用地、商业用地、综合用地等。实践中，存在拍卖瑕疵导致竞买人无法实现购买目的的情况，例如：拍卖公告证载土地性质为"住宅"，实际上规划部门已将土地调整为"公共绿地"，拍卖公告未如实披露，导致竞买人高价参拍后无法办证建房。②

3. 土地使用权种类：应查明土地使用权种类为国有土地使用权或是集体土地使用权及其最初取得方式（划拨取得、出让取得）。

4. 权属：土地使用权和房产的所有权状况，即不动产的所有权人（如共有的，含共有人、共有形式和共有份额）的登记情况、取得时间和使用年限、不动产异议登记等权属争议情况和查封登记情况，是否可以通过拍卖、变卖的方式变更登记，是否可

---

① 参见《北京市法院执行局局长座谈会（第十次会议）纪要——关于强制执行中财产处置若干问题的意见》第5条第二项。
② 参见"民事检察跟进监督典型案例（第二批）陈某振申请执行监督跟进监督案"，https://www.spp.gov.cn/spp/xwfbh/wsfbt/202112/t20211201_537624.shtml#2，最后访问时间2024年7月22日。

以依据现状拍卖、变卖后再根据原证载信息办理过户等。

5. 权利负担：即是否存在不动产抵押登记、不动产预告登记、用益物权等。

（二）对不动产进行现场勘查，向物业公司、村居委会等单位了解情况：

1. 占有使用：即是否存在租赁，是否存在其他占有使用人等情况。

2. 已知瑕疵：即不动产实物现状与登记情况不一致、属于无证房产或部分属于无证房产及其他重大瑕疵情况。

3. 其他实际状况：即附属设施、装修装饰、不动产的位置与登记载明位置是否一致、是否存在买受人资格限制等与竞买人利益相关的事项；住宅是否存在车库、地下室等附属用房；是否拖欠物业管理费、水电费等。

通过文字、图片、视频等形式，就不动产的现状情况进行调查，制作调查记录。

二、拟定问题清单及解决方案

（一）权属问题

1. 如涉及共有，应与共有人联系，了解其是否有优先购买意向。在变价程序中，应确保执行法院通知优先权人，避免因重大程序瑕疵导致拍卖程序撤销最终拍卖成交无效。

2. 如属集体土地使用权在或处理农村房屋涉及集体土地的，执行法院在处置前需征询自然资源主管部门的意见，在此过程中应提前与自然资源主管部门进行沟通，做好与法院的衔接工作。

3. 如属于划拨取得，应查明过户时应缴纳的土地出让金数额或计算方法，在拍卖成交后需要优先用于补缴建设用地使用权出让金，提前与税务部门沟通避免争议。

4. 如涉及跨宗地、房地分离、分别抵押等问题，因涉及第三方利益，应在执行程序中首先协商解决，在利益冲突无法调处时，应当按照法律规定进行处理；同时，应当保证各方程序性权利，避免盲目启动拍卖程序，引发利害关系人提起执行异议程序及其他衍生诉讼。在涉及土地争议时，应当申请政府介入，通过土地争议调处程序解决。

5. 如涉及无证房屋，尤其涉及历史遗留等原因未办理产权证的，应当根据自然资源部《关于加快解决不动产登记若干历史遗留问题的通知》及各省、市关于解决遗留问题的相关政策，以利害关系人身份积极与自然资源、住建等部门沟通，协商妥善解决方案，确保在法院拍卖后能够办理不动产登记。

（二）权利负担

1. 如涉及担保物权，债权人非担保权人或非第一顺位优先权人时，应详细了解优先债权金额、变价后是否有剩余价款可供执行，否则启动拍卖无意义。

2. 如涉及预告登记，则标的物虽在债务人名下，但第三人已对其具有物权期待权，可能侵犯第三人合法利益。

（三）占有

1. 如现场有租户，应了解租赁期限、租金等，租赁时间与抵押、查封时间的先后，以及租赁合同相对方是否属于次承租人等。

2. 在非租赁占有的情况下，应了解是否涉及第三人利益，属于买卖、委托经营等合法占有，还是无正当理由的非法占有等。

3. 在实践中，有的债务人为了对抗执行，通过案外人以另案仲裁和解、诉讼调解等方式将非法占有合法化，在执行程序中可通过执行异议排除执行。为此，申请人、竞买人在前期尽调过程中，要注意收集非法占有、虚假诉讼等证据，以便提起许可执行异议之诉破除妨碍执行的行为。

（四）处置权

1. 债权人是否为首封，如非首封且为优先债权，则应考虑与执行法院沟通，是否商请移送执行。

2. 如为轮候查封，应重点关注首封期限，在首封脱封的情况下，可能成为首封。在被执行人为企业法人时，对于债权实现具有重要意义。

（五）办证条件

对照不动产所在地登记部门要求的条件，逐一审查了解所有材料及取得方式，往前追溯至拍卖各个环节，详细调查办理条件，确保在执行程序中一一落实。

三、税费承担

在司法拍卖中，因权属变更产生的税费在交易价款中占有重要比例，有时甚至比成交价还高，有可能引发极大争议。根据案件具体情况，申请人、竞买人可向税务局征询本次不动产变价和办理所有权转移登记应缴纳税费的计算方法以及是否存在欠缴房产税、城镇土地使用税等情况。对于税费承担问题，应当提前与执行法官沟通，以避免在拍卖公告中出现对申请执行人、竞买人不利的条件，影响变价。拍卖公告中对税费承担如何描述，实务中没有统一的规范，大多数法院对此描述都很简单，有可能在后续拍卖程序中引起争议。

为了避免影响执行效率，申请人、竞买人有必要提前与执行法官沟通，将税费承担规则进行明确，现引用天津高院一则拍卖公告税费负担条款，以供参考：

办理过户手续需缴纳的土地出让金、可能产生的一切税、费以及所需补交的相关税、费等各项费用依照相关法律、行政法规的规定，由相应主体承担。

（一）买受人承担土地出让金及契税等各项费用。

（二）被执行人承担可能产生的增值税、城市维护建设税、教育费附加、地方教育费附加、土地增值税、房产税和城镇土地使用税等各项费用。

（三）如因被执行人在规定期限内未完成税费申报或无力承担相关税费以及被执行人下落不明等原因，买受人需承担代理申报以及垫付税费等各项费用（应由被执行人承担的部分）义务。买受人办理拍卖标的过户后持相关机关开具的收据等票据到本院领取垫付的税费等各项费用，买受人向相关单位缴纳垫付的各项税费之日至本院发放之日期间不计算利息。

上述各项费用种类、数额以办理过户时相关主管机关出具结果为准。①

四、拍卖公告及公示信息的审查

在挂拍之前，对于标的物存在的问题应当予以解决，或已有可行的解决方案，避免盲目启动拍卖程序，导致竞拍人后续无法办理不动产登记。对于拍卖公告内容，应当进行严格审查，避免出现重大瑕疵或对申请执行人、竞拍人不利的权利负担。

根据《最高人民法院关于人民法院网络司法拍卖若干问题的规定》第十二条、第十三条规定，拍卖公告应当包括拍卖财产、价格、保证金、竞买人条件、拍卖财产已知瑕疵、相关权利义务、法律责任、拍卖时间、网络平台和拍卖法院等信息。实施网络司法拍卖的，人民法院应当在拍卖公告发布当日通过网络司法拍卖平台公示下列信息：

（一）拍卖公告；

（二）执行所依据的法律文书，但法律规定不得公开的除外；

（三）评估报告副本，或者未经评估的定价依据；

（四）拍卖时间、起拍价以及竞价规则；

（五）拍卖财产权属、占有使用、附随义务等现状的文字说明、视频或者照片等；

（六）优先购买权主体以及权利性质；

（七）通知或者无法通知当事人、已知优先购买权人的情况；

---

① 参见"天津市高级人民法院关于天津市河某区解放南路283号创某大厦9C、9D房屋（合并拍卖）（第二次拍卖）的公告"，https：//www.rmfysszc.gov.cn/statichtml/rm_xmdetail/6756969.shtml，最后访问时间2024年7月22日。

（八）拍卖保证金、拍卖款项支付方式和账户；

（九）拍卖财产产权转移可能产生的税费及承担方式；

（十）执行法院名称、联系、监督方式等；

（十一）其他应当公示的信息。

五、不动产交付

在竞拍后，拍卖裁定送达竞拍人时，不动产产权即归竞拍人所有。竞拍人凭拍卖裁定及相关材料，向不动产登记部门申请办理新的不动产权证。在不动产处置过程中，前期工作越扎实、考虑越周到，后期出现问题就越少。在司法实践中，经常出现竞拍人取得了法院的拍卖裁定，但因各种原因不符合不动产登记条件，而无法办理不动产登记的情况。

关于腾退问题。目前，最高人民法院已要求法院必须负责腾退，通常是在拍卖前进行腾退，但也有先拍卖后腾退的情况，在取得拍卖裁定后，竞拍人有权要求法院进行腾退。另外，除拍卖时经法院认定为合法占有之外，竞拍人作为新的权利人，其他的占有行为均为非法占有，也可以申请法院排除妨害，或请求公安机关协调等方式解决。

六、税费承担

因网络司法拍卖本身形成的税费，应当依照相关法律、行政法规的规定，由相应主体承担；没有规定或者规定不明的，人民法院可以根据法律原则和案件实际情况确定税费承担的相关主体、数额。①

浙江省高级人民法院 对于本次变价形成的税费，相关法律法规明确规定负担主体的，应由相应主体负担。被执行人应负担本次变价产生的增值税、城市维护建设税、教育费附加、地方教育费附加、土地增值税、印花税、个人所得税等，买受人负担印花税、契税。被执行人应负担的本次变价产生的税费，由执行法院在拍卖款中扣划后直接交付税务部门，也可由买受人先行缴纳后向执行法院申请退还垫付的税费。②

---

① 参见《最高人民法院关于人民法院网络司法拍卖若干问题的规定》第三十条。
② 参见《浙江省高级人民法院执行局关于规范不动产网络司法拍卖、变卖工作指引》（浙高法执〔2020〕6 号）第 17 条。

专题五　关于司法拍卖中涉及的税种、承担原则及税收优先权的处理

一、司法拍卖涉及的税收

1. 土地增值税

（1）纳税义务人：转让国有土地使用权、地上的建筑物及其附着物（以下简称转让房地产）并取得收入的单位和个人。

（2）土地增值税=增值额×税率

增值额=纳税人转让房地产所取得的收入-扣除项目金额①

土地增值税实行四级超率累进税率：增值额未超过扣除项目金额50%的部分，税率为30%。增值额超过扣除项目金额50%、未超过扣除项目金额100%的部分，税率为40%。增值额超过扣除项目金额100%、未超过扣除项目金额200%的部分，税率为50%。增值额超过扣除项目金额200%的部分，税率为60%。②

2. 增值税

（1）纳税义务人：销售服务、无形资产、不动产以及进口货物的单位和个人。

（2）税率：销售不动产、转让土地使用权的税率为9%。③

（3）土地使用权：纳税人转让2016年4月30日前取得的土地使用权，可以选择适用简易计税方法，以取得的全部价款和价外费用减去取得该土地使用权的原价后的余额为销售额，按照5%的征收率计算缴纳增值税。④

（4）一般纳税人转让不动产：①转让2016年4月30日前取得（不含自建）的不动产，可以选择适用简易计税方法计税，以取得的全部价款和价外费用扣除不动产购置原价或者取得不动产时的作价后的余额为销售额，按照5%的征收率计算应纳税额。②转让2016年4月30日前自建的不动产，可以选择适用简易计税方法计税，以取得的全部价款和价外费用为销售额，按照5%的征收率计算应纳税额。③转让2016年5月1日后取得、自建的不动产，适用一般计税方法，以取得的全部价款和价外费用为

---

① 参见《土地增值税暂行条例》第六条，计算增值额的扣除项目：（一）取得土地使用权所支付的金额；（二）开发土地的成本、费用；（三）新建房及配套设施的成本、费用，或者旧房及建筑物的评估价格；（四）与转让房地产有关的税金；（五）财政部规定的其他扣除项目。

② 参见《土地增值税暂行条例》第七条。

③ 《增值税暂行条例》原规定的销售不动产、转让土地使用权的税率为11%。《关于调整增值税税率的通知》（财税〔2018〕32号）将税率从11%调整为10%。《关于深化增值税改革有关政策的公告》（财政部税务总局海关总署公告2019年第39号）进一步将税率从10%调整为9%。

④ 参见《关于进一步明确全面推开营改增试点有关劳务派遣服务、收费公路通行费抵扣等政策的通知》（财税〔2016〕47号）。

销售额计算应纳税额。①

（5）小规模纳税人转让不动产：除个人转让其购买的住房外，按照以下规定缴纳增值税：①转让取得（不含自建）的不动产，以取得的全部价款和价外费用扣除不动产购置原价或者取得不动产时的作价后的余额为销售额，按照5%的征收率计算应纳税额。②转让自建的不动产，以取得的全部价款和价外费用为销售额，按照5%的征收率计算应纳税额。②

3. 附加税（城市维护建设税、教育费附加、地方教育费附加）

（1）城市维护建设税：缴纳增值税、消费税的单位和个人，为城市维护建设税的纳税人。城市维护建设税以纳税人依法实际缴纳的增值税、消费税税额为计税依据。城市维护建设税税率：①纳税人所在地在市区的，税率为百分之七；②纳税人所在地在县城、镇的，税率为百分之五；③纳税人所在地不在市区、县城或者镇的，税率为百分之一。③

（2）教育费附加：根据《征收教育费附加的暂行规定》第三条的规定，教育费附加以各单位和个人实际缴纳的增值税、营业税、消费税的税额为计征依据，教育费附加率为3%，分别与增值税、营业税、消费税同时缴纳。

（3）地方教育费附加：《征收教育费附加的暂行规定》第八条第三款规定，地方征收的教育费附加，主要留归当地安排使用。地方教育附加征收标准统一为单位和个人（包括外商投资企业、外国企业及外籍个人）实际缴纳的增值税、营业税和消费税税额的2%。④

4. 印花税

根据《中华人民共和国印花税法》的规定，在中华人民共和国境内书立应税凭证、进行证券交易的单位和个人，为印花税的纳税人。应税凭证是指本法所附《印花税税目税率表》列明的合同、产权转移书据和营业账簿。应税产权转移书据的计税依据，为产权转移书据所列的金额，不包括列明的增值税税款；应税合同、产权转移书据未列明金额的，印花税的计税依据按照实际结算的金额确定。土地使用权、房屋等建筑物和构筑物所有权转让书据（不包括土地承包经营权和土地经营权转移），税率

---

① 参见《纳税人转让不动产增值税征收管理暂行办法》第三条。
② 参见《纳税人转让不动产增值税征收管理暂行办法》第四条。
③ 参见《城市维护建设税法》第四条第一款。
④ 参见《财政部关于统一地方教育附加政策有关问题的通知》（财综〔2010〕98号）。

为价款的万分之五。

5. 契税

根据《中华人民共和国契税法》第三条的规定，在中华人民共和国境内转移土地、房屋权属，承受的单位和个人为契税的纳税人。契税税率为百分之三至百分之五。契税的具体适用税率，由省、自治区、直辖市人民政府在前款规定的税率幅度内提出，报同级人民代表大会常务委员会决定，并报全国人民代表大会常务委员会和国务院备案。

二、司法拍卖中的税费负担

（一）买方包税，即"一切税费由竞买人承担"。

这种方式在过去在司法拍卖中是最普通的模式，但因该种方式在实践中争议非常大，网拍规定明确税费由相应主体承担。2022年5月25日，最高人民法院印发《关于进一步规范网络司法拍卖房产有关问题的通知》（法明传〔2022〕297号）再次明确，根据网拍规定第三十条，交易税费依照相关法律、行政法规的规定，由相应主体承担是基本原则。各级法院要严格落实该条规定，禁止在拍卖公告中载明"当次交易税费由买受人概括承担"或类似内容。需要说明的是，破产拍卖与司法拍卖不同，破产程序是管理人拍卖处置债务人财产，不适用网拍规定的法院拍卖财产，不受网拍规定的约束，可以在拍卖公告中约定包税条款。

目前，司法拍卖公告中买方包税条款已不多见，但对于包税条款的效力仍有不小争议。最高人民法院在这一问题上也有不同的认识：在一则案例中，法官认为包税条款已公示，竞拍人未提异议且包税条款减少了其他人参拍意向，拍卖成功后再作调整有违诚信原则和拍卖公平公正秩序，包税条款不宜再作调整。[①] 在另一则案例中，法官认为涉案土地使用权拍卖过程中，执行法院税费承担表述与网拍规定不符，应予纠正。[②]

（二）税费各付，即"依照相关法律、行政法规的规定，由相应主体承担"。

《最高人民法院关于人民法院网络司法拍卖若干问题的规定》第三十条明确，因网络司法拍卖本身形成的税费，应当依照相关法律、行政法规的规定，由相应主体承担；没有规定或者规定不明的，人民法院可以根据法律原则和案件实际情况确定税费

[①] 参见郑某华、潘某余等借款合同纠纷执行监督执行裁定书〔（2021）最高法执监440号〕。
[②] 参见河池五某有限责任公司、深圳市汇某科技股份有限公司其他案由执行监督执行裁定书〔（2020）最高法执监421号〕。

承担的相关主体、数额。① 国家税务总局在《对十三届全国人大三次会议第8471号建议的答复》中表示，国家税务总局和最高人民法院赞同拍卖不动产的税费按照规定由"买卖双方各自负担"的建议。最高人民法院将进一步要求各级法院严格落实司法解释关于税费依法由相应主体承担的规定，严格禁止在拍卖公告中要求买受人概括承担全部税费，以提升拍卖实效，更好地维护各方当事人合法权益。

目前，各级法院在拍卖公告中已普遍明确税费各付，不再要求买受人承担交易环节全部税费。对于其他费用缺乏明确的法律规定，有的法院会明确标的物存在或可能存在的物业管理费、水、电、气等欠费由买受人承担，有的法院则要求买受人自行处理。

（三）以物抵债的税费处理

在以物抵债的情况下，由于没有竞买人参拍，自然也没有变价执行款，税费如何负担成为问题。最高院案例也提到，目前法律对司法拍卖或流拍后抵债财产过户时产生的税费承担问题没有明确规定。实践中，人民法院参照民事交易中自主买卖的相关规定确定司法拍卖或抵债双方的税费承担标准较为常见且相对合理。申请执行人接受以物抵债，其法律地位即相当于买受人一方。②

债权人以物抵债相当于买受人，需要承担买受人应缴纳的税费，应当在拍卖款中扣留的被执行人方缴纳的税款，将由买受人承担。湖南、江西等地规定，不动产司法拍卖流拍后，申请执行人或者其他执行债权人接受不动产抵债的，视同买受人，被执行人视同出卖方，交易税费由买卖双方依法各自负担。③ 抵债不动产过户时被执行人未支付的产权转移相关税费，可以由买受人支付，但相关税费应当从以物抵债金额中扣除。④

三、关于不动产登记中的税费处理

（一）税收优先权及其限制

根据《税收征收管理法》第四十五条第一款的规定，"税务机关征收税款，税收优先于无担保债权，法律另有规定的除外；纳税人欠缴的税款发生在纳税人以其财产

---

① 参见《最高人民法院关于人民法院网络司法拍卖若干问题的规定》第三十条。
② 参见施某、许某成执行审查类执行裁定书［（2017）最高法执监324号］。
③ 参见《国家税务总局湖南省税务局、湖南省高级人民法院关于进一步优化不动产司法拍卖涉税事项办理的意见》（湘税发〔2021〕54号）。
④ 参见《江西省高级人民法院国家税务总局江西省税务局关于印发民事执行中不动产处置税费征缴协作的意见的通知》（赣高法〔2023〕64号）。

设定抵押、质押或者纳税人的财产被留置之前的，税收应当先于抵押权、质权、留置权执行"。上述规定明确了税收债权优先于普通债权的原则，但对担保债权而言，税款发生在担保物权之前的，税款优先于担保债权；税款发生在担保物权之后的，担保债权优先于税款。在破产程序中，税收债权优先于普通债权，但不优先于担保债权。在（2020）苏05民终3917号一案中，苏州市中级人民法院认为：税收征管法第四十五条规定与破产程序中破产债权的清偿体系不相容，二者之间存在根本性的逻辑冲突，《税收征收管理法》第四十五条规定只能调整常态下税收债权和担保债权的清偿顺序，无法适应破产背景下税收、债权有抵押担保债权的清偿顺序。在破产程序中税收债权与抵押担保债权优先性应当依照《破产法》第一百零九条、第一百一十三条规定认定，担保债权优先于税收债权。

《税收征收管理法》第四十六条规定，抵押权人、质权人可以请求税务机关提供有关的欠税情况。有的地方还规定，"有确切证据证明抵押权人、质权人在接受抵押、质押前曾请求地税机关提供被执行人（纳税人）欠税情况，但地税机关未予提供或只提供部分欠税情况的，只能就提供的欠税金额优先受偿"。①

（二）人民法院协助征收

根据《税收征收管理法》第五条的规定，各有关部门和单位应当支持、协助税务机关依法执行职务。《国家税务总局关于人民法院强制执行被执行人财产有关税收问题的复函》（国税函〔2005〕869号）规定，"鉴于人民法院实际控制纳税人因强制执行活动而被拍卖、变卖财产的收入，根据《中华人民共和国税收征收管理法》第五条的规定，人民法院应当协助税务机关依法优先从该收入中征收税款"。税收具有法定优先权，人民法院应当按照法定顺位协助税务机关征收税款，即使拍卖款无法清偿全部债权，进入参与分配或破产程序，税款仍优先于普通债权。

对于被执行人拍卖成交价款支付税费的范围，是否包括历史欠税，缺乏统一规定。从实际操作层面来说，执行法院并不掌握被执行人历史欠税情况，如税务机关没有要求从拍卖价款中征收欠税，执行法院应当亦无法作出协助征收决定。上海高级人民法院明确规定，对于被执行人历史欠缴税费由税务部门负责追缴或者依法申请受偿，执

---

① 参见《山东省地方税务局、山东省高级人民法院关于完善人民法院不动产强制执行与地税机关税费征缴协同联动机制的指导意见》（鲁地税发〔2017〕42号）。

行法院不应在拍卖公告和特别提示中作出规定，也不应载明由买受人承担。① 浙江高级人民法院更进一步明确，对被执行人的历史欠缴税费，税务部门可依法向执行法院申请受偿，但被执行人另有其他财产可供执行的，对税务部门的申请不予支持。② 因此，对于不动产权属转移时被执行人应当缴纳的税费，执行法院应当依职权协助扣缴，对于其他非交易环节的税费，执行法院则应依申请决定是否协助执行。

（三）不动产登记"先税后证"

《中华人民共和国契税法》第十一条规定，未按照规定缴纳契税的，不动产登记机构不予办理土地、房屋权属登记。《土地增值税暂行条例》第十二条规定，纳税人未按照本条例缴纳土地增值税的，土地管理部门、房产管理部门不得办理有关的权属变更手续。《关于进一步加强土地税收管理工作的通知》（国税发〔2008〕14号）规定，要继续严格执行"先税后证"的政策，没有财税部门发放的契税和土地增值税完税凭证或免税凭证，国土资源部门一律不得办理土地登记手续。在实践中，不动产登记部门要求买卖双方税费均缴纳完毕后，才予以办理不动产权属变更登记，但被执行人往往缺乏支付能力或不愿支付税费，如严格要求双方完税才可进行权属登记，则可能出现买受人竞拍成功却无法进行变更登记的情况。

为了解决这一矛盾问题，实践中通常采取"先收后返"模式，即被执行人应缴税费由买受人在不动产过户环节先行垫付后，凭税务机关出具的被执行人税收完税凭证向执行法院申请从拍卖款中扣划返还。江西③、湖南④等地还明确规定，只要缴纳交易环节税费后即可办理过户手续，"不得以被执行人欠缴非交易环节的税款为由拒绝协助办理相关手续"。北京市对企业存量房交易更是采取"卖方税后置"措施⑤，即买方企业缴纳契税、印花税后，即可办理不动产转移登记，卖方企业的税费改为后置缴纳，不再将卖方纳税义务强行转嫁给买方，这对买方更加公平。

---

① 参见《上海市高级人民法院关于进一步规范不动产司法拍卖中有关事项的指导意见》（沪高法〔2019〕25号）。

② 参见《浙江省高级人民法院执行局关于规范不动产网络司法拍卖、变卖工作指引》（浙高法执〔2020〕6号）第18条。

③ 参见《江西省高级人民法院、国家税务总局江西省税务局关于印发民事执行中不动产处置税费征缴协作的意见的通知》（赣高法〔2023〕64号）。

④ 参见《国家税务总局湖南省税务局、湖南省高级人民法院关于进一步优化不动产司法拍卖涉税事项办理的意见》（湘税发〔2021〕54号）。

⑤ 参见《北京市规划和自然资源委员会关于进一步优化企业综合窗口服务的通知》（京规自发〔2021〕97号）。

四、增值税专用发票

在司法拍卖中，被执行人往往存在对抗情绪或已经停业、失联等情况，如被执行人不配合或者税务机关不予代开发票，买受人取得标的物后无法取得增值税专用发票进行进项抵扣，再次出售时因未取得增值税进项发票，将面临全额缴纳增值税的风险。这一问题在实务中可以与税务机关沟通处理，有的地方规定的办理意见具有指导意义，例如：被执行人被认定为非正常户的，应向税务机关办理解除非正常户手续，税务机关在解除非正常户后应为其提供发票或代开发票。被执行人拒不配合开具发票或申请代开发票的，由买受人凭《人民法院协助执行通知书》《执行裁定书》、完税（费）凭证向不动产所在地主管税务机关申请代开发票。[1]

第五节 履行交付

对于动产、不动产的执行，最终涉及财产控制权的转移，在现实中容易产生直接的冲突。本章内容主要针对动产交付、行为给付，以及拍卖、变卖不动产的腾退问题。在被执行人不履行法定义务时，可以申请人民法院强制交付、腾退不动产、排除妨害，或者由第三人代履行等，以实现申请执行人的权益。

一、交付财产

法律文书指定交付的财物或者票证，由执行员传唤双方当事人当面交付，或者由执行员转交，并由被交付人签收。有关单位持有该项财物或者票证的，应当根据人民法院的协助执行通知书转交，并由被交付人签收。有关公民持有该项财物或者票证的，人民法院通知其交出。拒不交出的，强制执行。[2]

他人持有法律文书指定交付的财物或者票证，人民法院依照民事诉讼法第二百五十六条第二款、第三款规定发出协助执行通知后，拒不转交的，可以强制执行，并可依照民事诉讼法第一百一十七条、第一百一十八条规定处理。他人持有期间财物或者

---

[1] 参见《国家税务总局湖南省税务局、湖南省高级人民法院关于进一步优化不动产司法拍卖涉税事项办理的意见》（湘税发〔2021〕54号）。
[2] 参见《民事诉讼法》第二百六十条。

票证毁损、灭失的，参照本解释第四百九十二条规定处理。他人主张合法持有财物或者票证的，可以根据民事诉讼法第二百三十四条规定提出执行异议。①

二、强制移交

> **第 35 项请求权：申请强制迁出房屋/退出土地** 强制迁出房屋或者强制退出土地，由院长签发公告，责令被执行人在指定期间履行。被执行人逾期不履行的，由执行员强制执行。强制执行时，被执行人是公民的，应当通知被执行人或者他的成年家属到场；被执行人是法人或者其他组织的，应当通知其法定代表人或者主要负责人到场。拒不到场的，不影响执行。被执行人是公民的，其工作单位或者房屋、土地所在地的基层组织应当派人参加。执行员应当将强制执行情况记入笔录，由在场人签名或者盖章。强制迁出房屋被搬出的财物，由人民法院派人运至指定处所，交给被执行人。被执行人是公民的，也可以交给他的成年家属。因拒绝接收而造成的损失，由被执行人承担。②

人民法院裁定拍卖成交或者以流拍的财产抵债后，除有依法不能移交的情形外，应当于裁定送达后十五日内，将拍卖的财产移交买受人或者承受人。被执行人或者第三人占有拍卖财产应当移交而拒不移交的，强制执行。③

三、代履行

> **第 36 项请求权：申请委托/代履行** 对判决、裁定和其他法律文书指定的行为，被执行人未按执行通知履行的，人民法院可以强制执行或者委托有关单位或者其他人完成，费用由被执行人承担。④

被执行人不履行生效法律文书确定的行为义务，该义务可由他人完成的，人民法院可以选定代履行人；法律、行政法规对履行该行为义务有资格限制的，应当从有资格的

---

① 参见《最高人民法院关于适用〈中华人民共和国民事诉讼法〉的解释》第四百九十三条。
② 参见《民事诉讼法》第二百六十一条。
③ 参见《最高人民法院关于人民法院民事执行中拍卖、变卖财产的规定》第二十七条。
④ 参见《民事诉讼法》第二百六十三条。

人中选定。必要时，可以通过招标的方式确定代履行人。申请执行人可以在符合条件的人中推荐代履行人，也可以申请自己代为履行，是否准许，由人民法院决定。①

代履行费用的数额由人民法院根据案件具体情况确定，并由被执行人在指定期限内预先支付。被执行人未预付的，人民法院可以对该费用强制执行。代履行结束后，被执行人可以查阅、复制费用清单以及主要凭证。②

被执行人不履行法律文书指定的行为，且该项行为只能由被执行人完成的，人民法院可以依照民事诉讼法第一百一十四条第一款第六项规定处理。被执行人在人民法院确定的履行期间内仍不履行的，人民法院可以依照民事诉讼法第一百一十四条第一款第六项规定再次处理。③

四、排除妨害

> **第 37 项请求权：申请排除妨害**　在执行终结六个月内，被执行人或者其他人对已执行的标的有妨害行为的，人民法院可以依申请排除妨害，并可以依照民事诉讼法第一百一十四条规定进行处罚。因妨害行为给执行债权人或者其他人造成损失的，受害人可以另行起诉。④

第六节　对妨害执行的强制措施

在现代社会，法律是国家意志的普遍体现，生效法律文书是法律对个案的意志体现，人民法院执行活动是对个案行使法律强制力，通过国家暴力机器保证法律的实施。对于任何妨害执行的行为，人民法院有权采取司法拘留、罚款措施，情节严重的还可能构成刑事犯罪。一般来说，妨害执行的行为表现为被执行人拒不履行生效法律文书、妨害司法人员执行职务、恶意串通损害他人合法权益及协助义务人拒不履行协助义务等。

---

① 参见《最高人民法院关于适用〈中华人民共和国民事诉讼法〉的解释》第五百零一条。
② 参见《最高人民法院关于适用〈中华人民共和国民事诉讼法〉的解释》第五百零二条。
③ 参见《最高人民法院关于适用〈中华人民共和国民事诉讼法〉的解释》第五百零三条。
④ 参见《最高人民法院关于适用〈中华人民共和国民事诉讼法〉的解释》第五百一十九条。

一、妨害执行行为

诉讼参与人或者其他人有下列行为之一的，人民法院可以根据情节轻重予以罚款、拘留；构成犯罪的，依法追究刑事责任：

……

（三）隐藏、转移、变卖、毁损已被查封、扣押的财产，或者已被清点并责令其保管的财产，转移已被冻结的财产的；

（四）对……协助执行的人，进行侮辱、诽谤、诬陷、殴打或者打击报复的；

（五）以暴力、威胁或者其他方法阻碍司法工作人员执行职务的；

（六）拒不履行人民法院已经发生法律效力的判决、裁定的。

人民法院对有前款规定的行为之一的单位，可以对其主要负责人或者直接责任人员予以罚款、拘留；构成犯罪的，依法追究刑事责任。①

被执行人或其他人有下列拒不履行生效法律文书或者妨害执行行为之一的，人民法院可以依照民事诉讼法第一百一十一条的规定处理：

（1）隐藏、转移、变卖、毁损向人民法院提供执行担保的财产的；

（2）案外人与被执行人恶意串通转移被执行人财产的；

（3）故意撕毁人民法院执行公告、封条的；

（4）伪造、隐藏、毁灭有关被执行人履行能力的重要证据，妨碍人民法院查明被执行人财产状况的；

（5）指使、贿买、胁迫他人对被执行人的财产状况和履行义务的能力问题作伪证的；

（6）妨碍人民法院依法搜查的；

（7）以暴力、威胁或其他方法妨碍或抗拒执行的；

（8）哄闹、冲击执行现场的；

（9）对人民法院执行人员或协助执行人员进行侮辱、诽谤、诬陷、围攻、威胁、殴打或者打击报复的；

（10）毁损、抢夺执行案件材料、执行公务车辆、其他执行器械、执行人员服装

---

① 参见《民事诉讼法》第一百一十四条。

和执行公务证件的。①

在执行过程中遇有被执行人或其他人拒不履行生效法律文书或者妨害执行情节严重，需要追究刑事责任的，应将有关材料移交有关机关处理。②

二、恶意串通损害他人合法权益

当事人之间恶意串通，企图通过诉讼、调解等方式侵害国家利益、社会公共利益或者他人合法权益的，人民法院应当驳回其请求，并根据情节轻重予以罚款、拘留；构成犯罪的，依法追究刑事责任。当事人单方捏造民事案件基本事实，向人民法院提起诉讼，企图侵害国家利益、社会公共利益或者他人合法权益的，适用前款规定。③

被执行人与他人恶意串通，通过诉讼、仲裁、调解等方式逃避履行法律文书确定的义务的，人民法院应当根据情节轻重予以罚款、拘留；构成犯罪的，依法追究刑事责任。④

典型案例　某区人民法院在执行申请执行人李某某与被执行人冯某某等民间借贷纠纷一案中，异议人高某某提出书面异议，请求排除对冯某名下房屋的强制执行，并提供了虚假的离婚协议书。该离婚协议书关于财产分割的约定与双方在某区民政局婚姻登记处存档的离婚协议书约定不一致。人民法院依法裁定驳回案外人高某某提出的执行异议，对高某某处以罚款。⑤

三、拒不履行协助执行义务

有义务协助调查、执行的单位有下列行为之一的，人民法院除责令其履行协助义务外，并可以予以罚款：

（一）有关单位拒绝或者妨碍人民法院调查取证的；

（二）有关单位接到人民法院协助执行通知书后，拒不协助查询、扣押、冻结、

---

① 参见《最高人民法院关于人民法院执行工作若干问题的规定（试行）》第57条。
② 参见《最高人民法院关于人民法院执行工作若干问题的规定（试行）》第58条。
③ 参见《民事诉讼法》第一百一十五条。
④ 参见《民事诉讼法》第一百一十六条。
⑤ 参见"人民法院整治虚假诉讼典型案例"，https：//www.court.gov.cn/zixun/xiangqing/330811.html，最后访问时间2024年7月22日。

划拨、变价财产的;

(三)有关单位接到人民法院协助执行通知书后,拒不协助扣留被执行人的收入、办理有关财产权证照转移手续、转交有关票证、证照或者其他财产的;

(四)其他拒绝协助执行的。

人民法院对有前款规定的行为之一的单位,可以对其主要负责人或者直接责任人员予以罚款;对仍不履行协助义务的,可以予以拘留;并可以向监察机关或者有关机关提出予以纪律处分的司法建议。①

专题六 不动产执行程序中,如何应对暴力抗拒执行的行为?

在执行程序中,取得被执行人和利害关系的配合非常重要,"不战而屈人之兵"乃上上策,在能够通过说服、间接强制措施执行的情况下,尽量避免强制腾退程序的启动。虽然执行是以国家强制力为保障,但强制腾退易引发激烈对抗,导致突发事件,在法院"案多人少"、追求社会稳定等因素考虑下,不少执行法官对于强制腾退有畏难情绪,执行周期较长。

为取得良好的执行效果,申请执行人应当积极与执行法官沟通,与被执行人、利害关系人保持良好互动,优先采取以下间接执行措施:

一、以谈判促执行和解。通过提供临时租房安置,或采取以小换大、以差换好的方式置换执行,重新达成租赁协议、给予安置费等方式,取得被执行人、利害关系人配合。

二、以限制使用进行施压。申请法院向供水、供电、供气部门发送协助执行通知,采取停水、停电、停气措施。如法院未采取以上措施,申请执行人可在取得拍卖裁定、办理过户手续后,以产权人名义办理用水、用电、用气过户手续后,办理停水、停电、停电。

三、采取私力救济手段。在取得拍卖裁定,办理不动产登记之后,如被执行人拒绝搬离,通过报装修、换门、换锁等手段,强制被执行人搬离;有冲突时,报警协助解决。因最高人民法院规定在拍卖前,法院负责腾退,故竞拍成功后可能已无须采取这种方式。

四、以司法强制措施施压。对被执行人或者其他人有妨害执行行为的,申请法院

---

① 参见《民事诉讼法》第一百一十七条。

对其采取罚款、拘留等强制措施。

五、以刑事控告进行施压。申请法院移送公安机关追究被执行人拒不迁出房屋、退出土地拒执行为的刑事责任；或者直接向公安机关提出控告，要求追究被执行人的刑事责任，通过刑事手段倒逼腾退。

申请执行人采取以上措施效果不佳或周期过长，以及被执行人采取拖延战术、案外人串通阻碍执行等情况下，可以同时要求执行法院进行强制腾退。本文在《北京市高、中级法院执行局（庭）长座谈会（第六次会议）纪要——关于强制执行腾房类案件若干问题的意见》的基础上，结合各地执行经验，总结出以下不动产腾退的主要流程：

一、执行前的准备工作

（一）执行通知的发送和法律释明工作

进入执行程序后，向被执行人发出执行通知。执行通知除责令被执行人履行执行依据确定的义务外，一并告知其不自动履行义务可能导致的法律后果，包括承担可能产生的替代履行费用、迟延履行金等。

注重做被执行人及相关人员的说服教育工作，找准其拒不腾退的真实原因，有针对性地进行法律释明，促使被执行人及相关人员自动履行腾退义务。必要时，可与房屋所在地的基层政府、基层组织或被执行人及相关人员所在单位共同开展说服教育工作。

（二）现场勘察工作

被执行人未自动履行腾退义务的，根据案件执行的需要，做好现场勘察工作，了解掌握涉腾退房屋的实际占有使用人员、房屋内的物品以及房屋周边环境等基本情况。对现场勘察的情况制作笔录或工作记录，留存相应的图像、视频资料。

（三）强制腾退风险评估

强制执行前，根据前期说服教育工作和现场勘察的情况进行风险评估。有必要的，制定风险评估报告。风险评估报告应当包括以下内容：

1. 被执行人及相关人员的对抗情绪是否激烈；
2. 被腾退房屋内水、电、气等的布局；
3. 被腾退房屋周边的环境，是否容易引发聚集围观；
4. 强制腾退房屋的时机；
5. 是否可能引发不良舆论；

6. 是否存在其他可能引发暴力抗法、恶性事件或不良社会影响的因素。

（四）制定强制腾退预案

根据风险评估情况，有必要的，制定详细、周延的强制腾退预案。强制腾退预案应当包括以下内容：

1. 当事人的基本情况；

2. 基本案情；

3. 现场状况；

4. 基本流程；

5. 现场指挥、参与人员及工作分工；

6. 执行风险提示、管控和处理；

7. 突发事件的应急处置；

8. 其他。

根据案件的具体情况，风险评估报告（情况）和强制腾退预案可向庭、局、院领导报告。

（五）启动执行联合机制

当前，司法政策强调善意文明执行，既要保护申请执行人的合法利益，也要维护社会大局稳定，追求法律效果、社会效果和政治效果的统一。对于执行中的重大复杂、疑难案件，牵涉面广、对抗性强，有可能引发群体性矛盾，给社会稳定带来不利影响，尤其要给予极大重视。对于存在的潜在风险，申请执行人要积极与执行法官沟通，避免出现极端事件导致执行停滞。必要时，执行法院要向上一级法院、同级政法委进行汇报，充分调动公安、街道、医疗、消防等行政，居委会、村委会等群团组织，以及医院、搬家公司、开锁公司等社会力量共同参与，以便顺利开展不动产腾退，并有效预防工作风险、化解突出矛盾。必要时，可以要求人大代表、政协委员和新闻媒体等见证执行。

二、腾退案件的直接强制执行

（一）强制执行的告知

强制腾退房屋，由院长签发公告，责令被执行人在指定期间内自动履行腾退房屋的义务。被执行人逾期不履行的，强制执行。被执行人是公民的，通知被执行人或者其成年家属到场；被执行人是法人或者其他组织的，通知其法定代表人或者主要负责人到场。拒不到场的，不影响执行。

(二) 强制执行的见证

被执行人是公民的，告知其工作单位或者房屋所在地的基层组织派人参加。被执行人的单位或者房屋所在地的基层组织派人参加的，由到场人员在笔录上签名或者盖章；被执行人的单位或者房屋所在地的基层组织未派人参加，或虽派人参加但拒绝在笔录上签名或者盖章的，不影响执行和执行的效力。

(三) 强制执行现场控制及突发事件的处置

进入执行现场后，查清被腾退房屋内的人员情况，对被执行人及相关人员实现有效控制，并排除危险物品。发生抗拒执行的行为或妨害执行行为等紧急情况，必须立即采取拘留措施的，可立即采取。在拘留后，立即报告院长补办批准手续。

执行现场的外围设立警戒线，禁止无关人员进入现场。根据案件需要，执行法院可协调由公安交通管理部门对周边道路进行封闭及疏导车辆。有必要的，安排现场医疗救护和消防措施。

对老弱病残人员，可由执行人员或法警与其近亲属或被执行人工作单位、房屋所在地基层组织所派人员进行看护。对未成年人，可要求其监护人或成年近亲属带离执行现场；其监护人和近亲属拒绝的，可由执行人员、法警或被执行人工作单位、房屋所在地基层组织所派人员将未成年人带离执行现场。

对于执行现场发生的突发事件，按照强制腾退预案及时妥善予以处置；必要时，可通过本院的执行指挥办公室向市高级人民法院执行指挥中心请求指导、协调、支援。

(四) 对被执行人及相关人员的腾退和腾退财物的交接或保存

强制执行开始时，对被执行人及房屋的实际占有使用人员进行说服教育，督促其自行离开。拒不离开的，强制带离。强制执行前，要求被执行人明确接收财物的处所，并告知其拒不接收财物的法律后果，包括因拒绝接收造成的损失由被执行人承担。被执行人不明确处所的，可指定预先查明的被执行人的其他居所作为接收财物的处所；未查明被执行人有其他居所的，可要求申请执行人联系、租赁临时处所作为接收财物的指定处所，并由其预付或垫付一定期间的租赁费。

(五) 交付不动产给申请执行人、买受人或其他权利人。申请人书面认可或者在笔录上签字确认的，案件执行完毕。

三、执行现场的注意事项

(一) 执行现场进行录音录像。对重大、疑难、复杂案件的执行现场，还可安排专门人员对执行过程进行录音录像。根据案件的实际需要，可使用单兵系统、指挥车等执行装备。必要时，还可与执行指挥中心进行连接，对执行现场进行同步远程监控、指挥协调。音像资料于采取执行措施的同时或之后上传至执行办案系统。

（二）有序搬离现场。按照搬迁方案的分工，确保公安、城管、消防、村（居）委会、医院等全部人员、搬迁公司与车辆就位，尤其是负责外围和内场安保的人员，务必确保现场状况安全。必要时，申请公证机构参与执行，对搬迁物品登记造册、张贴封条，避免发生争议。①

（三）高度注意执行安全，妥善处置突发情形。占领战略高地，清除煤气罐、刀具等危险物品，将无关人员清离现场，防止有人向窗户、阳台、屋顶平台等区域靠近。如发生聚众起哄、暴力威胁、自杀性表示或涉及管制刀具、枪支弹药等危及人身安全的情形，应停止执行并及时报告，当判断矛盾难以平息时，原则上先安全撤离现场，待撤回后再作有针对性的详细方案，依法追究相关责任。

第七节　执行和解

当事人可以自愿协商达成和解协议，依法变更生效法律文书确定的权利义务主体、履行标的、期限、地点和方式等内容。②

当事人达成以物抵债执行和解协议的，人民法院不得依据该协议作出以物抵债裁定。③

> **第38项请求权：申请恢复执行原生效法律文书**　在执行中，双方当事人自行和解达成协议的，执行员应当将协议内容记入笔录，由双方当事人签名或者盖章。申请执行人因受欺诈、胁迫与被执行人达成和解协议，或者当事人不履行和解协议的，人民法院可以根据当事人的申请，恢复对原生效法律文书的执行。④

---

① 2019年6月，最高人民法院、司法部联合发布《最高人民法院、司法部关于扩大公证参与人民法院司法辅助事务试点工作的通知》，决定在全国范围内试点公证参与司法辅助事务，各地法院也在积极尝试。
② 参见《最高人民法院关于执行和解若干问题的规定》第一条第一款。
③ 参见《最高人民法院关于执行和解若干问题的规定》第六条。
④ 参见《民事诉讼法》第二百四十一条。

被执行人一方不履行执行和解协议的,申请执行人可以申请恢复执行原生效法律文书,也可以就履行执行和解协议向执行法院提起诉讼。①

一方当事人不履行或者不完全履行在执行中双方自愿达成的和解协议,对方当事人申请执行原生效法律文书的,人民法院应当恢复执行,但和解协议已履行的部分应当扣除。和解协议已经履行完毕的,人民法院不予恢复执行。②

> **第39项请求权：申请确认和解协议无效或撤销和解协议** 当事人、利害关系人认为执行和解协议无效或者应予撤销的,可以向执行法院提起诉讼。执行和解协议被确认无效或者撤销后,申请执行人可以据此申请恢复执行。被执行人以执行和解协议无效或者应予撤销为由提起诉讼的,不影响申请执行人申请恢复执行。③

执行外和解 执行过程中,被执行人根据当事人自行达成但未提交人民法院的和解协议,或者一方当事人提交人民法院但其他当事人不予认可的和解协议,依照民事诉讼法第二百二十五条规定提出异议的,人民法院按照下列情形,分别处理:

（一）和解协议履行完毕的,裁定终结原生效法律文书的执行;

（二）和解协议约定的履行期限尚未届至或者履行条件尚未成就的,裁定中止执行,但符合民法典第五百七十八条规定情形的除外;

（三）被执行人一方正在按照和解协议约定履行义务的,裁定中止执行;

（四）被执行人不履行和解协议的,裁定驳回异议;

（五）和解协议不成立、未生效或者无效的,裁定驳回异议。④

最高人民法院指导案例 执行程序开始前,双方当事人自行达成和解协议并履行,一方当事人申请强制执行原生效法律文书的,人民法院应予受理。被执行人以已履行和解协议为由提出执行异议的,可以参照《最高人民法院关于执行和解若干问题的规定》第十九条的规定审查处理。⑤

---

① 参见《最高人民法院关于执行和解若干问题的规定》第九条。
② 参见《最高人民法院关于适用〈中华人民共和国民事诉讼法〉的解释》第四百六十五条。
③ 参见《最高人民法院关于执行和解若干问题的规定》第十六条。
④ 参见《最高人民法院关于执行和解若干问题的规定》第十九条。
⑤ 参见指导案例119号：安徽省某市建筑安装工程有限公司与湖北追某电气股份有限公司执行复议案。

第八节　执行程序管理

人民法院执行程序启动之后，非因法定情形不得中止、终结执行，执行案件一般应在六个月内执行结案。因执行法院"案多人少"、执行难等突出矛盾，很多执行人员为应对考核压力，会习惯性作出终本裁定，损害申请执行人的权益。实际上，大量终本案件并不符合终本要求，执行人员消极执行、拖延执行现象并不少见，申请执行人在必要时应依法提起终本异议、执行监督等程序，最大限度地调动强制执行措施。

一、执行中止

有下列情形之一的，人民法院应当裁定中止执行：（一）申请人表示可以延期执行的；（二）案外人对执行标的提出确有理由的异议的；（三）作为一方当事人的公民死亡，需要等待继承人继承权利或者承担义务的；（四）作为一方当事人的法人或者其他组织终止，尚未确定权利义务承受人的；（五）人民法院认为应当中止执行的其他情形。中止的情形消失后，恢复执行。[①]

二、暂缓执行

有下列情形之一的，经当事人或者其他利害关系人申请，人民法院可以决定暂缓执行：（一）执行措施或者执行程序违反法律规定的；（二）执行标的物存在权属争议的；（三）被执行人对申请执行人享有抵销权的。[②]

人民法院根据本规定第三条决定暂缓执行的，应当同时责令申请暂缓执行的当事人或者其他利害关系人在指定的期限内提供相应的担保。被执行人或者其他利害关系人提供担保申请暂缓执行，申请执行人提供担保要求继续执行的，执行法院可以继续执行。[③]

[①] 参见《民事诉讼法》第二百六十七条。
[②] 参见《最高人民法院关于正确适用暂缓执行措施若干问题的规定》第三条。
[③] 参见《最高人民法院关于正确适用暂缓执行措施若干问题的规定》第四条。

有下列情形之一的，人民法院可以依职权决定暂缓执行：（一）上级人民法院已经受理执行争议案件并正在处理的；（二）人民法院发现据以执行的生效法律文书确有错误，并正在按照审判监督程序进行审查的。人民法院依照前款规定决定暂缓执行的，一般应由申请执行人或者被执行人提供相应的担保。①

依照本规定第七条第一款第（一）项决定暂缓执行的，由上级人民法院作出决定。依照本规定第七条第一款第（二）项决定暂缓执行的，审判机构应当向本院执行机构发出暂缓执行建议书，执行机构收到建议书后，应当办理暂缓相关执行措施的手续。②

暂缓执行的期间不得超过三个月。因特殊事由需要延长的，可以适当延长，延长的期限不得超过三个月。暂缓执行的期限从执行法院作出暂缓执行决定之日起计算。暂缓执行的决定由上级人民法院作出的，从执行法院收到暂缓执行决定之日起计算。③

三、执行终本

人民法院终结本次执行程序，应当同时符合下列条件：

一、已向被执行人发出执行通知、责令被执行人报告财产；

"责令被执行人报告财产"是指应当完成下列事项：（一）向被执行人发出报告财产令；（二）对被执行人报告的财产情况予以核查；（三）对逾期报告、拒绝报告或者虚假报告的被执行人或者相关人员，依法采取罚款、拘留等强制措施，构成犯罪的，依法启动刑事责任追究程序。人民法院应当将财产报告、核实及处罚的情况记录入卷。④

二、已向被执行人发出限制消费令，并将符合条件的被执行人纳入失信被执行人名单；

三、已穷尽财产调查措施，未发现被执行人有可供执行的财产或者发现的财产不能处置；

"已穷尽财产调查措施"是指应当完成下列调查事项：（一）对申请执行人或者其他人提供的财产线索进行核查；（二）通过网络执行查控系统对被执行人的存款、车辆

---

① 参见《最高人民法院关于正确适用暂缓执行措施若干问题的规定》第七条。
② 参见《最高人民法院关于正确适用暂缓执行措施若干问题的规定》第八条。
③ 参见《最高人民法院关于正确适用暂缓执行措施若干问题的规定》第十条。
④ 参见《最高人民法院关于严格规范终结本次执行程序的规定（试行）》第二条。

及其他交通运输工具、不动产、有价证券等财产情况进行查询；（三）无法通过网络执行查控系统查询本款第二项规定的财产情况的，在被执行人住所地或者可能隐匿、转移财产所在地进行必要调查；（四）被执行人隐匿财产、会计账簿等资料且拒不交出的，依法采取搜查措施；（五）经申请执行人申请，根据案件实际情况，依法采取审计调查、公告悬赏等调查措施；（六）法律、司法解释规定的其他财产调查措施。人民法院应当将财产调查情况记录入卷。①

"发现的财产不能处置"，包括下列情形：（一）被执行人的财产经法定程序拍卖、变卖未成交，申请执行人不接受抵债或者依法不能交付其抵债，又不能对该财产采取强制管理等其他执行措施的；（二）人民法院在登记机关查封的被执行人车辆、船舶等财产，未能实际扣押的。②

四、自执行案件立案之日起已超过三个月；

五、被执行人下落不明的，已依法予以查找；被执行人或者其他人妨害执行的，已依法采取罚款、拘留等强制措施，构成犯罪的，已依法启动刑事责任追究程序。③

终结本次执行程序前，人民法院应当将案件执行情况、采取的财产调查措施、被执行人的财产情况、终结本次执行程序的依据及法律后果等信息告知申请执行人，并听取其对终结本次执行程序的意见。人民法院应当将申请执行人的意见记录入卷。④

> **第 40 项请求权：申请终本执行异议**　当事人、利害关系人认为终结本次执行程序违反法律规定的，可以提出执行异议。人民法院应当依照民事诉讼法第二百二十五条的规定进行审查。⑤

《最高人民法院关于进一步完善执行权制约机制　加强执行监督的意见》第 24 条要求：严格把握规范终结本次执行程序的程序标准和实质标准。严禁对有财产可供执行的案件以终结本次执行方式结案，严禁因追求结案率而弄虚作假、虚假终本，损害申请执行人的合法权益。

依法穷尽必要的合理的财产调查措施。必须使用"总对总""点对点"网络查控系统全面核查财产情况；当事人提供财产线索的，应当及时核查，有财产的立即采取控

---

① 参见《最高人民法院关于严格规范终结本次执行程序的规定（试行）》第三条。
② 参见《最高人民法院关于严格规范终结本次执行程序的规定（试行）》第四条。
③ 参见《最高人民法院关于严格规范终结本次执行程序的规定（试行）》第一条。
④ 参见《最高人民法院关于严格规范终结本次执行程序的规定（试行）》第五条。
⑤ 参见《最高人民法院关于严格规范终结本次执行程序的规定（试行）》第七条。

制措施；有初步线索和证据证明被执行人存在规避执行、逃避执行嫌疑的，人民法院应当根据申请执行人申请采取委托专项审计、搜查等措施，符合条件的，应当采取罚款、司法拘留或者追究拒执罪等措施。

执行中已查控到财产的，人民法院应当依法及时推进变价处置程序，不得滥用《最高人民法院关于严格规范终结本次执行程序的规定（试行）》第四条关于"发现的财产不能处置"的规定，不得以申请执行人未申请拍卖为由不进行处置而终结本次执行程序；不得对轮候查封但享有优先权的财产未经法定程序商请首封法院移送处置权而终结本次执行程序。

人民法院终结本次执行程序应当制作执行裁定书并送达当事人。申请执行人对终结本次执行程序有异议的，人民法院应及时受理。严禁诱导胁迫申请执行人同意终结本次执行程序或者撤回执行申请。

> 第41项请求权：**终本后再次申请执行**　经过财产调查未发现可供执行的财产，在申请执行人签字确认或者执行法院组成合议庭审查核实并经院长批准后，可以裁定终结本次执行程序。依照前款规定终结执行后，申请执行人发现被执行人有可供执行财产的，可以再次申请执行。再次申请不受申请执行时效期间的限制。①
>
> 第42项请求权：**申请终本后恢复执行**　终结本次执行程序后，申请执行人发现被执行人有可供执行财产的，可以向执行法院申请恢复执行。申请恢复执行不受申请执行时效期间的限制。执行法院核查属实的，应当恢复执行。终结本次执行程序后的五年内，执行法院应当每六个月通过网络执行查控系统查询一次被执行人的财产，并将查询结果告知申请执行人。符合恢复执行条件的，执行法院应当及时恢复执行。②

四、执行终结

有下列情形之一的，人民法院裁定终结执行：（一）申请人撤销申请的；（二）据以执行的法律文书被撤销的；（三）作为被执行人的公民死亡，无遗产可供执行，又无义务承担人的；（四）追索赡养费、扶养费、抚养费案件的权利人死亡的；（五）作为

---

① 参见《最高人民法院关于适用〈中华人民共和国民事诉讼法〉的解释》第五百一十七条。
② 参见《最高人民法院关于严格规范终结本次执行程序的规定（试行）》第九条。

被执行人的公民因生活困难无力偿还借款，无收入来源，又丧失劳动能力的；（六）人民法院认为应当终结执行的其他情形。①

当事人、利害关系人依照民事诉讼法第二百二十五条规定对终结执行行为提出异议的，应当自收到终结执行法律文书之日起六十日内提出；未收到法律文书的，应当自知道或者应当知道人民法院终结执行之日起六十日内提出。批复发布前终结执行的，自批复发布之日起六十日内提出。超出该期限提出执行异议的，人民法院不予受理。②

五、执行结案

人民法院执行生效法律文书，一般应当在立案之日起六个月内执行结案，但中止执行的期间应当扣除。确有特殊情况需要延长的，由本院院长批准。③

执行结案的方式为：（1）执行完毕；（2）终结本次执行程序；（3）终结执行；（4）销案；（5）不予执行；（6）驳回申请。④

专题七　执行程序中，当事人隐匿、拒签法律文书，如何解决送达问题？

执行案件中，大量出现当事人拒不签收法院文书，借以逃避、拖延执行，事后又以未收到法律文书为由，对法律文书载明的执行行为提出异议的情况。在法律文书无法直接送达时，有的法院对采取执行措施较为谨慎，以致影响申请执行人及时实现合法利益，但执行程序不同于审判程序，执行以效率为先，有必要对执行中的送达问题予以厘清。

一、关于送达地址的确认规定

当事人在提起上诉、申请再审、申请执行时未书面变更送达地址的，其在第一审程序中确认的送达地址可以作为第二审程序、审判监督程序、执行程序的送达地址。⑤

---

① 参见《民事诉讼法》第二百六十八条。
② 参见《最高人民法院关于对人民法院终结执行行为提出执行异议期限问题的批复》（法释〔2016〕3号）。
③ 参见《最高人民法院关于人民法院执行工作若干问题的规定（试行）》第63条。
④ 参见《最高人民法院关于人民法院执行工作若干问题的规定（试行）》第64条。
⑤ 参见《最高人民法院关于适用〈中华人民共和国民事诉讼法〉的解释》第一百三十七条。

当事人拒绝确认送达地址或以拒绝应诉、拒接电话、避而不见送达人员、搬离原住所等躲避、规避送达，人民法院不能或无法要求其确认送达地址的，可以分别以下列情形处理：

（一）当事人在诉讼所涉及的合同、往来函件中对送达地址有明确约定的，以约定的地址为送达地址；

（二）没有约定的，以当事人在诉讼中提交的书面材料中载明的自己的地址为送达地址；

（三）没有约定、当事人也未提交书面材料或者书面材料中未载明地址的，以一年内进行其他诉讼、仲裁案件中提供的地址为送达地址；

（四）无以上情形的，以当事人一年内进行民事活动时经常使用的地址为送达地址。

人民法院按照上述地址进行送达的，可以同时以电话、微信等方式通知受送达人。[1]

依第八条规定仍不能确认送达地址的，自然人以其户籍登记的住所或者在经常居住地登记的住址为送达地址，法人或者其他组织以其工商登记或其他依法登记、备案的住所地为送达地址。[2]

二、关于送达诉讼文书的基本规定

（一）直接送达

送达诉讼文书，应当直接送交受送达人。受送达人是公民的，本人不在交他的同住成年家属签收；受送达人是法人或者其他组织的，应当由法人的法定代表人、其他组织的主要负责人或者该法人、组织负责收件的人签收；受送达人有诉讼代理人的，可以送交其代理人签收；受送达人已向人民法院指定代收人的，送交代收人签收。受送达人的同住成年家属，法人或者其他组织的负责收件的人，诉讼代理人或者代收人在送达回证上签收的日期为送达日期。[3]

（二）邮寄送达

人民法院直接送达诉讼文书有困难的，可以交由国家邮政机构以法院专递方式邮寄送达，但有下列情形之一的除外：（一）受送达人或者其诉讼代理人、受送达人指定

---

[1] 参见《最高人民法院关于进一步加强民事送达工作的若干意见》第八条。
[2] 参见《最高人民法院关于进一步加强民事送达工作的若干意见》第九条。
[3] 参见《民事诉讼法》第八十八条。

的代收人同意在指定的期间内到人民法院接受送达的；（二）受送达人下落不明的；（三）法律规定或者我国缔结或者参加的国际条约中约定有特别送达方式的。[1] 邮寄送达的，以回执上注明的收件日期为送达日期。[2]

当事人拒绝提供自己的送达地址，经人民法院告知后仍不提供的，自然人以其户籍登记中的住所地或者经常居住地为送达地址；法人或者其他组织以其工商登记或者其他依法登记、备案中的住所地为送达地址。[3] 因受送达人自己提供或者确认的送达地址不准确、拒不提供送达地址、送达地址变更未及时告知人民法院、受送达人本人或者受送达人指定的代收人拒绝签收，导致诉讼文书未能被受送达人实际接收的，文书退回之日视为送达之日。[4]

（三）电子送达

经受送达人同意，人民法院可以采用能够确认其收悉的电子方式送达诉讼文书。[5] 电子送达可以采用传真、电子邮件、移动通信等即时收悉的特定系统作为送达媒介。[6] 受送达人同意采用电子方式送达的，应当在送达地址确认书中予以确认。[7] 最高人民法院鼓励各地积极探索电子送达及送达凭证保全的有效方式、方法。通过传真、电子邮箱、短信、微信等方式进行送达。除判决书、裁定书、调解外，还可以采取电话送达的方式。[8]

（四）委托送达

直接送达诉讼文书有困难的，可以委托其他人民法院代为送达。[9] 委托送达的，受委托人民法院应当自收到委托函及相关诉讼文书之日起十日内代为送达。[10]

三、关于拒绝接收诉讼文书的处理

（一）见证送达

---

[1] 参见《最高人民法院关于以法院专递方式邮寄送达民事诉讼文书的若干规定》第一条。
[2] 参见《民事诉讼法》第九十一条。
[3] 参见《最高人民法院关于以法院专递方式邮寄送达民事诉讼文书的若干规定》第五条。
[4] 参见《最高人民法院关于以法院专递方式邮寄送达民事诉讼文书的若干规定》第十一条。
[5] 参见《民事诉讼法》第九十条。
[6] 参见《最高人民法院关于适用〈中华人民共和国民事诉讼法〉的解释》第一百三十五条第一款。
[7] 参见《最高人民法院关于适用〈中华人民共和国民事诉讼法〉的解释》第一百三十六条。
[8] 参见《最高人民法院关于进一步加强民事送达工作的若干意见》第十条至第十四条。
[9] 参见《民事诉讼法》第九十一条第一款。
[10] 参见《最高人民法院关于适用〈中华人民共和国民事诉讼法〉的解释》第一百三十四条第二款。

受送达人或者他的同住成年家属拒绝接收诉讼文书的，送达人可以邀请有关基层组织或者所在单位的代表到场，说明情况，在送达回证上记明拒收事由和日期，由送达人、见证人签名或者盖章，把诉讼文书留在受送达人的住所。①

人民法院直接送达诉讼文书的，可以通知当事人到人民法院领取。当事人到达人民法院，拒绝签署送达回证的，视为送达。人民法院可以在当事人住所地以外向当事人直接送达诉讼文书。当事人拒绝签署送达回证的，采用拍照、录像等方式记录送达过程即视为送达。②

(二) 留置送达

受送达人或者他的同住成年家属拒绝接收诉讼文书的，可以把诉讼文书留在受送达人的住所，并采用拍照、录像等方式记录送达过程，即视为送达。③

向法人或者其他组织送达诉讼文书，应当由法人的法定代表人、该组织的主要负责人或者办公室、收发室、值班室等负责收件的人签收或者盖章，拒绝签收或者盖章的，适用留置送达。④

受送达人有诉讼代理人的，人民法院既可以向受送达人送达，也可以向其诉讼代理人送达。受送达人指定诉讼代理人为代收人的，向诉讼代理人送达时，适用留置送达。⑤

四、关于客观无法送达时的处理

(一) 公告送达

受送达人下落不明，或者用本节规定的其他方式无法送达的，公告送达。自发出公告之日起，经过三十日，即视为送达。公告送达，应当在案卷中记明原因和经过。⑥

公告送达可以在法院的公告栏和受送达人住所地张贴公告，也可以在报纸、信息网络等媒体上刊登公告，发出公告日期以最后张贴或者刊登的日期为准。对公告送达方式有特殊要求的，应当按要求的方式进行。公告期满，即视为送达。人民法院在受

---

① 参见《民事诉讼法》第八十九条第一款。
② 参见《最高人民法院关于适用〈中华人民共和国民事诉讼法〉的解释》第一百三十一条。
③ 参见《民事诉讼法》第八十九条第二款。
④ 参见《最高人民法院关于适用〈中华人民共和国民事诉讼法〉的解释》第一百三十条。
⑤ 参见《最高人民法院关于适用〈中华人民共和国民事诉讼法〉的解释》第一百三十二条。
⑥ 参见《民事诉讼法》第九十五条。

送达人住所地张贴公告的,应当采取拍照、录像等方式记录张贴过程。①

要严格适用民事诉讼法关于公告送达的规定,加强对公告送达的管理,充分保障当事人的诉讼权利。只有在受送达人下落不明,或者用民事诉讼法第一编第七章第二节规定的其他方式无法送达的,才能适用公告送达。②

(二)视为送达

因当事人提供的送达地址不准确、拒不提供送达地址、送达地址变更未书面告知人民法院,导致民事诉讼文书未能被受送达人实际接收的,直接送达的,民事诉讼文书留在该地址之日为送达之日;邮寄送达的,文书被退回之日为送达之日。③

五、关于公告送达在审判和执行程序中的区别

(一)审判活动中,滥用公告送达可能导致再审

《民事诉讼法》第二百一十一条规定,"当事人的申请符合下列情形之一的,人民法院应当再审:(九)违反法律规定,剥夺当事人辩论权利的"。根据《最高人民法院关于适用〈中华人民共和国民事诉讼法〉的解释》第三百八十九条的规定,"原审开庭过程中有下列情形之一的,应当认定为民事诉讼法第二百零七条第九项规定的剥夺当事人辩论权利:(一)不允许当事人发表辩论意见的;(二)应当开庭审理而未开庭审理的;(三)违反法律规定送达起诉状副本或者上诉状副本,致使当事人无法行使辩论权利的;(四)违法剥夺当事人辩论权利的其他情形"。在审判活动中,送达方式直接影响到当事人各项诉讼权利的行使,公告送达是一种推定送达,应当严格依照《中华人民共和国民事诉讼法》规定的条件和程序进行,只有在受送达人下落不明或者穷尽其他送达方式无法送达的情况下,才能采取公告送达方式。

实践中,法院未依法送达造成重大程序瑕疵,进而导致生效裁判文书被撤销的情况并不少见。最高院的两则案例,对此问题作了很好的注解,值得参考:

最高人民法院案例 在(2021)最高法民终1047号案中,最高人民法院认为甘肃省高级人民法院一审采用邮寄方式向被告公司工商登记的住所地送达受理案件通知书、起诉状、传票等诉讼材料,邮递信息显示退回。此后,一审法院未依法采取其他合理方式重新进行送达即缺席审理并判决,属严重违反法定程序,本案依法应当撤销原判

---

① 参见《最高人民法院关于适用〈中华人民共和国民事诉讼法〉的解释》第一百三十八条。
② 参见《最高人民法院关于进一步加强民事送达工作的若干意见》第十五条。
③ 参见《最高人民法院关于进一步加强民事送达工作的若干意见》第七条。

决，发回一审法院重审。①

最高人民法院案例 在（2019）最高法民终309号案中，最高人民法院认为根据《最高人民法院关于适用〈中华人民共和国民事诉讼法〉的解释》第一百三十八条第一款的规定，原审法院在向星某天厂登记注册的经营地址邮寄诉讼文书被退回后，使用信息网络平台（深圳法院网上诉讼服务平台）向星某天厂公告送达诉讼文书并通知开庭时间和地点，符合法律和司法解释规定，应视为已向星某天厂成功送达。②

（二）执行活动中，公告送达适用更为灵活

根据《民事诉讼法》第二百五十一条的规定，执行人员向被执行人发出执行通知后，就可以立即采取强制执行措施，如查封、扣押、冻结等。生效法律文书具有强制执行力，执行不涉及实体争议处理，不涉及辩论权的行使，与普通的审判程序相比，执行程序更讲求效率，要求更为宽松。

根据《最高人民法院关于人民法院确定财产处置参考价若干问题的规定》第二十一条的规定，人民法院收到定向询价、网络询价、委托评估、说明补正等报告后，应当在三日内发送给当事人及利害关系人。当事人、利害关系人已提供有效送达地址的，人民法院应当将报告以直接送达、留置送达、委托送达、邮寄送达或者电子送达的方式送达；当事人、利害关系人下落不明或者无法获取其有效送达地址，人民法院无法按照前述规定送达的，应当在中国执行信息公开网上予以公示，公示满十五日即视为收到。最高院在〔2002〕执他字第14号复函中明确，"评估报告未送达给有关当事人，并不影响依据评估报告确定变卖的价格。被执行人提出评估价格过低的问题，如查证属实，应当对变卖价款进行适当调整，但仍应维持执行法院变卖财产裁定的效力"。③

执行程序以快速、及时实现生效法律文书确定的债权为目标，在价值取向上是效率优先。因此，对于执行程序中的法律文书，人民法院可以采取直接送达、留置送达、委托送达、邮寄送达或者电子送达的方式送达。当事人下落不明或者无法获取其有效送达地址时，人民法院可以直接适用公告送达。

---

① 参见兰州某商业银行股份有限公司金城支行、甘肃星某物资有限公司等金融借款合同纠纷民事二审民事裁定书〔（2021）最高法民终1047号〕。
② 参见深圳市龙岗区星某天电子制品厂、源某盛塑胶电子（深圳）有限公司侵害实用新型专利权纠纷二审民事判决书〔（2019）最高法知民终309号〕。
③ 参见《最高人民法院执行工作办公室关于诸城兴贸玉米开发有限公司申请执行国营青岛味精厂案中有关财产评估、变卖等问题的复函》。

第二章　财产调查、执行与分配

第一节　财产调查

执行程序围绕被执行人的责任财产展开，申请执行人有义务向人民法院提供财产线索，被执行人有义务报告财产情况。在执行程序中，财产线索是决定执行能否顺利进行的关键因素，财产调查措施是寻找被执行人财产的利器，有效调用财产调查手段，发现被执行隐匿的财产线索，对于解决执行难问题具有重要意义。对于被执行人可能隐匿的财产线索，申请执行人可以申请人民法院有针对性地采取调查手段，最大限度地发掘被执行人有价值的财产信息。

一、法院调查

> **第43项请求权：申请人民法院调查财产**　申请执行人提供被执行人财产线索，应当填写财产调查表。财产线索明确、具体的，人民法院应当在七日内调查核实；情况紧急的，应当在三日内调查核实。财产线索确实的，人民法院应当及时采取相应的执行措施。申请执行人确因客观原因无法自行查明财产的，可以申请人民法院调查。①
>
> **第44项请求权：申请查询人民法院调查的财产信息**　被执行人未按执行通知履行生效法律文书确定的义务，人民法院有权通过网络执行查控系统、现场调查等方式向被执行人、有关单位或个人调查被执行人的身份信息和财产信息，有关单位和个人应当依法协助办理。人民法院对调查所需资料可以复制、打印、抄录、拍照或以其他方式进行提取、留存。申请执行人申请查询人民法院调查的财产信息的，人民法院可以根据案件需要决定是否准许。申请执行人及其代理人对查询过程中知悉的信息应当保密。②

全国网络查控机制　2014年10月24日，最高人民法院和银监会联合发布法〔2014〕266号文件，明确：中国银行业监督管理委员会鼓励和支持银行业金融机构与

---

① 参见《最高人民法院关于民事执行中财产调查若干问题的规定》第二条。
② 参见《最高人民法院关于民事执行中财产调查若干问题的规定》第十二条。

人民法院以全国法院执行案件信息系统为基础，建立全国网络执行查控机制。

全国网络执行查控机制建设主要采取两种模式。一是"总对总"联网，即最高人民法院通过中国银行业监督管理委员会金融专网通道与各银行业金融机构总行网络对接。各级人民法院通过最高人民法院网络执行查控系统实施查控。二是"点对点"联网，即高级人民法院通过当地银监局金融专网通道与各银行业金融机构省级分行网络对接。本地人民法院通过高级人民法院执行查控系统实施本地查控，外地法院通过最高人民法院网络中转接入当地高级人民法院执行查控系统实施查控。

各级人民法院与银行业金融机构及其分支机构已协议通过专线或其他网络建立网络查控机制的，可继续按原有模式建设和运行。本意见下发后，采用第二款以外模式建设的，应当经最高人民法院和中国银行业监督管理委员会同意。①

健全网络执行查控系统　2019年7月14日，中央全面依法治国委员会印发中法委发〔2019〕1号通知，明确：加大信息化手段在执行工作中的应用，整合完善现有信息化系统，实现网络化查找被执行人和控制财产的执行工作机制。通过国家统一的电子政务网络实现人民法院执行查控网络与公安、民政、人力资源社会保障、自然资源、住房城乡建设、交通运输、农业农村、市场监管、金融监管等部门以及各金融机构、互联网企业等单位之间的网络连接，建成覆盖全国及土地、房产、证券、股权、车辆、存款、金融理财产品等主要财产形式的网络化、自动化执行查控体系，实现全国四级法院互联互通、全面应用。②

建立健全查找被执行人协作联动机制　人民法院与公安机关建立完善查找被执行人协作联动机制，协作查找被执行人下落、协作查扣被执行人车辆、限制被执行人出境，建立网络化查人、扣车、限制出境协作新机制。对人民法院决定拘留、逮捕或者人民检察院批准逮捕的被执行人以及协助执行人，公安机关应当依法及时收拘。对暴力抗拒执行的，公安机关应及时出警、及时处置。③ 明确电信企业可以配合调取信息的范围，规范配合调取的程序。④

---

① 参见《最高人民法院、中国银行业监督管理委员会关于人民法院与银行业金融机构开展网络执行查控和联合信用惩戒工作的意见》第五条。
② 参见《中央全面依法治国委员会关于加强综合治理从源头切实解决执行难问题的意见》第二条第（一）款。
③ 参见《中央全面依法治国委员会关于加强综合治理从源头切实解决执行难问题的意见》第二条第（二）款。
④ 参见《中央全面依法治国委员会关于加强综合治理从源头切实解决执行难问题的意见》第二条第（三）款。

二、报告财产令

> **第 45 项请求权：申请被执行人报告财产情况** 人民法院依申请执行人的申请或依职权责令被执行人报告财产情况的，应当向其发出报告财产令。金钱债权执行中，报告财产令应当与执行通知同时发出。人民法院根据案件需要再次责令被执行人报告财产情况的，应当重新向其发出报告财产令。①

被执行人应当在报告财产令载明的期限内向人民法院书面报告下列财产情况：（一）收入、银行存款、现金、理财产品、有价证券；（二）土地使用权、房屋等不动产；（三）交通运输工具、机器设备、产品、原材料等动产；（四）债权、股权、投资权益、基金份额、信托受益权、知识产权等财产性权利；（五）其他应当报告的财产。被执行人的财产已出租、已设立担保物权等权利负担，或者存在共有、权属争议等情形的，应当一并报告；被执行人的动产由第三人占有，被执行人的不动产、特定动产、其他财产权等登记在第三人名下的，也应当一并报告。被执行人在报告财产令载明的期限内提交书面报告确有困难的，可以向人民法院书面申请延长期限；申请有正当理由的，人民法院可以适当延长。②

被执行人自收到执行通知之日前一年至提交书面财产报告之日，其财产情况发生下列变动的，应当将变动情况一并报告：（一）转让、出租财产的；（二）在财产上设立担保物权等权利负担的；（三）放弃债权或延长债权清偿期的；（四）支出大额资金的；（五）其他影响生效法律文书确定债权实现的财产变动。③ 被执行人报告财产后，其财产情况发生变动，影响申请执行人债权实现的，应当自财产变动之日起十日内向人民法院补充报告。④

> **第 46 项请求权：申请查询被执行人报告财产情况** 对被执行人报告的财产情况，人民法院应当及时调查核实，必要时可以组织当事人进行听证。申请执行人申

---

① 参见《最高人民法院关于民事执行中财产调查若干问题的规定》第三条。
② 参见《最高人民法院关于民事执行中财产调查若干问题的规定》第五条。
③ 参见《最高人民法院关于民事执行中财产调查若干问题的规定》第六条。
④ 参见《最高人民法院关于民事执行中财产调查若干问题的规定》第七条。

请查询被执行人报告的财产情况的,人民法院应当准许。申请执行人及其代理人对查询过程中知悉的信息应当保密。①

被执行人拒绝报告、虚假报告的法律责任 被执行人未按执行通知履行法律文书确定的义务,应当报告当前以及收到执行通知之日前一年的财产情况。被执行人拒绝报告或者虚假报告的,人民法院可以根据情节轻重对被执行人或者其法定代理人、有关单位的主要负责人或者直接责任人员予以罚款、拘留。②

被执行人拒绝报告、虚假报告或者无正当理由逾期报告财产情况的,人民法院可以根据情节轻重对被执行人或者其法定代理人予以罚款、拘留;构成犯罪的,依法追究刑事责任。人民法院对有前款规定行为之一的单位,可以对其主要负责人或者直接责任人员予以罚款、拘留;构成犯罪的,依法追究刑事责任。③

被执行人拒绝报告、虚假报告或者无正当理由逾期报告财产情况的,人民法院应当依照相关规定将其纳入失信被执行人名单。④

三、律师调查令

第47项请求权:申请律师调查令 强化申请执行人提供财产线索的责任。各地法院可以根据案件的实际情况,要求申请执行人提供被执行人的财产状况或者财产线索,并告知不能提供的风险。各地法院也可根据本地的实际情况,探索尝试以调查令、委托调查函等方式赋予代理律师法律规定范围内的财产调查权。⑤

专题八 律师调查令制度梳理、实践中的问题与立法展望

一、律师调查令的制度背景

人民法院审理民事案件,必须以事实为根据,以法律为准绳。对于民事案件的审理,查明案件事实是基础,法律适用是关键,如果案件事实不清,则无法进行公正裁

---

① 参见《最高人民法院关于民事执行中财产调查若干问题的规定》第八条。
② 参见《民事诉讼法》第二百五十二条。
③ 参见《最高人民法院关于民事执行中财产调查若干问题的规定》第九条。
④ 参见《最高人民法院关于民事执行中财产调查若干问题的规定》第十条。
⑤ 参见《最高人民法院关于依法制裁规避执行行为的若干意见》第2条。

判。"对审理案件需要的主要证据,当事人因客观原因不能自行收集,书面申请人民法院调查收集,人民法院未调查收集的"①,构成再审的理由。调取证据属于人民法院的法定义务,而法院"案多人少"的客观现实,导致法官没有时间调查取证,这在客观上促进了委托律师调查制度的诞生。

上海市早在1998年就在全国首先试行律师调查令制度。上海市高级人民法院在2001年出台《上海法院调查令实施规则》,针对"在民事诉讼中因客观原因无法取得自己需要的证据",可以申请律师调查令。随后在2004年将适用范围扩大至执行阶段②,并在2012年进一步扩大至立案审查阶段③。2006年,根据全国人大常委会《关于检查〈中华人民共和国律师法〉实施情况的报告》要求,最高人民法院在《关于认真贯彻律师法依法保障律师在诉讼中执业权利的通知》中规定了"人民法院可以在民事诉讼中积极探索和试行证据调查令做法,并认真研究相关问题,总结经验"。2011年,《最高人民法院关于依法制裁规避执行行为的若干意见》要求"探索尝试以调查令、委托调查函等方式赋予代理律师法律规定范围内的财产调查权"。此后,全国各地法院陆续试行律师调查令制度。

近年来,全国绝大部分省市高院都已出台了相关的规范性文件,但对律师调查令的适用阶段,各地规定不尽一致。江苏、江西、浙江等地适用起诉、审理、执行、再审四阶段;湖南、广东、安徽等地适用起诉、审理、执行三阶段,不适用再审程序;天津、湖北、河南、四川等地适用审理、执行两阶段;河北、福建、贵州等省仅适用执行阶段;吉林、重庆等地仅适用审判阶段。目前,仍有少部分省市未出台律师调查令统一指导意见,如内蒙古、山东等地,但有些地方中院也会出台指导性意见。

二、律师调查令的权利来源

在民事诉讼中,当事人应当向法院提供证据,"因客观原因不能自行收集的证据……人民法院应当调查收集"。④ 目前,法律明确规定的调查权主要是两个层面:

(一)律师调查取证权。在民事诉讼中,代理律师有权调查收集证据。⑤ 律师自行

---

① 参见《民事诉讼法》第二百一十一条第五项。
② 参见《上海市高级人民法院在执行程序中使用调查令的若干规定(试行)》(沪高法〔2004〕92号)。
③ 参见《上海市高级人民法院关于立案审查阶段适用调查令的操作规则(试行)》。
④ 参见《民事诉讼法》第六十七条第二款。
⑤ 参见《民事诉讼法》第六十四条。

调查取证的，凭律师执业证书和律师事务所证明，可以向有关单位或者个人调查与承办法律事务有关的情况。① 有的地方立法对律师调查权进行了细化规定，例如：广东省规定律师可以调取"不动产、车辆等财产信息，自然人个人户籍、婚姻登记资料等身份信息，自然人出入境信息，商事登记信息，行政处罚决定及其他有关信息资料"，有关单位应当为律师调取信息资料提供便利。②

（二）司法机关调查取证权。受委托的律师根据案情的需要，可以申请人民检察院、人民法院收集、调取证据或者申请人民法院通知证人出庭作证。③ 人民法院有权向有关单位和个人调查取证，有关单位和个人不得拒绝。④ 有关单位拒绝或者妨碍人民法院调查取证的，人民法院可以责令其履行协助义务，并可以予以罚款。⑤

一般认为，律师持令调查属于司法权的延伸。浙江省高级人民法院明确规定"律师持令调查有别于律师自行调查取证，系人民法院依法授权其进行"。⑥ 调查内容包括书证、视听资料、鉴定意见、勘验笔录、电子数据等，不包括物证和证人证言。对于适用阶段缺乏统一规定，在审判期间的证据调查、执行期间的财产线索调查及起诉期间的程序性证据调取，没有太大争议。但对于再审情况下申请律师调查令，实务中存在较大争议。例如，辽宁省高级人民法院规定律师调查令"不包括申诉审查和再审"，黑龙江省高级人民法院明确"适用一审、二审程序审理的再审案件"⑦。广东省高级人民法院明确"再审审查阶段不适用律师调查令"⑧，浙江省高级人民法院则明确"再审审查阶段一般不适用律师调查令，但出现足以推翻原裁判的关键性新证据线索且当事人提供确有困难的除外。再审中，可以适用律师调查令"。⑨

三、执行程序中的律师调查

（一）律师调查令的申请

执行阶段申请律师调查令，应当在执行立案之后，执行终结之前提出。申请调查

---

① 参见《律师法》第三十五条第二款。
② 参见《广东省实施〈中华人民共和国律师法〉办法》第二十一条。
③ 参见《律师法》第三十五条第一款。
④ 参见《民事诉讼法》第七十条第一款。
⑤ 参见《民事诉讼法》第一百一十七条第一款第一项。
⑥ 参见《浙江省高级人民法院关于规范律师调查令制度的办法》第二条第一款。
⑦ 参见《黑龙江省高级人民法院关于在民事诉讼中实行律师调查令的办法（试行）》第三条第二款。
⑧ 参见《广东省高级人民法院关于在民事诉讼中实行律师调查令的规定》（粤高法〔2020〕34号）第二条第一款。
⑨ 参见《浙江省高级人民法院关于规范律师调查令制度的办法》第五条第一款。

的证据或财产线索应当明确、具体,调查方法应当具有可操作性,否则被调查人可能无从配合。福建省规定,申请调查的内容仅载明调查"案件相关资料、有关材料"或存在其他内容不明确的情形的,人民法院不予准许。① 河南省高级人民法院进一步规定,执行中申请调查的内容为"被执行人是否具有可供执行的财产"的,人民法院可以签发律师调查令。②

(二)执行程序中的调查事项

一般规定,执行程序中可以申请调查令调查被执行人的实际履行能力、利害关系人的财产情况、被执行人是否违反限制消费令、是否违反限制出境措施、是否隐藏转移财产以及涉嫌拒不执行判决、裁定犯罪等相关证据、信息或者财产状况。以河南省高级人民法院规定为例③,执行程序中调查事项包括:

1. 被执行人为自然人身份的基本身份信息,包括户籍登记、身份证登记、护照及其他出入境证件信息、本人相片、婚姻登记、配偶或其同住亲属、社会保障情况、征信记录、被执行人的手机号码、固定电话号码、微信、QQ、微博、支付宝、网络虚拟账号信息等;

2. 被执行人为法人或者非法人组织的基本身份信息,包括股权结构、经营性质、公司规章制度、经营范围、股东会或董事会会议记录、股东名册、出资情况等;

3. 工商登记、税务登记及税收违法行为信息、纳税情况明细、非企业法人登记情况等;

4. 自然人签订劳动合同、企业用工信息、企业缴纳社会保险费的相关信息等;

5. 在银行、证券、保险、信托等金融机构的存款、理财、债券、股票、基金份额、信托受益权、保险金请求权、保单现金价值、住房公积金、拆迁补偿安置等财产情况及其变动或者交易明细;

6. 在支付宝、财付通、余额宝、微信等互联网金融机构的财产情况及其变动或者交易明细;

7. 不动产、机动车辆及其交强险和商业保险、船舶、航空器、股权、注册商标专用权、专利权、著作权等经法定登记机构登记的财产情况、抵押或质押登记情况及其

---

① 参见《福建省高级人民法院关于民事执行调查令的规定(试行)》第七条。
② 参见《河南省高级人民法院、河南省司示厅、河南省律师协会关于在民事诉讼和民事执行中实行律师调查令的若干规定》第六条。
③ 参见《河南省高级人民法院、河南省司法厅、河南省律师协会印发的关于在民事诉讼和民事执行中实行律师调查令的若干规定》第三条。

变动；

8. 被执行人的债权情况，作为债权人的其他案件审理、执行情况；

9. 被执行人出口退税、各类补贴等情况及其变动或者交易明细；

10. 执行财产真实性及可能虚假报告的财产情况；

11. 人民法院认为其他适合以调查令调查的与待调查事实具有关联性及调查收集必要性的信息。

(三) 拒不配合调查的法律责任

律师调查权源于法院的授权，持令调查属于一种司法活动，以司法强制力为保障。配合调查单位无正当理由拖延、拒不协助调查的，构成妨害司法的行为，人民法院可以依据《民事诉讼法》第一百一十四条规定予以处理。例如：2023年4月，律师持调查令向江苏某行调取证据材料，银行以业内规定为由拒不配合。即使承办法官电话联系释法明理，仍遭拒绝。沟通无果，张家港市人民法院对银行作出罚款20万元的决定，责令其配合调查。① 对于有协助调查义务的单位及公职人员拒不协助调查的，人民法院可向相关主管部门通报情况，也可向有关机关提出予以纪律处分的司法建议。

四、律师调查令制度存在的问题

《民事诉讼法》规定法院具有调查取证权，有关单位和个人不得拒绝。《律师法》规定律师具有自行调查取证的权利。事实上，律师调查令是司法调查权的延伸。但实践中，有些单位对律师调查令仍持排斥态度，最具代表性的是2019年江苏省银行业协会向江苏省高院出具的《江苏银行业对关于律师持调查令查询银行账户信息的意见》，各行认为"律师持调查令查询银行账户信息存在法律冲突"，银行账户信息涉及商业秘密、个人隐私，律师调查令有"公权私授"问题，可能引发重大制度风险。

律师调查令制度不仅有利于最大限度地发现被执行人的财产，还有利于缓解法院执行部门"案多人少"的压力，弥补司法资源不足，提高执行效率。律师调查令制度创设不到20年，虽在全国大部分省市试行，但社会上对这一制度缺乏统一的认知，律师持令调查遇阻经常出现。目前，实践中律师调查令面临的最大问题是法律依据不足，我国没有出台统一的律师调查制度，各地多以高院、司法厅等部门联合发文的形式予

---

① 参见《银行拒不协助执行被罚20万元》，载《江苏经济报》2023年04月12日A04版次。

以规定，律师调查令在跨省市使用时，仍存在制度上的障碍。目前，我国强制执行立法已进入审议阶段，2022 年 6 月法律草案通过全国人大常委会初次审议，其中对律师调查令进行了明确规定。这部法律实施以后，律师调查令将具有全国通行的效力，法律依据不足问题也将得到彻底解决。

四、委托审计

> **第 48 项请求权：申请委托审计**　适当运用审计方法调查被执行人财产。被执行人未履行法律文书确定的义务，且有转移隐匿处分财产、投资开设分支机构、入股其他企业或者抽逃注册资金等情形的，执行法院可以根据申请执行人的申请委托中介机构对被执行人进行审计。审计费用由申请执行人垫付，被执行人确有转移隐匿处分财产等情形的，实际执行到位后由被执行人承担。①

作为被执行人的法人或非法人组织不履行生效法律文书确定的义务，申请执行人认为其有拒绝报告、虚假报告财产情况，隐匿、转移财产等逃避债务情形或者其股东、出资人有出资不实、抽逃出资等情形的，可以书面申请人民法院委托审计机构对该被执行人进行审计。人民法院应当自收到书面申请之日起十日内决定是否准许。②

人民法院决定审计的，应当随机确定具备资格的审计机构，并责令被执行人提交会计凭证、会计账簿、财务会计报告等与审计事项有关的资料。被执行人隐匿审计资料的，人民法院可以依法采取搜查措施。③

妨碍审计调查的法律责任　被执行人拒不提供、转移、隐匿、伪造、篡改、毁弃审计资料，阻挠审计人员查看业务现场或者有其他妨碍审计调查行为的，人民法院可以根据情节轻重对被执行人或其主要负责人、直接责任人员予以罚款、拘留；构成犯罪的，依法追究刑事责任。④

审计费用由提出审计申请的申请执行人预交。被执行人存在拒绝报告或虚假报告财产情况，隐匿、转移财产或者其他逃避债务情形的，审计费用由被执行人承担；未

---

① 参见《最高人民法院关于依法制裁规避执行行为的若干意见》第 4 条。
② 参见《最高人民法院关于民事执行中财产调查若干问题的规定》第十七条。
③ 参见《最高人民法院关于民事执行中财产调查若干问题的规定》第十八条。
④ 参见《最高人民法院关于民事执行中财产调查若干问题的规定》第十九条。

发现被执行人存在上述情形的，审计费用由申请执行人承担。①

浙江省高级人民法院工作指引 作为被执行人的法人或者其他组织，在收到执行法院的执行通知书和报告财产令后，不履行生效法律文书确定的义务，且可能存在下列情形之一的，申请执行人可以申请人民法院委托审计机构对该被执行人进行审计：一、拒绝报告、虚假报告财产情况的；二、隐匿、转移财产等逃避债务情形的；三、股东、出资人有出资未到位、出资不实、抽逃出资情形的；四、有必要利用审计方法查找被执行人可供执行财产的其他情形。执行法院依职权启动审计调查的，应当符合前款规定的条件，并应对审计的必要性进行综合分析判断。②

五、悬赏公告

> **第49项请求权：申请发布悬赏公告** 被执行人不履行生效法律文书确定的义务，申请执行人可以向人民法院书面申请发布悬赏公告查找可供执行的财产。申请书应当载明下列事项：（一）悬赏金的数额或计算方法；（二）有关人员提供人民法院尚未掌握的财产线索，使该申请执行人的债权得以全部或部分实现时，自愿支付悬赏金的承诺；（三）悬赏公告的发布方式；（四）其他需要载明的事项。人民法院应当自收到书面申请之日起十日内决定是否准许。③
>
> **第50项请求权：申请在其他媒体平台发布悬赏公告** 人民法院决定悬赏查找财产的，应当制作悬赏公告。悬赏公告应当载明悬赏金的数额或计算方法、领取条件等内容。悬赏公告应当在全国法院执行悬赏公告平台、法院微博或微信等媒体平台发布，也可以在执行法院公告栏或被执行人住所地、经常居住地等处张贴。申请执行人申请在其他媒体平台发布，并自愿承担发布费用的，人民法院应当准许。④

悬赏金 有关人员提供人民法院尚未掌握的财产线索，使申请发布悬赏公告的申请执行人的债权得以全部或部分实现的，人民法院应当按照悬赏公告发放悬赏金。悬赏金从前款规定的申请执行人应得的执行款中予以扣减。特定物交付执行或者存在其

---

① 参见《最高人民法院关于民事执行中财产调查若干问题的规定》第二十条。
② 参见《浙江省高级人民法院执行局关于规范执行审计相关问题的工作指引》第三条。
③ 参见《最高人民法院关于民事执行中财产调查若干问题的规定》第二十一条。
④ 参见《最高人民法院关于民事执行中财产调查若干问题的规定》第二十二条。

他无法扣减情形的,悬赏金由该申请执行人另行支付。有关人员为申请执行人的代理人、有义务向人民法院提供财产线索的人员或者存在其他不应发放悬赏金情形的,不予发放。①

六、调查询问

拘传、拘留调查询问 对必须接受调查询问的被执行人、被执行人的法定代表人、负责人或者实际控制人,经依法传唤无正当理由拒不到场的,人民法院可以拘传其到场。人民法院应当及时对被拘传人进行调查询问,调查询问的时间不得超过八小时;情况复杂,依法可能采取拘留措施的,调查询问的时间不得超过二十四小时。人民法院在本辖区以外采取拘传措施时,可以将被拘传人拘传到当地人民法院,当地人民法院应予协助。②

为查明被执行人的财产情况和履行义务的能力,可以传唤被执行人或被执行人的法定代表人、负责人、实际控制人、直接责任人员到人民法院接受调查询问。对必须接受调查询问的被执行人、被执行人的法定代表人、负责人或者实际控制人,经依法传唤无正当理由拒不到场的,人民法院可以拘传其到场;上述人员下落不明的,人民法院可以依照相关规定通知有关单位协助查找。③

第二节 协助执行

人民法院执行工作,对象是被执行人的财产,同时影响与之存在权利义务关系的相关单位、个人,相关单位、个人具有协助的义务。例如,被执行人的存款、债券、股票、基金份额储存在金融机构,土地、房产登记在不动产登记部门,以及享有的对第三方的财产权利等,被执行人转移财产需要这些部门、第三人的配合。为了保证执行顺利,人民法院要求这些单位、个人协助执行工作,防止被执行人转移财产,这是一项法定的义务,违反协助执行义务将要承担侵权赔偿责任。

---

① 参见《最高人民法院关于民事执行中财产调查若干问题的规定》第二十四条。
② 参见《最高人民法院关于适用〈中华人民共和国民事诉讼法〉的解释》第四百八十二条。
③ 参见《最高人民法院关于民事执行中财产调查若干问题的规定》第十五条。

一、协助执行义务

协助扣押、冻结、划拨、变价财产 被执行人未按执行通知履行法律文书确定的义务,人民法院有权向有关单位查询被执行人的存款、债券、股票、基金份额等财产情况。人民法院有权根据不同情形扣押、冻结、划拨、变价被执行人的财产。人民法院查询、扣押、冻结、划拨、变价的财产不得超出被执行人应当履行义务的范围。人民法院决定扣押、冻结、划拨、变价财产,应当作出裁定,并发出协助执行通知书,有关单位必须办理。①

协助查询 人民法院有权查询被执行人的身份信息与财产信息,掌握相关信息的单位和个人必须按照协助执行通知书办理。②

协助查找 人民法院对已经办理查封登记手续的被执行人机动车、船舶、航空器等特定动产未能实际扣押的,可以依照相关规定通知有关单位协助查找。③

协助办理登记手续 人民法院在财产保全中采取查封、扣押、冻结措施,需要有关单位协助办理登记手续的,有关单位应当在裁定书和协助执行通知书送达后立即办理。针对同一财产有多个裁定书和协助执行通知书的,应当按照送达的时间先后办理登记手续。④

协助办理财产权证照转移手续 在执行中,需要办理有关财产权证照转移手续的,人民法院可以向有关单位发出协助执行通知书,有关单位必须办理。⑤ 人民法院在执行中需要办理房产证、土地证、林权证、专利证书、商标证书、车船执照等有关财产权证照转移手续的,可以依照民事诉讼法第二百五十八条规定办理。⑥

协助查封、扣押、冻结 查封、扣押、冻结协助执行通知书在送达登记机关时,登记机关已经受理被执行人转让不动产、特定动产及其他财产的过户登记申请,尚未完成登记的,应当协助人民法院执行。人民法院不得对登记机关已经完成登记的被执行人已转让的财产实施查封、扣押、冻结措施。查封、扣押、冻结协助执行通知书在

---

① 参见《民事诉讼法》第二百五十三条。
② 参见《最高人民法院关于适用〈中华人民共和国民事诉讼法〉的解释》第四百八十三条。
③ 参见《最高人民法院关于民事执行中财产调查若干问题的规定》第十六条。
④ 参见《最高人民法院关于人民法院办理财产保全案件若干问题的规定》第十六条。
⑤ 参见《民事诉讼法》第二百六十二条。
⑥ 参见《最高人民法院关于适用〈中华人民共和国民事诉讼法〉的解释》第五百条。

送达登记机关时,其他人民法院已向该登记机关送达了过户登记协助执行通知书的,应当优先办理过户登记。①

协助停水、停电、停气

广东省高级人民法院 指定期限到期后,被执行人或其他占有人拒不搬离的,执行法院可以通知有关部门或单位协助停水、停电、停气等,并依法对被执行人或其他占有人予以罚款、拘留;仍拒不搬离的,依法强制清场;对涉嫌构成犯罪的,依法移送追究刑事责任。②

江苏省高级人民法院 占有人(当事人或案外人)拒不腾空的,可以要求有关部门或单位协助停水、停电、停气等,并依法对占有人予以罚款、拘留;构成犯罪的,依法追究刑事责任。

二、违反协助义务的法律责任

> **第51项请求权:申请责令协助义务人限期追回或承担责任** 作为被执行人的自然人,其收入转为储蓄存款的,应当责令其交出存单。拒不交出的,人民法院应当作出提取其存款的裁定,向金融机构发出协助执行通知书,由金融机构提取被执行人的存款交人民法院或存入人民法院指定的账户。③

金融机构擅自解冻被人民法院冻结的款项,致冻结款项被转移的,人民法院有权责令其限期追回已转移的款项。在限期内未能追回的,应当裁定该金融机构在转移的款项范围内以自己的财产向申请执行人承担责任。④

被执行人在有关单位的收入尚未支取的,人民法院应当作出裁定,向该单位发出协助执行通知书,由其协助扣留或提取。⑤ 有关单位收到人民法院协助执行被执行人收入的通知后,擅自向被执行人或其他人支付的,人民法院有权责令其限期追回;逾

---

① 参见《最高人民法院关于人民法院民事执行中查封、扣押、冻结财产的规定》第二十三条。
② 参见《广东省高级人民法院关于进一步规范司法拍卖不动产移交工作的指导意见(试行)》第4条。
③ 参见《最高人民法院关于人民法院执行工作若干问题的规定(试行)》第28条。
④ 参见《最高人民法院关于人民法院执行工作若干问题的规定(试行)》第26条。
⑤ 参见《最高人民法院关于人民法院执行工作若干问题的规定(试行)》第29条。

期未追回的,应当裁定其在支付的数额内向申请执行人承担责任。①

有关组织或者个人持有法律文书指定交付的财物或票证,在接到人民法院协助执行通知书或通知书后,协同被执行人转移财物或票证的,人民法院有权责令其限期追回;逾期未追回的,应当裁定其承担赔偿责任。②

有关企业收到人民法院发出的协助冻结通知后,擅自向被执行人支付股息或红利,或擅自为被执行人办理已冻结股权的转移手续,造成已转移的财产无法追回的,应当在所支付的股息或红利或转移的股权价值范围内向申请执行人承担责任。③

典型案例 在人民法院保全查封被拆迁房产及拆迁款后,拆迁单位未经法院同意将拆迁款直接支付给案外第三人,构成擅自支付行为。人民法院有权责令责任人限期追回财产或承担相应的赔偿责任。

在执行过程中,因查封房屋被某街道办事处拆迁,建湖法院向某街道办送达执行裁定书和协助执行通知书,冻结被执行人的拆迁补偿金26万元。后因案外人颜某军称其已购买黄某明、柏某华被查封房产,某街道办向其支付拆迁补偿款285909元。建湖法院据此裁定追加某街道办事处为被执行人,并扣划拆迁补偿款248000元。建湖法院认为,该院已经对债务人的房产及其拆迁补偿款采取查封冻结措施,某街道办事处未经建湖法院同意,将被冻结的拆迁补偿款支付给案外人,构成擅自支付。根据规定,人民法院有权责令责任人限期追回财产或承担相应的赔偿责任。盐城市中级人民法院在复议程序中撤销了建湖法院的上述执行行为。江苏省高级人民法院通过执行监督程序予以纠正,维持建湖法院的执行行为。④

第三节 关于被执行人责任财产的执行

责任财产一般是指民事主体用于承担民事责任的各项财产及权利总和,民事主体以责任财产为限对外承担法律责任。人民法院在执行程序中对被执行人所采取的强制

---

① 参见《最高人民法院关于人民法院执行工作若干问题的规定(试行)》第30条。
② 参见《最高人民法院关于人民法院执行工作若干问题的规定(试行)》第42条。
③ 参见《最高人民法院关于人民法院执行工作若干问题的规定(试行)》第40条。
④ 参见"2017年度江苏法院执行裁判典型案例·案例九:申请执行人夏某东与被执行人黄某明、柏某华民间借贷纠纷执行监督案",http://www.jsfy.gov.cn/article/91646.html。

执行措施，应当以其责任财产为限。被执行人未履行法律文书确定的义务，其全部财产除依法律、司法解释的规定应当豁免执行之外，均应是清偿债务的责任财产。在执行过程中，如果被执行人名下可供执行的财产种类较多，那么申请执行人应当选择执行保全难度小、容易变价的财产。

一、关于责任财产的范围

1. 一般责任财产规定

一般情况下，凡被执行人名下之财产均可执行：不动产；机动车、船舶、航空器等运输工具；机器设备等动产；股权；股票，包括境内上市公司股票，代办股权转让系统（俗称"三板"）股票；存款；仓单、提单对应财产；基金份额；债券等其他有价证券；金银等贵重金属；矿产权益；知识产权（专利权、商标权、著作权）；应收账款；到期债权、法院裁判权益；其他有变现价值的财产。

最高人民法院案例 债权人对债务人的财产设定抵押权，是为了在债务人不能履行债务时，债权人得以就抵押财产优先受偿，其目的是保障债权的实现。但抵押权的设立并不意味着债务人仅在抵押财产范围内对债权人负清偿义务，债务人的全部财产除依据法律、司法解释的规定应当豁免执行之外，都应当是清偿债务的责任财产。申请执行人既可以申请执行已抵押财产，也有权申请执行被执行人的未抵押财产。[1]

最高人民法院案例 关于案涉商铺属于人防工程能否执行的问题。依照相关法律规定，国家鼓励支持企业事业组织、社会团体和个人投资人民防空工程建设，进行使用管理并收取收益。执行法院对案涉商铺使用权进行查封，并不违反法律规定。[2]

2. 关于责任财产的例外

人民法院对被执行人的下列财产不得查封、扣押、冻结：

（一）被执行人及其所扶养家属生活所必需的衣服、家具、炊具、餐具及其他家庭生活必需的物品；

（二）被执行人及其所扶养家属所必需的生活费用。当地有最低生活保障标准

---

[1] 参见《武威市赛某农业有限公司、中国某银行武威武南支行与武威市赛某农业有限公司、韩某申请承认与执行法院判决、仲裁裁决案件执行裁定书》[（2015）执申字第87号]。

[2] 参见《某市住房和城乡建设局、王某平等借款合同纠纷、借款合同纠纷执行复议执行裁定书》[（2022）最高法执复15号]。

的，必需的生活费用依照该标准确定；

（三）被执行人及其所扶养家属完成义务教育所必需的物品；

（四）未公开的发明或者未发表的著作；

（五）被执行人及其所扶养家属用于身体缺陷所必需的辅助工具、医疗物品；

（六）被执行人所得的勋章及其他荣誉表彰的物品；

（七）根据《中华人民共和国缔结条约程序法》，以中华人民共和国、中华人民共和国政府或者中华人民共和国政府部门名义同外国、国际组织缔结的条约、协定和其他具有条约、协定性质的文件中规定免于查封、扣押、冻结的财产；

（八）法律或者司法解释规定的其他不得查封、扣押、冻结的财产。①

法律或者司法解释规定的其他不得查封、扣押、冻结的财产主要包括：党费②、工会经费③、国有企业下岗职工基本生活保障资金④、社会保险基金⑤、军队、武警部队一类保密单位开设的"特种预算存款"、"特种其他存款"和连队账户的存款⑥、金融机构存款准备金、备付金⑦等。

不具有财产价值的物品不应进行查封、扣押、冻结。例如，药品批准文号系国家药品监督管理部门准许企业生产的合法标志，该批准文号受行政许可法的调整，本身不具有财产价值。因此，人民法院在执行中对药品批准文号不应进行查封。⑧

3. 可能引发争议的责任财产

（1）养老金

被执行人应得的养老金应当视为被执行人在第三人处的固定收入，属于其责任财产的范围，依照《中华人民共和国民事诉讼法》第二百四十三条之规定，人民法院有

---

① 参见《最高人民法院关于人民法院民事执行中查封、扣押、冻结财产的规定》第三条。
② 参见《最高人民法院关于强制执行中不应将企业党组织的党费作为企业财产予以冻结或划拨的通知》。
③ 参见《最高人民法院关于产业工会、基层工会是否具备社会团体法人资格和工会经费集中户可否冻结划拨问题的批复》。
④ 参见《最高人民法院关于严禁冻结或划拨国有企业下岗职工基本生活保障资金的通知》。
⑤ 参见《最高人民法院关于在审理和执行民事、经济纠纷案件时不得查封、冻结和扣划社会保险基金的通知》。
⑥ 参见《中国人民银行、最高人民法院、最高人民检察院、公安部关于查询、冻结、扣划企业事业单位、机关、团体银行存款的通知》。
⑦ 参见《最高人民法院关于人民法院执行工作若干问题的规定（试行）》第27条。
⑧ 参见《国家药监局综合司关于协助执行通知书有关事宜的复函》（药监综药注函〔2021〕601号）。

权冻结、扣划。但是，在冻结、扣划前，应当预留被执行人及其所抚养家属必须的生活费用。社会保障机构作为养老金发放机构，有义务协助人民法院冻结、扣划被执行人应得的养老金。①

（2）离休金、退休金

在离退休人员的其他可供执行的财产或者收入不足偿还其债务的情况下，人民法院可以要求其离退休金发放单位或者社会保障机构协助扣划其离休金或退休金，用以偿还该离退休人员的债务。上述单位或者机构应当予以协助。人民法院在执行时应当为离退休人员留出必要的生活费用。生活费用标准可参照当地的有关标准确定。②

（3）住房公积金

住房公积金是单位及其在职职工缴存的长期住房储金，属于职工个人所有，可以作为执行标的。在保障被执行人依法享有的基本生活及居住条件的情况下，执行法院可以对被执行人住房公积金账户内的存储余额强制执行。③

（4）保险单现金价值

被执行人保险单的现金价值具体明显的财产属性，人民法院可以要求保险公司协助提取保险单的现金价值。

最高人民法院案例 人身保险是以人的寿命和身体为保险标的的保险，保险单具有现金价值。其中人寿保险更是具有较为典型的储蓄性和有价性，已经成为一种较为普遍的投资理财方式。这种储蓄性和有价性，不仅体现在在保险合同存续期间，投保人可以获取利息等红利收入，而且体现在投保人可以以保险单现金价值为限进行质押贷款，更体现在在保险期间内投保人可以随时单方无条件解除保险合同，以提取保险单的现金价值。保险单的现金价值具有明显的财产属性，可以作为执行标的。人民法院有权要求保险公司协助提取保险单的现金价值。④

（5）教育类资产

《民法典》第三百九十九条规定，学校、幼儿园、医疗机构等为公益目的成立的

---

① 参见《最高人民法院关于能否要求社保机构协助冻结、扣划被执行人的养老金问题的复函》[（2014）执他字第22号]。
② 参见《最高人民法院研究室关于执行程序中能否扣划离退休人员离休金退休金清偿其债务问题的答复》（法研［2002］13号）。
③ 参见《最高人民法院关于安徽省高级人民法院〈关于强制划拨被执行人住房公积金问题的请示报告〉的批复》。
④ 参见王某凤、王某东等借款合同纠纷执行监督执行裁定书［（2021）最高法执监35号］。

非营利法人的教育设施、医疗卫生设施和其他公益设施，不得抵押。但是，对于强制执行教育用地、教育设施并无限制性或禁止性规定。

最高人民法院案例 豁免执行必须有法律法规的明确规定，现行法律法规中没有规定对教育用地或教育设施豁免执行，学校应以学校的财产包括教育用地与教育设施负担其债务。①

最高人民法院案例 虽然法律明确禁止学校以教育设施设定抵押，但目前法律、行政法规中对于强制执行教育用地或教育设施却并无限制性或禁止性规定。民办教育促进法中规定了民办学校的终止及清算义务，明确了债务清偿顺序，在民办学校清算时，以学校的财产包括教育用地与教育设施变价清偿学校所负债务是应有之义。然而，基于社会公共利益考量，教育用地与教育设施确实具有不同于普通财产的特殊性。为保障社会公益事业发展，保障公众受教育权等基本权益，对教育用地与教育设施的执行不能改变其原有的公益性用途，不能影响其实际使用。②

（6）商品房预售资金

虽然商品房预售资金原则上属于开发商的责任财产，但由于商品房预售资金的特殊性，在其用途上受到法律法规的严格限制和监管。《中华人民共和国城市房地产管理法》第四十五条第三款明确规定"商品房预售所得款项，必须用于有关的工程建设"。《国务院办公厅关于继续做好房地产市场调控工作的通知》（国办发〔2013〕17号）要求各地制定本地区商品房预售资金的监管办法，确保商品房预售资金能够用于工程施工建设，以保障购房者的利益不受损害。人民法院执行案件过程中，应当综合考虑相关法律、法规及规范性文件对有关商品房预售资金的管理规定，在保证建设工程施工正常进行的情况下，可冻结监管账户的相应款项；在确保工程建设资金充足的前提下，或者待工程竣工后，可依债权性质依法执行。③

（7）信托财产

信托财产在信托存续期间独立于委托人、受托人、受益人各自的固有财产。委托

---

① 参见延边某大学、延边恒某实业集团有限公司等民事执行监督执行裁定书〔（2021）最高法执监58号〕。

② 参见中国某银行股份有限公司吉林市东升支行与吉林市碧某溪外国语实验学校、吉林市碧某溪经贸信息咨询有限责任公司金融借款合同纠纷、申请承认与执行法院判决、仲裁裁决案件执行裁定书〔（2015）执申字第55号〕。

③ 参见恒某地产集团南京置业有限公司、恒某地产集团有限公司等与公司有关的纠纷、与公司有关的纠纷执行复议执行裁定书〔（2022）最高法执复1号、52号、53号〕。

人将其财产委托给受托人进行管理，在信托依法设立后，该信托财产即独立于委托人未设立信托的其他固有财产。受托人因承诺信托而取得的信托财产，以及通过对信托财产的管理、运用、处分等方式取得的财产，均独立于受托人的固有财产。受益人对信托财产享有的权利表现为信托受益权，信托财产并非受益人的责任财产。因此，当事人因其与委托人、受托人或者受益人之间的纠纷申请对存管银行或者信托公司专门账户中的信托资金采取保全措施的，除符合《信托法》第17条规定的情形外，人民法院不应当准许。[1]

（8）旅行社质量保证金

人民法院在执行涉及旅行社的案件时，遇有下列情形而旅行社不承担或无力承担赔偿责任的，可以执行旅行社质量保证金：①旅行社因自身过错未达到合同约定的服务质量标准而造成旅游者的经济权益损失；②旅行社的服务未达到国家或行业规定的标准而造成旅游者的经济权益损失；③旅行社破产后造成旅游者预交旅行费损失；④人民法院判决、裁定及其他生效法律文书认定的旅行社损害旅游者合法权益的情形。除上述情形之外，不得执行旅行社质量保证金。[2]

（9）农民工工资专用账户资金和工资保证金

农民工工资专用账户资金和工资保证金是指有关单位在银行业金融机构开设的农民工工资专用账户和工资保证金账户中存储的专项用于支付为本项目提供劳动的农民工工资的资金。《保障农民工工资支付条例》第三十三条规定，"除法律另有规定外，农民工工资专用账户资金和工资保证金不得因支付为本项目提供劳动的农民工工资之外的原因被查封、冻结或者划拨"。

对农民工工资专用账户中明显超出工程施工合同约定并且明显超出足额支付该项目农民工工资所需全部人工费的资金，对工资保证金账户中超出工资保证金主管部门公布的资金存储规定部分的资金，人民法院经认定可依法采取冻结或者划拨措施。当事人及有关单位、个人利用两类账户规避、逃避执行的，应当依法承担责任。人民法院可以依法对两类账户采取预冻结措施，在工程完工且未拖欠农民工工资，监管部门按规定解除对两类账户监管后，预冻结措施自动转为冻结措施，并可依法划拨剩余资金。[3]

---

[1] 参见《全国法院民商事审判工作会议纪要》第95条。
[2] 参见《中华人民共和国最高人民法院关于执行旅行社质量保证金问题的通知》（法〔2001〕1号）。
[3] 参见《最高人民法院、人力资源社会保障部、中国银保监会关于做好防止农民工工资专用账户资金和工资保证金被查封、冻结或者划拨有关工作的通知》（人社部发〔2020〕93号）第3、4条。

(10) 信用证开证保证金

信用证开证保证金属于有进出口经营权的企业向银行申请对国外（境外）方开立信用证而备付的具有担保支付性质的资金。人民法院在审理或执行案件时，依法可以对信用证开证保证金采取冻结措施，但不得扣划。如果当事人、开证银行认为人民法院冻结和扣划的某项资金属于信用证开证保证金的，应当依法提出异议并提供有关证据予以证明。

如果银行因信用证无效、过期，或者因单证不符而拒付信用证款项并且免除了对外支付义务，以及在正常付出了信用证款项并从信用证开证保证金中扣除相应款额后尚有剩余，即在信用证开证保证金账户存款已丧失保证金功能的情况下，人民法院可以依法采取扣划措施。①

最高人民法院指导案例 关于账户资金浮动是否影响金钱特定化的问题。保证金以专门账户形式特定化并不等于固定化。案涉账户在使用过程中，随着担保业务的开展，保证金账户的资金余额是浮动的。担保公司开展新的贷款担保业务时，需要按照约定存入一定比例的保证金，必然导致账户资金的增加；在担保公司担保的贷款到期未获清偿时，扣划保证金账户内的资金，必然导致账户资金的减少。虽然账户内资金根据业务发生情况处于浮动状态，但均与保证金业务相对应，除缴存的保证金外，支出的款项均用于保证金的退还和扣划，未用于非保证金业务的日常结算。即银行可以控制该账户，担保公司对该账户内的资金使用受到限制，故该账户资金浮动仍符合金钱作为质权的特定化和移交占有的要求，不影响该金钱质权的设立。②

(11) 银行承兑汇票保证金

人民法院依法可以对银行承兑汇票保证金采取冻结措施，但不得扣划。如果金融机构已对汇票承兑或者已对外付款，根据金融机构的申请，人民法院应当解除对银行承兑汇票保证金相应部分的冻结措施。银行承兑汇票保证金已丧失保证金功能时，人民法院可以依法采取扣划措施。③

最高人民法院案例 金钱质押作为特殊的动产质押，应符合金钱特定化和移交债权人占有两个要件。被执行人按照约定向案涉账户缴存保证金，案涉账户除存入和退

---

① 参见《最高人民法院关于人民法院能否对信用证开证保证金采取冻结和扣划措施问题的规定》。
② 参见指导案例54号：中国某发展银行安徽省分行诉张某标、安徽长某融资担保集团有限公司执行异议之诉纠纷案。
③ 参见《最高人民法院、中国人民银行关于依法规范人民法院执行和金融机构协助执行的通知》（法发〔2000〕21号）第九条。

还保证金外未作其他结算,符合金钱特定化的要求。协议约定被执行人未及时履行保证责任的,债权人有权直接扣收担保基金用于偿还到期债务。对于被执行人不符合协议规定用途的支付行为,债权人有权止付,并向当地融资性担保业务监管部门报告。上述约定及履行情况表明,债权人占有和控制了案涉账户,应当认定债权人和被执行人已就案涉账户内的资金设立质权。债权人对案涉账户内的资金享有优先受偿权,足以排除案外人因一般债权对该账户申请的强制执行。①

(12)矿山地质环境治理恢复保证金

矿山地质环境治理恢复保证金虽为企业所有,但应当遵循政府监管、专款专用的原则,只有在符合法定条件时,才可以返还采矿权人。在返还之前,采矿权人对保证金的使用受到严格限制,缺乏自主处分权利。人民法院在执行以采矿权人为被执行人的案件中,可向有关单位发出协助执行通知书,先对保证金采取查控措施,待保证金符合返还条件时再予执行。②

(13)人防车位

最高人民法院第二巡回法庭法官会议纪要　人防车位作为人防工程的一种现实存在形式,本质属性为国防战备设施,应当归国家所有。但为鼓励社会资金投资人防工程建设,减轻国家财政负担,人防工程经验收合格后,投资者可以取得用益物权性质的人防车位使用权。从程序上看,为加强对人防工程的监督管理,有效维护人防工程的战时防御功能,投资者应按人防主管部门的规定履行备案审批程序,才能取得人防车位使用权。投资者经人防主管部门备案批准,取得人防车位使用权,该人防车位使用权可以作为执行标的;投资者未经人防主管部门批准,对人防车位不享有合法的使用权,申请执行人将其作为投资者的合法财产申请强制执行,人民法院不予支持。③

专题九　关于被执行人责任财产的认定问题

执行程序中,申请执行人有向执行法院提供被执行人财产线索的义务,《查扣冻规

---

① 参见四川绵竹某商业银行股份有限公司、杨某案外人执行异议之诉再审民事判决书〔(2019)最高法民再44号〕。
② 参见《最高人民法院关于矿山地质灾害和地质环境治理恢复保证金能否作为执行标的的答复》〔(2018)最高法执他11号〕。
③ 参见《人防车位的归属与利用》(最高人民法院第二巡回法庭2019年第15次法官会议纪要),载《最高人民法院第二巡回法庭法官会议纪要(第一辑)》,贺小荣主编,人民法院出版社2019年版,第123页。

定》第三条明确了被执行人八大类不能执行的财产，即不属于被执行人的责任财产。在对被执行人的财产进行执行时，首先要判断财产是否属于被执行人的责任财产，只有责任财产才可以被执行。

一、被执行人是否系责任财产的权利人

对于权利人的判断，被执行人与案外人应适用同样的标准。对案外人的异议，人民法院应当按照下列标准判断其是否系权利人：

（一）已登记的不动产，按照不动产登记簿判断；未登记的建筑物、构筑物及其附属设施，按照土地使用权登记簿、建设工程规划许可、施工许可等相关证据判断；

（二）已登记的机动车、船舶、航空器等特定动产，按照相关管理部门的登记判断；未登记的特定动产和其他动产，按照实际占有情况判断；

（三）银行存款和存管在金融机构的有价证券，按照金融机构和登记结算机构登记的账户名称判断；有价证券由具备合法经营资质的托管机构名义持有的，按照该机构登记的实际出资人账户名称判断；

（四）股权按照工商行政管理机关的登记和企业信用信息公示系统公示的信息判断；

（五）其他财产和权利，有登记的，按照登记机构的登记判断；无登记的，按照合同等证明财产权属或者权利人的证据判断。

案外人依据另案生效法律文书提出排除执行异议，该法律文书认定的执行标的权利人与依照前款规定得出的判断不一致的，依照本规定第二十六条规定处理。[1]

最高人民法院案例 案涉账户系以被执行人名义开立的一般账户，而非保证金专用账户或其他专用账户，故该账户中的款项可以作为执行标的。

货币为种类物，虽然权利人对货币的占有可以认定为所有，但在特定条件下，不能简单根据占有即认定为所有。对于一般账户中的货币，应以账户名称为权属判断的基本标准。对于特定专用账户中的货币，应根据账户当事人对该货币的特殊约定以及相关法律规定来判断资金权属，并确定能否对该账户资金强制执行，如信用证开证保证金、证券期货交易保证金、银行承兑汇票保证金、质押保证金、基金托管专户资金、社会保险基金等。对特定账户中的货币主张权利，符合法定专用账户构成要件及阻止执行条件的，可以排除对该账户的执行。就本案而言，50×××28账户系以被执行人汇

---

[1] 参见《最高人民法院关于人民法院办理执行异议和复议案件若干问题的规定》第二十五条。

第二章　财产调查、执行与分配

某公司名义开立的一般账户,而非保证金专用账户或其他专用账户,故该账户中的款项应作为汇某公司的责任财产清偿民事债务。①

最高人民法院案例　货币具有高度可替代性,交付后不能发生返还请求权,仅能基于债权关系提出相应的请求。只要货币合法转入银行账户,自交付时发生转移就成为银行账户载明的权利人的责任财产。

根据《中华人民共和国物权法》第二十三条规定,货币作为特殊动产,属于种类物,具有高度可替代性,交付后不能发生返还请求权,仅能基于债权关系提出相应的请求。只要货币合法转入银行账户,自交付时发生转移而成为银行账户载明的权利人的责任财产。张某林主张其借用邓某国名义办理银行卡,其与邓某国关于借用银行卡的内部约定不能对抗善意第三人,不能排除邓某国的债权人对该资金账户的执行。张某林未能举证证明其对执行标的享有足以排除强制执行的民事权益,应承担举证不利的法律后果。②

二、被执行人是否享有实体性权利

在现实生活中,民事法律权利关系总在变化之中,名义上的权属关系并不总是与实质上的权属状态一致,有时财产虽在被执行人名下,但被执行人已对其丧失实体性权利,如被执行人已售未过户的房产、已灭失未注销登记的财产等;有时财产虽然不在被执行人名下,但被执行人却对其享有实体性权利,如第三人代持财产、被执行人购买但未过户的房产等。只有被执行人享有实体性权利的财产,才是可以被执行的财产。

最高人民法院案例　判断案涉财产是否属于被执行人责任财产的唯一标准,是在执行措施实施时被执行人对案涉财产的权利状态。案涉财产虽在被执行人名下,但被执行人对其已不享有实体性民事权利,能够排除执行。

根据民法基本原理,责任财产是指民事主体所有的具有金钱价值的各种权利的总体所构成,其范围并不等同于民事主体所有的财产客体的范围。据此,判断案涉房屋是否属于远某公司的责任财产的唯一标准,是在执行措施实施时远某公司对案涉12套房屋的权利状态。本案中,系争12套房屋在人民法院查封之前,已经由远某公司与某

---

① 参见廊坊市澳某商贸有限责任公司与某银行股份有限公司北京分行、廊坊市汇某房地产开发有限公司申诉、申请民事裁定书〔(2016)最高法民申2528号〕。
② 参见张某林、昝某清等案外人执行异议之诉其他民事民事裁定书〔(2021)最高法民申3526号〕。

101

城投公司、信某县人民政府以协议的方式约定作为安置房使用。这一约定，系远某公司对其开发房产的合法处分，在信某县人民政府、某城投公司已经履行了相应的合同义务之后，远某公司对该 12 套房屋已经不再享有任何实体性的民事权利，而仅负有在房屋开发建设完成后向某城投公司交付安置房的合同义务，案涉 12 套房屋已经从远某公司的责任财产中分离出来。与此相对应，某城投公司作为债权人，在案涉《协议书》签订后，虽然因案涉房屋尚未完工以及房屋被查封等原因尚未办理过户登记，但某城投公司作为买受人有权要求远某公司办理案涉房屋的过户登记手续。因此，在案涉 12 套房产已经不属于远某公司的责任财产的情况下，林晓波作为查封债权人要求将系争房屋纳入强制执行的范围，其主张依法不应得到支持。①

最高人民法院案例 被执行人账户内的资金能否执行，取决于被执行人对案涉账户内资金是否拥有实体性的民事权利。申请执行人对案涉账户内资金主张的权利，不得大于被执行人对案涉款项依法所能主张的权利。

强制执行应当以被执行人的责任财产为限。执行异议之诉作为排除不当执行的诉讼制度，审理重点应当围绕系争执行标的物是否属于被执行人的责任财产而展开。若系争执行标的物属于被执行人的责任财产，则应继续强制执行；若系争执行标的物不属于被执行人的责任财产，则应排除强制执行。根据民法基本原理，责任财产，由当事人所有的具有金钱价值的各种权利的总体所构成，义务并不属于责任财产的范围。据此，案涉账户内的资金能否继续执行，取决于景某能源公司对案涉账户资金是否拥有实体性的民事权利。本案中，江西某储公司作为景某能源公司的查封债权人，其对被执行人景某能源公司案涉账户内的资金依法所能主张的权利，不得大于景某能源公司自身对案涉款项依法所能主张的权利。因景某能源公司对案涉账户内的资金并不享有实体民事权利，案涉账户内的资金并非景某能源公司的责任财产，故江西某储公司不得申请对案涉款项进行强制执行。②

三、申请执行人信赖利益保护问题

从信赖利益保护的角度看，申请执行人基于对被执行人的信赖而与其交易，应当在执行程序中对此利益予以保护。但是，发生交易与申请执行的时点并不相同，对外

---

① 参见林某波、信某县城市建设投资开发有限公司申请执行人执行异议之诉再审审查与审判监督民事裁定书［（2018）最高法民申 5576 号］。

② 参见江西某储备中心有限公司、大连恒某动力石油化工有限公司案外人执行异议之诉二审民事判决书［（2018）最高法民终 873 号］。

财产状况可能亦不相同，如对执行中查封的代持股权不予保护，在禁止超标的查封的背景下，似有不公。对此，最高院案例存在意见分歧，具体如下：

第一种观点认为，执行程序具有独立的信赖利益保护价值，不应区分交易时是否存在信赖利益。在（2016）最高法民再360号案中，法官认为：发生交易时，申请执行人对被执行人的总体财产能力进行衡量后与之进行交易，被执行人未履行生效法律文书确定的义务进入强制执行程序后，被执行人名下的所有财产均是对外承担债务的一般责任财产与总体担保手段，因此不能认为强制执行程序中的申请执行人不存在信赖利益保护的问题。特别是法律明确规定禁止超标的查封，申请执行人为了实现对某项特定财产的查封，必须放弃对其他财产的查封，如果对该查封利益不予保护，那么对申请执行人有失公允。

第二种观点认为，信赖利益保护以交易时存在信赖的财产为前提，对交易之后发生的名实不符情况，不能认定债权人对该名义财产权利享有信赖利益。在（2019）最高法民终287号案中，法官认为：若执行标的权利名实不符情况发生在申请强制执行债权形成之前，债权人存在基于对债务人的该名义财产权利的信赖才与债务人进行交易的可能，则可以认定债权人对债务人的名义财产享有信赖利益，执行时可以追及；若执行标的权利名实不符情况发生在申请强制执行债权形成之后，因不存在债权人基于对该名义财产权利的信赖而与债务人进行交易的可能，则不能认定债权人对债务人此后的名义财产权利享有信赖利益，即此时的名义财产不是债务人对该债权的责任财产，也就不存在信赖利益保护问题，执行时不能追及该名义财产权利。在（2019）最高法民再45号案中，法官认为：根据权利形成的先后时间，如果代为持股形成在先，则根据商事外观主义，债权人的权利应当更为优先得到保护；如果债权形成在先，则没有商事外观主义的适用条件，隐名股东的实际权利应当得到更为优先的保护。①

四、执行标的是否系专用账户资金或社会公益用途

债务人或者第三人为担保债务的履行，设立专门的保证金账户并由债权人实际控制，或者将其资金存入债权人设立的保证金账户，债权人主张就账户内的款项优先受偿的，人民法院应予支持。当事人以保证金账户内的款项浮动为由，主张实际控制该账户的债权人对账户内的款项不享有优先受偿权的，人民法院不予支持。在银行账

---

① 参见黄某鸣、李某俊再审民事判决书［（2019）最高法民再45号］。

户下设立的保证金分户,参照前款规定处理。当事人约定的保证金并非为担保债务的履行设立,或者不符合前两款规定的情形,债权人主张就保证金优先受偿的,人民法院不予支持,但是不影响当事人依照法律的规定或者按照当事人的约定主张权利。①

一般情形下,被执行人名下账户内资金均应作为被执行人责任财产承担债务。但国家或有关部门或上级部门下拨的用于扶贫、农林水、科教文卫、基础建设等社会公共利益等具有专门指定用途或特殊用途的资金,为维护社会公共利益,一般均应专款专用于特定用途,不宜作为被执行人责任财产承担其一般债务。是否属于专用账户资金需结合账户性质、款项来源及用途等事实综合加以判断。②

江苏省高级人民法院 异议人以其对特户、封金、保证金享有质权为由提出执行异议,请求解除对案涉账户或款项的查封、冻结措施的,适用《民事诉讼法》第二百三十二条规定进行审查,并裁定不予支持。但案外人以其对特户、封金、保证金享有质权为由,请求实现质权并要求解除查封或冻结措施或者请求不得扣划的,应依照《民事诉讼法》第二百三十四条规定进行审查。同时具有下列情形的,应予以支持:(1)案外人与出质人订立了书面质押合同;(2)出质人已经开设专门的保证金账户;(3)该账户内资金已经移交给案外人实际控制或者占有;(4)该账户有别于出质人非保证金业务的日常结算账户。(5)案外人请求实现质权的,其实现质权的条件已经满足。③

最高人民法院指导案例 保证人与债权银行之间约定设立保证金账户,按比例存入一定金额的保证金用于履行某项保证责任,未经同意保证人不得使用保证金,债权银行有权从该账户直接扣收有关款项,并约定了保证期间等,应认定双方存在金钱质押的合意。保证金账户内资金的特定化不等于固定化,只要资金的浮动均与保证金业务对应、有关,未作日常结算使用,即应认定符合最高人民法院《关于适用〈中华人民共和国担保法〉若干问题的解释》第八十五条规定的金钱以特户形式特定化的要

---

① 参见《最高人民法院关于适用〈中华人民共和国民法典〉有关担保制度的解释法释》第七十条。
② 参见朝阳海某房地产开发有限公司、伊春森某铁力林业局有限责任公司等合作开发房地产合同纠纷执行复议执行裁定书[(2022)最高法执复14号]。
③ 参见《江苏省高级人民法院执行异议及执行异议之诉案件办理工作指引(三)》第6条。

求。如债权银行实际控制和管理保证金账户，应认定已符合对出质金钱占有的要求。①

二、关于"唯一住房"的执行

> **第52项请求权：申请对超过生活必需房屋和生活用品的执行** 对被执行人及其所扶养家属生活所必需的居住房屋，人民法院可以查封，但不得拍卖、变卖或者抵债。② 对于超过被执行人及其所扶养家属生活所必需的房屋和生活用品，人民法院根据申请执行人的申请，在保障被执行人及其所扶养家属最低生活标准所必需的居住房屋和普通生活必需品后，可予以执行。③

需要说明的是：最高院从未规定"唯一住房"不能执行，但上述规定在2004年出台之后，法院对唯一住房的执行顾虑很大，即使是抵押的房屋也难以处置，导致金融机构意见很大。2005年最高人民法院针对性出台了《关于人民法院执行设定抵押的房屋的规定》，明确：对设定抵押的被执行人及其所扶养家属居住的房屋，在裁定拍卖、变卖或者抵债后，应当给予被执行人六个月的宽限期。逾期未迁出的，可以强制迁出。关于唯一住房的执行问题，最高人民法院在2015年出台执行异议规定时再次作出明确规定，上述针对抵押房屋的执行规定，已于2020年被废止。④

金钱债权执行中，符合下列情形之一，被执行人以执行标的系本人及所扶养家属维持生活必需的居住房屋为由提出异议的，人民法院不予支持：（一）对被执行人有扶养义务的人名下有其他能够维持生活必需的居住房屋的；（二）执行依据生效后，被执行人为逃避债务转让其名下其他房屋的；（三）申请执行人按照当地廉租住房保障面积标准为被执行人及所扶养家属提供居住房屋，或者同意参照当地房屋租赁市场平均租金标准从该房屋的变价款中扣除五至八年租金的。执行依据确定被执行人交付居住的房屋，自执行通知送达之日起，已经给予三个月的宽限期，被执行人以该房屋系本人及所扶养家属维持生活的必需品为由提出异议的，人民法院不予支持。⑤

---

① 参见"富某银行股份有限公司大理分行与杨某鸣、大理建某房地产开发有限公司案外人执行异议之诉案"，载《最高人民法院公报》2020年第6期。
② 参见《最高人民法院关于人民法院民事执行中查封、扣押、冻结财产的规定》第四条。
③ 参见《最高人民法院关于人民法院民事执行中查封、扣押、冻结财产的规定》第五条。
④ 参见《最高人民法院关于废止部分司法解释及相关规范性文件的决定》（法释〔2020〕16号）。
⑤ 参见《最高人民法院关于人民法院办理执行异议和复议案件若干问题的规定》第二十条。

三、关于瑕疵不动产的执行

1. 关于划拨用地的处置

土地使用权划拨,是指县级以上人民政府依法批准,在土地使用者缴纳补偿、安置等费用后将该幅土地交付其使用,或者将土地使用权无偿交付给土地使用者使用的行为。依照本法规定以划拨方式取得土地使用权的,除法律、行政法规另有规定外,没有使用期限的限制。① 下列建设用地的土地使用权,确属必需的,可以由县级以上人民政府依法批准划拨:(一)国家机关用地和军事用地;(二)城市基础设施用地和公益事业用地;(三)国家重点扶持的能源、交通、水利等项目用地;(四)法律、行政法规规定的其他用地。②

抵押人以划拨建设用地上的建筑物抵押,当事人以该建设用地使用权不能抵押或者未办理批准手续为由主张抵押合同无效或者不生效的,人民法院不予支持。抵押权依法实现时,拍卖、变卖建筑物所得的价款,应当优先用于补缴建设用地使用权出让金。

当事人以划拨方式取得的建设用地使用权抵押,抵押人以未办理批准手续为由主张抵押合同无效或者不生效的,人民法院不予支持。已经依法办理抵押登记,抵押权人主张行使抵押权的,人民法院应予支持。抵押权依法实现时所得的价款,参照前款有关规定处理。③

以划拨方式取得土地使用权的,转让房地产时,应当按照国务院规定,报有批准权的人民政府审批。有批准权的人民政府准予转让的,应当由受让方办理土地使用权出让手续,并依照国家有关规定缴纳土地使用权出让金。以划拨方式取得土地使用权的,转让房地产报批时,有批准权的人民政府按照国务院规定决定可以不办理土地使用权出让手续的,转让方应当按照国务院规定将转让房地产所获收益中的土地收益上缴国家或者作其他处理。④

设定房地产抵押权的土地使用权是以划拨方式取得的,依法拍卖该房地产后,应

---

① 参见《城市房地产管理法》第二十三条
② 参见《城市房地产管理法》第二十四条
③ 参见《最高人民法院关于适用〈中华人民共和国民法典〉有关担保制度的解释》第五十条第二款。
④ 参见《城市房地产管理法》第四十条

当从拍卖所得的价款中缴纳相当于应缴纳的土地使用权出让金的款额后，抵押权人方可优先受偿。①

浙江省高级人民法院 处置国有划拨土地使用权需补缴的土地出让金，应当由被执行人依法负担。执行法院可在拍卖款中扣划后直接交付相关部门。执行法院不应在拍卖公告和特别提示中载明由买受人负担。②

最高人民法院案例 人民法院在拍卖办理了抵押登记的划拨土地后，关于土地出让金的承担主体，应该综合《城市房地产管理法》第四十条、第五十一条确定。如果将办理了抵押登记的划拨土地作为已经办理了出让手续的土地进行司法拍卖，买受人竞买所得的，应该也是已经办理了土地出让手续的土地，其所支付的价款中包含了土地出让金，人民法院应当从所得款中扣除土地出让金，将剩余部分扣除执行费等必要费用后支付给抵押权人。如果将办理了抵押登记的划拨土地作为尚未办理出让手续的划拨土地进行司法拍卖的，买受人竞买所得的，也应该是尚未办理出让手续的划拨土地，其所支付的价款中亦不包含土地出让金，人民法院可以将所得款扣除执行费等必要费用后直接支付给抵押权人。③

2. 关于房地分离不动产的处置

建设用地使用权转让、互换、出资或者赠与的，附着于该土地上的建筑物、构筑物及其附属设施一并处分。④ 建筑物、构筑物及其附属设施转让、互换、出资或者赠与的，该建筑物、构筑物及其附属设施占用范围内的建设用地使用权一并处分。⑤

建设用地使用权抵押后，该土地上新增的建筑物不属于抵押财产。该建设用地使用权实现抵押权时，应当将该土地上新增的建筑物与建设用地使用权一并处分。但是，新增建筑物所得的价款，抵押权人无权优先受偿。⑥

最高人民法院案例 建设用地使用权抵押后，案外人在该土地上新建了建筑物。根据《民法典》第四百一十七条关于建设用地使用权及地上建筑物在实现抵押权时应当"一体处分，分别受偿"之规定，案外人以新增建筑物不属于抵押财产为由主张排

---

① 参见《城市房地产管理法》第五十一条。
② 参见《浙江省高级人民法院执行局关于规范不动产网络司法拍卖、变卖工作指引》（浙高法执〔2020〕6号）第19条。
③ 参见周×、朱×娣等其他案由执行监督执行裁定书〔（2021）最高法执监398号〕。
④ 参见《民法典》第三百五十六条。
⑤ 参见《民法典》第三百五十七条。
⑥ 参见《民法典》第四百一十七条。

除对抵押建设用地使用权及新增建筑物的执行处分的，人民法院不予支持。但是，应当保障案外人依法参加执行分配程序，抵押权人对新增建筑物所得价款不享有优先受偿权。①

在变价处理土地使用权、房屋时，土地使用权、房屋所有权同时转移；土地使用权与房屋所有权归属不一致的，受让人继受原权利人的合法权利。②

查封地上建筑物的效力及于该地上建筑物使用范围内的土地使用权，查封土地使用权的效力及于地上建筑物，但土地使用权与地上建筑物的所有权分属被执行人与他人的除外。地上建筑物和土地使用权的登记机关不是同一机关的，应当分别办理查封登记。③

理解与适用 《九民纪要》第61条：根据《物权法》第182条之规定，仅以建筑物设定抵押的，抵押权的效力及于占用范围内的土地；仅以建设用地使用权抵押的，抵押权的效力亦及于其上的建筑物。在房地分别抵押，即建设用地使用权抵押给一个债权人，而其上的建筑物又抵押给另一个人的情况下，可能产生两个抵押权的冲突问题。基于"房地一体"规则，此时应当将建筑物和建设用地使用权视为同一财产，从而依照《物权法》第199条的规定确定清偿顺序：登记在先的先清偿；同时登记的，按照债权比例清偿。同一天登记的，视为同时登记。

最高人民法院案例 在执行过程中，应当对在建工程和土地使用权的价值分别确定，并由建设工程款优先受偿权人和抵押权人分别优先受偿。

即便房地分属不同权利人，在处置程序中，也应遵循一并处分的原则，以使受让人取得完整的土地使用权。但根据物权法第二百条规定，"房地一体"应当理解为针对处置环节，而不能将建筑物与土地使用权理解为同一财产。因此，虽然对房地产一并处分，但应当对权利人分别进行保护。根据《中华人民共和国合同法》第二百八十六条规定精神，建设工程的价款就该工程折价或者拍卖的价款优先受偿。建设工程的价款是施工人投入或者物化到建设工程中的价值体现，法律保护建设工程价款优先受偿权的主要目的是优先保护建设工程劳动者的工资及其他劳动报酬，维护劳动者的合法权益，而劳动者投入到建设工程中的价值及材料成本并未转化到该工程占用范围内

---

① 参见《常某、中国某银行股份有限公司兰州高新技术开发区支行等案外人执行异议之诉其他民事民事裁定书》[（2021）最高法民申3602号]。
② 参见《最高人民法院、国土资源部、建设部关于依法规范人民法院执行和国土资源房地产管理部门协助执行若干问题的通知》第二十三条。
③ 参见《最高人民法院关于人民法院民事执行中查封、扣押、冻结财产的规定》第二十一条。

的土地使用权中。因此，在对涉案房地产进行整体拍卖后，拍卖款应当由建设工程款优先受偿权人以及土地使用权抵押权人分别优先受偿。①

最高人民法院案例 对实践中产生的房产和土地使用权分别查封登记的问题，应当视为在整体价值之上成立了两个查封，以查封时间的先后顺序，来确定享有处分权的执行法院，并进行清偿。

在对属于同一权利人名下的地上建筑物与使用范围内的土地使用权进行控制、处置时，要将地上建筑物与使用范围内的建设用地使用权视为一个整体，一体控制一体处置，避免发生权利的冲突与摩擦，不利于建设用地使用权和地上建筑物的流通或转让，也不利于物的有序利用和社会秩序的稳定。因实践中产生的房产和土地使用权登记机关不同一的问题，故会出现对房产和土地使用权分别查封登记的情形，但此时应当将建筑物的所有权和建设用地使用权的价值作为一个整体看待，在整体价值之上成立了两个查封，以查封时间的先后顺序，来确定享有处分权的执行法院，并进行清偿。②

3. 关于未办理初始登记房屋的处置

人民法院可以查封、扣押、冻结被执行人占有的动产、登记在被执行人名下的不动产、特定动产及其他财产权。未登记的建筑物和土地使用权，依据土地使用权的审批文件和其他相关证据确定权属。③

执行程序中处置未办理初始登记的房屋时，具备初始登记条件的，执行法院处置后可以依法向房屋登记机构发出《协助执行通知书》；暂时不具备初始登记条件的，执行法院处置后可以向房屋登记机构发出《协助执行通知书》，并载明待房屋买受人或承受人完善相关手续具备初始登记条件后，由房屋登记机构按照《协助执行通知书》予以登记；不具备初始登记条件的，原则上进行"现状处置"，即处置前披露房屋不具备初始登记条件的现状，买受人或承受人按照房屋的权利现状取得房屋，后续的产权登记事项由买受人或承受人自行负责。④

执行法院向房屋登记机构发出《协助执行通知书》，房屋登记机构认为不具备初

---

① 参见某银行股份有限公司上海虹口支行、浙江宝某建设集团有限公司建设工程施工合同纠纷执行审查类执行裁定书［（2019）最高法执监470号］。
② 参见威海市某医院、天津某集团有限公司等借款合同纠纷执行复议执行裁定书［（2021）最高法执复61号］。
③ 参见《最高人民法院关于人民法院民事执行中查封、扣押、冻结财产的规定》第二条。
④ 参见《最高人民法院关于转发住房和城乡建设部〈关于无证房产依据协助执行文书办理产权登记有关问题的函〉的通知》第二条。

始登记条件并作出书面说明的,执行法院应在 30 日内依照法律和有关规定,参照行政规章,对其说明理由进行审查。理由成立的,撤销或变更《协助执行通知书》并书面通知房屋登记机构;理由不成立的,书面通知房屋登记机构限期按《协助执行通知书》办理。①

最高人民法院案例 根据本案争议发生时适用的《最高人民法院关于人民法院民事执行中查封、扣押、冻结财产的规定》(2004 年施行) 第十条的规定,"查封尚未进行权属登记的建筑物时,人民法院应当通知其管理人或者该建筑物的实际占有人,并在显著位置张贴公告"。本案中,根据查明的事实,开平区法院在对被执行人黄某红所有的未进行权属登记的涉案房产保全、执行过程中,并未按照上述法律规定张贴公告,未产生公示查封的效力。而在路北区法院另案执行的陈某申请执行黄某红一案中,该院已于 2017 年 4 月向登记机关送达了查封裁定及协助执行通知书,办理了查封登记。参照前述《最高人民法院关于人民法院民事执行中查封、扣押、冻结财产的规定》(2004 年施行) 第九条第二款的规定,未办理登记手续的查封,不得对抗其他已经办理了登记手续的查封行为。据此,开平区法院未产生公示效力的查封不能对抗路北区法院的登记查封效力。②

4. 关于非法构筑物的执行排除

(1) 拆除违法建筑

> **第 53 项请求权:申请责令限期拆除** 未取得建设工程规划许可证或者未按照建设工程规划许可证的规定进行建设的,由县级以上地方人民政府城乡规划主管部门责令停止建设;尚可采取改正措施消除对规划实施的影响的,限期改正,处建设工程造价百分之五以上百分之十以下的罚款;无法采取改正措施消除影响的,限期拆除,不能拆除的,没收实物或者违法收入,可以并处建设工程造价百分之十以下的罚款。③

在乡、村庄规划区内未依法取得乡村建设规划许可证或者未按照乡村建设规划许可证的规定进行建设的,由乡、镇人民政府责令停止建设、限期改正;逾期不改正

---

① 参见《最高人民法院关于转发住房和城乡建设部〈关于无证房产依据协助执行文书办理产权登记有关问题的函〉的通知》第二条。
② 参见顾某花、黄某红等借款合同纠纷执行监督执行裁定书【(2021)最高法执监 278 号】。
③ 参见《中华人民共和国城乡规划法》第六十四条。

的，可以拆除。①

建设单位或者个人有下列行为之一的，由所在地城市、县人民政府城乡规划主管部门责令限期拆除，可以并处临时建设工程造价一倍以下的罚款：（一）未经批准进行临时建设的；（二）未按照批准内容进行临时建设的；（三）临时建筑物、构筑物超过批准期限不拆除的。②

行政强制拆除 城乡规划主管部门作出责令停止建设或者限期拆除的决定后，当事人不停止建设或者逾期不拆除的，建设工程所在地县级以上地方人民政府可以责成有关部门采取查封施工现场、强制拆除等措施。③

对违法的建筑物、构筑物、设施等需要强制拆除的，应当由行政机关予以公告，限期当事人自行拆除。当事人在法定期限内不申请行政复议或者提起行政诉讼，又不拆除的，行政机关可以依法强制拆除。④

（2）按照现状处置

违法建筑是指违反《中华人民共和国土地管理法》《中华人民共和国城乡规划法》《村庄和集镇建设管理条例》等相关法律法规的规定，在城乡规划区内，未取得建设工程规划许可证或者违反建设工程许可证的规定建设，严重影响城乡规划的建筑。违法建筑因违反了法律的禁止性规定，原则上不能依法进行产权登记。根据最高人民法院关于转发住房和城乡建设部《关于无证房产依据协助执行文书办理产权登记有关问题的函》的通知，"不具备初始登记条件的，原则上进行'现状处置'，即处置前披露房屋不具备初始登记条件的现状，买受人或承受人按照房屋的权利现状取得房屋，后续的产权登记事项由买受人或承受人自行负责"。⑤

最高人民法院案例 违法建筑即使未办理相关审批手续，不能进行确权，但仍存在有经济价值和使用价值，可视为被执行人具有使用价值的可供执行财产。执行中可对其采取查封等强制执行措施，可以进行"现状处置"。

根据《中华人民共和国城乡规划法》第六十四条的规定，对违法建筑的法定处理机关为县级以上地方人民政府规划主管部门；处理方式包括，停止建设、限期改正并

---

① 参见《中华人民共和国城乡规划法》第六十五条。
② 参见《中华人民共和国城乡规划法》第六十六条。
③ 参见《中华人民共和国城乡规划法》第六十八条。
④ 参见《中华人民共和国行政强制法》第四十四条。
⑤ 参见《最高人民法院关于转发住房和城乡建设部〈关于无证房产依据协助执行文书办理产权登记有关问题的函〉的通知》第二条。

处罚款、限期拆除、没收实物或违法收入等。而在违法建筑被相关部门行使公权力拆除或自行拆除前，违法建筑仍具有一定的使用价值。被执行人某龙公司对世界某龙大厦第32、33层建筑虽不享有所有权，但其长期占有、使用并以租赁等方式取得收益，上述建筑应视为被执行人某龙公司的具有使用价值的可供执行财产。《最高人民法院转发住建部关于无证房产执行问题的通知》（以下简称通知）第二条明确"执行程序中处置未办理初始登记的房屋时……不具备初始登记条件的，原则上进行'现状处置'，即处置前披露房屋不具备初始登记条件的现状，买受人或承受人按照房屋的权利现状取得房屋，后续的产权登记事项由买受人或承受人自行负责"。世界某龙大厦第32、33层即通知中所称"不具备初始登记条件"的建筑，南平中院按建筑物现状进行处置符合通知要求。①

四、关于公司股权的执行

> **第54项请求权：申请公司重大行为报告情况**　人民法院冻结被执行人的股权，可以向股权所在公司送达协助执行通知书，要求其在实施增资、减资、合并、分立等对被冻结股权所占比例、股权价值产生重大影响的行为前向人民法院书面报告有关情况。人民法院收到报告后，应当及时通知申请执行人，但是涉及国家秘密、商业秘密的除外。股权所在公司未向人民法院报告即实施前款规定行为的，依照民事诉讼法第一百一十四条的规定处理。股权所在公司或者公司董事、高级管理人员故意通过增资、减资、合并、分立、转让重大资产、对外提供担保等行为导致被冻结股权价值严重贬损，影响申请执行人债权实现的，申请执行人可以依法提起诉讼。②
>
> **第55项请求权：申请冻结股息、红利等收益**　人民法院冻结被执行人基于股权享有的股息、红利等收益，应当向股权所在公司送达裁定书，并要求其在该收益到期时通知人民法院。人民法院对到期的股息、红利等收益，可以书面通知股权所在公司向申请执行人或者人民法院履行。股息、红利等收益被冻结后，股权所在公司

---

① 参见中建某建设发展有限公司（原中国建筑第某工程局第三建筑公司）与福建某龙地产有限公司建设工程施工合同纠纷执行裁定书［（2016）最高法执监161号］。
② 参见《最高人民法院关于人民法院强制执行股权若干问题的规定》第八条。

擅自向被执行人支付或者变相支付的，不影响人民法院要求股权所在公司支付该收益。①

第 56 项请求权：申请自行变价被冻结股权 被执行人申请自行变价被冻结股权，经申请执行人及其他已知执行债权人同意或者变价款足以清偿执行债务的，人民法院可以准许，但是应当在能够控制变价款的情况下监督其在指定期限内完成，最长不超过三个月。②

第 57 项请求权：申请对股权所在公司进行审计 拍卖被执行人的股权，人民法院应当依照《最高人民法院关于人民法院确定财产处置参考价若干问题的规定》规定的程序确定股权处置参考价，并参照参考价确定起拍价。确定参考价需要相关材料的，人民法院可以向公司登记机关、税务机关等部门调取，也可以责令被执行人、股权所在公司以及控制相关材料的其他主体提供；拒不提供的，可以强制提取，并可以依照民事诉讼法第一百一十一条、第一百一十四条的规定处理。为确定股权处置参考价，经当事人书面申请，人民法院可以委托审计机构对股权所在公司进行审计。③

第 58 项请求权：申请"无底价拍卖"公司股权 委托评估被执行人的股权，评估机构因缺少评估所需完整材料无法进行评估或者认为影响评估结果，被执行人未能提供且人民法院无法调取补充材料的，人民法院应当通知评估机构根据现有材料进行评估，并告知当事人因缺乏材料可能产生的不利后果。评估机构根据现有材料无法出具评估报告的，经申请执行人书面申请，人民法院可以根据具体情况以适当高于执行费用的金额确定起拍价，但是股权所在公司经营严重异常、股权明显没有价值的除外。④

被执行人、利害关系人以具有下列情形之一为由请求不得强制拍卖股权的，人民法院不予支持：（一）被执行人未依法履行或者未依法全面履行出资义务；（二）被执行人认缴的出资未届履行期限；（三）法律、行政法规、部门规章等对该股权自行转让有限制；（四）公司章程、股东协议等对该股权自行转让有限制。人民法院对具有前款

---

① 参见《最高人民法院关于人民法院强制执行股权若干问题的规定》第九条。
② 参见《最高人民法院关于人民法院强制执行股权若干问题的规定》第十条。
③ 参见《最高人民法院关于人民法院强制执行股权若干问题的规定》第十一条。
④ 参见《最高人民法院关于人民法院强制执行股权若干问题的规定》第十二条第一款、第二款。

第一、二项情形的股权进行拍卖时,应当在拍卖公告中载明被执行人认缴出资额、实缴出资额、出资期限等信息。股权处置后,相关主体依照有关规定履行出资义务。①

最高人民法院案例 保全标的物为有限责任公司的股权,影响有限责任公司股权价值的因素不仅包括公司的实物资产净值、投资情况、负债情况,还包括公司享有的知识产权价值等无形资产以及市场对于公司经营前景、团队运营等管理层面的认可度等,而公司注册资本的实缴金额仅是其中的一个方面,不能仅以此认定股权的实际价值。②

北京市高级人民法院座谈会纪要

1."股权、股份价值评估难""股权、股份没有价值""股权、股份价值评估为负值",不构成不推进处置工作的理由。

股权、股份需要委托评估的,责令被执行人提供评估需要的相关资料;被执行人有能力提供而拒不提供的,对其采取罚款、拘留措施。也可以责令目标公司提供评估需要的相关资料;目标公司有能力提供而拒不提供的,对其采取罚款措施,对其主要负责人或者直接责任人员采取罚款、拘留措施。还可以对目标公司的财务室、办公室等进行搜查,强制提取评估需要的相关资料。仍无法获得评估所需资料的,可以到工商机关、税务机关等部门提取资产负债表、损益表、净资产表等资料,由评估机构出具咨询报告或者咨询意见,咨询价格可以作为确定起拍价的参考价格。

股权、股份的评估价值为零或负的,按照《最高人民法院关于人民法院民事执行中拍卖、变卖财产的规定》第九条的规定办理。申请执行人要求继续拍卖的,确定的拍卖保留价不得低于评估费用及强制执行费用的总额。

2. 对股份有限公司的股份进行处置,不受《中华人民共和国公司法》第一百四十一条所规定的转让期限、转让比例的限制。③

五、关于上市公司股票的执行

人民法院冻结质押股票时,在协助执行通知书中应当明确案件债权额及执行费

---

① 参见《最高人民法院关于人民法院强制执行股权若干问题的规定》第十四条。
② 参见万某、顾某合同纠纷、合同纠纷执行监督执行裁定书〔(2021)最高法执监451号〕。
③ 参见《北京市法院执行局局长座谈会(第十次会议)纪要——关于强制执行中财产处置若干问题的意见》第四条。

用，证券账户持有人名称（姓名）、账户号码、冻结股票的名称、证券代码，需要冻结的数量、冻结期限等信息。前款规定的需要冻结的股票数量，以案件债权额及执行费用总额除以每股股票的价值计算。每股股票的价值以冻结前一交易日收盘价为基准，结合股票市场行情，一般在不超过20%的幅度内合理确定。①

证券登记结算机构或者证券公司受理人民法院的协助冻结要求后，应当在系统中对质押股票进行标记，标记的期限与冻结的期限一致。其他人民法院或者其他国家机关要求对已被标记的质押股票进行冻结的，证券登记结算机构或者证券公司按轮候冻结依次办理。②

第 59 项请求权：申请以集中竞价、大宗交易、协议转让方式变价股票 质押股票在系统中被标记后，质权人持有证明其质押债权存在、实现质押债权条件成就等材料，向人民法院申请以证券交易所集中竞价、大宗交易方式在质押债权范围内变价股票的，应当准许,但是法律、司法解释等另有规定的除外。人民法院将债务人在证券公司开立的资金账户在质押债权、案件债权额及执行费用总额范围内进行冻结后，应当及时书面通知证券登记结算机构或者证券公司在系统中将相应质押股票调整为可售状态。质权人申请通过协议转让方式变价股票的，人民法院经审查认为不损害案件当事人利益、国家利益、社会公共利益且在能够控制相应价款的前提下，可以准许。质权人依照前两款规定自行变价股票的，应当遵守证券交易、登记结算相关业务规则。③

在执行程序中，人民法院可以对在系统中被标记的质押股票采取强制变价措施。④

在系统中被标记的任意一部分质押股票解除质押的，协助冻结的证券登记结算机构或者证券公司应当将该部分股票调整为冻结状态，并及时通知人民法院。冻结股票的数量达到人民法院要求冻结的数量后，证券登记结算机构或者证券公司应当及时通知人民法院。人民法院经审查认为冻结的股票足以实现案件债权及执行费用的，应当

---

① 参见《最高人民法院、最高人民检察院、公安部、中国证券监督管理委员会关于进一步规范人民法院冻结上市公司质押股票工作的意见》第二条。
② 参见《最高人民法院、最高人民检察院、公安部、中国证券监督管理委员会关于进一步规范人民法院冻结上市公司质押股票工作的意见》第三条。
③ 参见《最高人民法院、最高人民检察院、公安部、中国证券监督管理委员会关于进一步规范人民法院冻结上市公司质押股票工作的意见》第六条。
④ 参见《最高人民法院、最高人民检察院、公安部、中国证券监督管理委员会关于进一步规范人民法院冻结上市公司质押股票工作的意见》第八条。

书面通知证券登记结算机构或者证券公司解除对其他股票的标记和冻结。①

关于善意文明执行股票冻结的规定　为维护资本市场稳定，依法保障债权人合法权益和债务人投资权益，人民法院在冻结债务人在上市公司的股票时，应当依照下列规定严格执行：

（1）严禁超标的冻结。冻结上市公司股票，应当以其价值足以清偿生效法律文书确定的债权额为限。股票价值应当以冻结前一交易日收盘价为基准，结合股票市场行情，一般在不超过20%的幅度内合理确定。股票冻结后，其价值发生重大变化的，经当事人申请，人民法院可以追加冻结或者解除部分冻结。

（2）可售性冻结。保全冻结上市公司股票后，被保全人申请将冻结措施变更为可售性冻结的，应当准许，但应当提前将被保全人在证券公司的资金账户在明确具体的数额范围内予以冻结。在执行过程中，被执行人申请通过二级市场交易方式自行变卖股票清偿债务的，人民法院可以按照前述规定办理，但应当要求其在10个交易日内变卖完毕。特殊情形下，可以适当延长。

（3）已质押股票的冻结。上市公司股票存在质押且质权人非本案保全申请人或申请执行人，目前，人民法院在采取冻结措施时，由于需要计入股票上存在的质押债权且该债权额往往难以准确计算，尤其是当股票存在多笔质押时还需指定对哪一笔质押股票进行冻结，为保障普通债权人合法权益，人民法院一般会对质押股票进行全部冻结，这既存在超标的冻结的风险，也会对质押债权人自行实现债权造成影响，不符合执行经济原则。

最高人民法院经与中国证券监督管理委员会沟通协调，由中国证券登记结算有限公司（以下简称中国结算公司）对现有冻结系统进行改造，确立了质押股票新型冻结方式，并在系统改造完成后正式实施。具体内容如下：

第一，债务人持有的上市公司股票存在质押且质权人非本案保全申请人或申请执行人，人民法院对质押股票冻结时，应当依照7（1）规定的计算方法冻结相应数量的股票，无需将质押债权额计算在内。冻结质押股票时，人民法院应当提前冻结债务人在证券公司的资金账户，并明确具体的冻结数额，不得对资金账户进行整体冻结。

第二，股票冻结后，不影响质权人变价股票实现其债权。质权人解除任何一部分

---

① 参见《最高人民法院、最高人民检察院、公安部、中国证券监督管理委员会关于进一步规范人民法院冻结上市公司质押股票工作的意见》第九条。

股票质押的，冻结效力在冻结股票数量范围内对解除质押部分的股票自动生效。质权人变价股票实现其债权后变价款有剩余的，冻结效力在本案债权额范围内对剩余变价款自动生效。

第三，在执行程序中，为实现本案债权，人民法院可以在质押债权和本案债权额范围内对相应数量的股票采取强制变价措施，并在优先实现质押债权后清偿本案债务。

第四，两个以上国家机关冻结同一质押股票的，按照在证券公司或中国结算公司办理股票冻结手续的先后确定冻结顺位，依次满足各国家机关的冻结需求。两个以上国家机关在同一交易日分别在证券公司、中国结算公司冻结同一质押股票的，在先在证券公司办理股票冻结手续的为在先冻结。

第五，人民法院与其他国家机关就冻结质押股票产生争议的，由最高人民法院主动与最高人民检察院、公安部等部门依法协调解决。争议协调解决期间，证券公司或中国结算公司控制产生争议的相关股票，不协助任何一方执行。争议协调解决完成，证券公司或中国结算公司按照争议机关协商的最终结论处理。

第六，系统改造完成前已经完成的冻结不适用前述规定。案件保全申请人或申请执行人为质权人的，冻结措施不适用前述规定。①

六、关于船舶执行的特别规定

执行管辖 当事人申请执行海事仲裁裁决，申请承认和执行外国法院判决、裁定以及国外海事仲裁裁决的，向被执行的财产所在地或者被执行人住所地海事法院提出。被执行的财产所在地或者被执行人住所地没有海事法院的，向被执行的财产所在地或者被执行人住所地的中级人民法院提出。②

> **第 60 项请求权：申请扣押当事船舶** 有下列情形之一的，海事法院可以扣押当事船舶：（一）船舶所有人对海事请求负有责任，并且在实施扣押时是该船的所有人；（二）船舶的光船承租人对海事请求负有责任，并且在实施扣押时是该船的光船承租人或者所有人；（三）具有船舶抵押权或者同样性质的权利的海事请求；

---

① 参见《最高人民法院关于在执行工作中进一步强化善意文明执行理念的意见》第 7 条。
② 参见《海事诉讼特别程序法》第十一条。

> （四）有关船舶所有权或者占有的海事请求；（五）具有船舶优先权的海事请求。海事法院可以扣押对海事请求负有责任的船舶所有人、光船承租人、定期租船人或者航次租船人在实施扣押时所有的其他船舶，但与船舶所有权或者占有有关的请求除外。从事军事、政府公务的船舶不得被扣押。① 海事请求保全扣押船舶的期限为三十日。海事请求人在三十日内提起诉讼或者申请仲裁以及在诉讼或者仲裁过程中申请扣押船舶的，扣押船舶不受前款规定期限的限制。② 船舶扣押期间届满，被请求人不提供担保，而且船舶不宜继续扣押的，海事请求人可以在提起诉讼或者申请仲裁后，向扣押船舶的海事法院申请拍卖船舶。③
>
> 　　第61项请求权：**申请扣押船载货物、拍卖货物**　　海事请求人为保障其海事请求的实现，可以申请扣押船载货物。申请扣押的船载货物，应当属于被请求人所有。④ 海事请求保全扣押船载货物的期限为十五日。海事请求人在十五日内提起诉讼或者申请仲裁以及在诉讼或者仲裁过程中申请扣押船载货物的，扣押船载货物不受前款规定期限的限制。⑤ 船载货物扣押期间届满，被请求人不提供担保，而且货物不宜继续扣押的，海事请求人可以在提起诉讼或者申请仲裁后，向扣押船载货物的海事法院申请拍卖货物。对无法保管、不易保管或者保管费用可能超过其价值的物品，海事请求人可以申请提前拍卖。
>
> 　　第62项请求权：**申请海事强制令**　　海事强制令是指海事法院根据海事请求人的申请，为使其合法权益免受侵害，责令被请求人作为或者不作为的强制措施。⑥ 当事人在起诉前申请海事强制令，应当向海事纠纷发生地海事法院提出。⑦ 海事强制令不受当事人之间关于该海事请求的诉讼管辖协议或者仲裁协议的约束。⑧

　　海事请求人申请海事强制令，应当向海事法院提交书面申请。申请书应当载明申请理由，并附有关证据。⑨ 海事法院接受申请后，应当在四十八小时内作出裁定。裁

---

① 参见《海事诉讼特别程序法》第二十三条。
② 参见《海事诉讼特别程序法》第二十八条。
③ 参见《海事诉讼特别程序法》第二十九条。
④ 参见《海事诉讼特别程序法》第四十四条。
⑤ 参见《海事诉讼特别程序法》第四十六条。
⑥ 参见《海事诉讼特别程序法》第五十一条。
⑦ 参见《海事诉讼特别程序法》第五十二条。
⑧ 参见《海事诉讼特别程序法》第五十三条。
⑨ 参见《海事诉讼特别程序法》第五十四条。

定作出海事强制令的，应当立即执行；对不符合海事强制令条件的，裁定驳回其申请。①

> **第63项请求权：申请设立海事赔偿责任限制基金**　船舶所有人、承租人、经营人、救助人、保险人在发生海事事故后，依法申请责任限制的，可以向海事法院申请设立海事赔偿责任限制基金。船舶造成油污损害的，船舶所有人及其责任保险人或者提供财务保证的其他人为取得法律规定的责任限制的权利，应当向海事法院设立油污损害的海事赔偿责任限制基金。设立责任限制基金的申请可以在起诉前或者诉讼中提出，但最迟应当在一审判决作出前提出。②

执行案款分配顺序　海事法院拍卖、变卖船舶所得价款及其利息，先行拨付海事诉讼特别程序法第一百一十九条第二款规定的费用后，依法按照下列顺序进行分配：（一）具有船舶优先权的海事请求；③（二）由船舶留置权担保的海事请求；（三）由船舶抵押权担保的海事请求；（四）与被拍卖、变卖船舶有关的其他海事请求。依据海事诉讼特别程序法第二十三条第二款的规定申请扣押船舶的海事请求人申请拍卖船舶的，在前款规定海事请求清偿后，参与船舶价款的分配。依照前款规定分配后的余款，按照民事诉讼法及相关司法解释的规定执行。④

七、关于执行特定物灭失或毁损的处理

执行标的物为特定物的，应当执行原物。原物已经毁损或者灭失的，经双方当事人同意，可以折价赔偿。双方对折价赔偿不能协商一致的，按照下列方法处理：

（1）原物毁损或者灭失发生在最后一次法庭辩论结束前的，执行机构应当告知当

---

① 参见《海事诉讼特别程序法》第五十七条。
② 参见《海事诉讼特别程序法》第一百零一条。
③ 《海商法》第二十二条规定，下列各项海事请求具有船舶优先权：（一）船长、船员和在船上工作的其他在编人员根据劳动法律、行政法规或者劳动合同所产生的工资、其他劳动报酬、船员遣返费用和社会保险费用的给付请求；（二）在船舶营运中发生的人身伤亡的赔偿请求；（三）船舶吨税、引航费、港务费和其他港口规费的缴付请求；（四）海难救助的救助款项的给付请求；（五）船舶在营运中因侵权行为产生的财产赔偿请求。载运2000吨以上的散装货油的船舶，持有有效的证书，证明已经进行油污损害民事责任保险或者具有相应的财务保证的，对其造成的油污损害的赔偿请求，不属于前款第（五）项规定的范围。
④ 参见《最高人民法院关于扣押与拍卖船舶适用法律若干问题的规定》第二十二条。

事人可通过审判监督程序救济；

（2）原物毁损或者灭失发生在最后一次法庭辩论结束后的，执行机构应当终结执行程序并告知申请执行人可另行起诉。

无法确定原物在最后一次法庭辩论结束前还是结束后毁损或者灭失的，按照前款第二项规定处理。①

八、关于第三人到期债权的执行

> **第64项请求权：申请第三人不得对债务人清偿** 债务人的财产不能满足保全请求，但对他人有到期债权的，人民法院可以依债权人的申请裁定该他人不得对本案债务人清偿。该他人要求偿付的，由人民法院提存财物或者价款。②

人民法院执行被执行人对他人的到期债权，可以作出冻结债权的裁定，并通知该他人向申请执行人履行。该他人对到期债权有异议，申请执行人请求对异议部分强制执行的，人民法院不予支持。利害关系人对到期债权有异议的，人民法院应当按照民事诉讼法第二百三十四条规定处理。对生效法律文书确定的到期债权，该他人予以否认的，人民法院不予支持。③

最高人民法院案例 被执行人与第三人之间系承揽合同关系，第三人可能对被执行人有到期债务，但并不符合上述规定的"收入"，亦不存在被执行人从有关企业中应得的"股息"或"红利"等收益。对于到期债权的执行，《民事诉讼法》及相关司法解释中有专门条款。若认为被执行人在申诉人处有到期债权，执行法院可依据有关执行到期债权的条款规定采取执行措施。执行法院依据《民事诉讼法》第254条的规定对第三人采取的执行措施于法无据，应予撤销。④

> **第65项请求权：申请向第三人发出履行到期债务通知** 被执行人不能清偿债务，但本案以外的第三人享有到期债权的，人民法院可以依申请执行人或被执行

---

① 参见《最高人民法院关于人民法院立案、审判与执行工作协调运行的意见》第14条。
② 参见《最高人民法院关于适用〈中华人民共和国民事诉讼法〉的解释》第一百五十九条。
③ 参见《最高人民法院关于适用〈中华人民共和国民事诉讼法〉的解释》第四百九十九条。
④ 参见《曹妃甸区海某建筑器材租赁站、河北建某建设工程有限公司建设工程施工合同纠纷执行审查类执行裁定书》[（2020）最高法执监28号]。

人的申请，向第三人发出履行到期债务的通知（以下简称履行通知）。履行通知必须直接送达第三人。履行通知应当包含下列内容：（1）第三人直接向申请执行人履行其对被执行人所负的债务，不得向被执行人清偿；（2）第三人应当在收到履行通知后的十五日内向申请执行人履行债务；（3）第三人对履行到期债权有异议的，应当在收到履行通知后的十五日内向执行法院提出；（4）第三人违背上述义务的法律后果。①

第 66 项请求权：第三人申请债务履行异议　第三人对履行通知的异议一般应当以书面形式提出，口头提出的，执行人员应记入笔录，并由第三人签字或盖章。② 第三人在履行通知指定的期间内提出异议的，人民法院不得对第三人强制执行，对提出的异议不进行审查。③ 第三人提出自己无履行能力或其与申请执行人无直接法律关系，不属于本规定所指的异议。第三人对债务部分承认、部分有异议的，可以对其承认的部分强制执行。④ 第三人在履行通知指定的期限内没有提出异议，而又不履行的，执行法院有权裁定对其强制执行。此裁定同时送达第三人和被执行人。⑤

最高人民法院案例　人民法院对被执行人对第三人享有的到期债权采取执行措施时，应向第三人发出履行到期债务的通知告知其相应的权利及义务，除经生效法律文书确定的到期债权，如该第三人在规定的异议期间内对该到期债权履行提出异议的，执行法院对其提出的异议不进行审查，亦不得继续执行该债权。执行法院应当严格依照上述法律及司法解释规定采取执行措施，以保障第三人的合法权益。⑥

最高人民法院第二巡回法庭法官会议纪要　次债务人对到期债权执行提出的异议被驳回后，能否提起执行异议之诉？

在到期债权执行场合，执行法院往往会向次债务人发送履行通知，依据《执行工作规定（试行）》的相关规定，履行通知往往会指定 15 天的履行或异议期限，次债务

---

① 参见《最高人民法院关于人民法院执行工作若干问题的规定（试行）》第 45 条。
② 参见《最高人民法院关于人民法院执行工作若干问题的规定（试行）》第 46 条。
③ 参见《最高人民法院关于人民法院执行工作若干问题的规定（试行）》第 47 条。
④ 参见《最高人民法院关于人民法院执行工作若干问题的规定（试行）》第 48 条。
⑤ 参见《最高人民法院关于人民法院执行工作若干问题的规定（试行）》第 49 条。
⑥ 参见《鄂尔多斯市轩某商贸有限责任公司、五原县宏某环保热电有限责任公司等与企业有关的纠纷执行监督执行裁定书》[（2021）最高法执监 322 号]。

人在履行通知指定的期限内没有提出异议又不履行的，执行法院有权裁定对其强制执行。尽管该裁定性质上属于执行依据，但与生效裁判等执行依据不同，裁定本身并未对债务人与次债务人的权利义务关系进行实体判断，且次债务人也不是以自身对到期债权享有所有权、担保物权等民事权益而提出排除执行，故次债务人的异议只能通过执行复议等执行监督程序救济。①

被执行人收到人民法院履行通知后，放弃其对第三人的债权或延缓第三人履行期限的行为无效，人民法院仍可在第三人无异议又不履行的情况下予以强制执行。② 第三人收到人民法院要求其履行到期债务的通知后，擅自向被执行人履行，造成已向被执行人履行的财产不能追回的，除在已履行的财产范围内与被执行人承担连带清偿责任外，可以追究其妨害执行的责任。③

最高人民法院案例 "第三人在履行通知指定的期间内提出异议的，人民法院不得对第三人强制执行，对提出的异议不进行审查。"该条规定中的第三人异议，是指第三人对其与被执行人之间是否存在到期债权、债权给付条件是否成就以及到期债权的具体数额等有异议。本案中，第三人提出异议的主要理由并不否认到期租金及租金数额，而是认为其与被执行人有其他借款纠纷，主张已经通过抵销的方式导致租金债权消灭。第三人与被执行人发生借款的事实发生在执行法院冻结被执行人对第三人的租金债权之后，第三人以此为由主张租金债权消灭，其实质是通过抵销的方式向被执行人清偿了债权，违反了协助执行通知书的要求，应当在已履行的财产范围内与被执行人承担连带清偿责任。原审法院认为应对第三人所提异议不予审查并停止执行被执行人对第三人的到期债权，缺乏法律依据。④

在对第三人作出强制执行裁定后，第三人确无财产可供执行的，不得就第三人对他人享有的到期债权强制执行。⑤ 第三人按照人民法院履行通知向申请执行人履行了债务或已被强制执行后，人民法院应当出具有关证明。⑥

---

① 参见《关于到期债权的执行》（最高人民法院第二巡回法庭2021年第20次法官会议纪要），载《最高人民法院第二巡回法庭法官会议纪要（第三辑）》，贺小荣主编，人民法院出版社2022年版，第2-3页。
② 参见《最高人民法院关于人民法院执行工作若干问题的规定（试行）》第50条。
③ 参见《最高人民法院关于人民法院执行工作若干问题的规定（试行）》第51条。
④ 参见《漯河市利某运输有限公司、漯河市源汇区源某皮革制品厂等借款合同纠纷执行监督执行裁定书》[（2022）最高法执监61号]。
⑤ 参见《最高人民法院关于人民法院执行工作若干问题的规定（试行）》第52条。
⑥ 参见《最高人民法院关于人民法院执行工作若干问题的规定（试行）》第53条。

保全未到期债权 对被执行人的未到期债权，执行法院可以依法冻结，待债权到期后参照到期债权予以执行。第三人仅以该债务未到期为由提出异议的，不影响对该债权的保全。①

> **第 67 项请求权：申请代位权诉讼** 因债务人怠于行使其债权或者与该债权有关的从权利，影响债权人的到期债权实现的，债权人可以向人民法院请求以自己的名义代位行使债务人对相对人的权利，但是该权利专属于债务人自身的除外。代位权的行使范围以债权人的到期债权为限。债权人行使代位权的必要费用，由债务人负担。相对人对债务人的抗辩，可以向债权人主张。②

江苏省高级人民法院 案外人以其对查封、冻结或者强制执行的被执行人的应收账款（到期债权）享有质权为由，提出执行异议，请求解除查封、冻结或不得强制执行的，应适用《民事诉讼法》第二百三十四条规定进行审查。因此提起执行异议之诉，且同时具有下列情形的，应判决不得执行该应收账款债权：

（1）案外人与被执行人订立了书面的质押合同；

（2）该质押合同签订于案涉债权被查封或冻结之前；

（3）案外人与被执行人订立质押登记协议并在中国人民银行征信中心办理质押登记；

（4）案涉债权与登记的应收账款具有同一性；

（5）案外人与被执行人不存在恶意逃债以及规避执行情形。③

专题十 关于执行过程中抵押权人收取租金的实务问题

租金是基于抵押物使用权而产生的收益，属于法定孳息。根据《民法典》第四百一十二条规定："债务人不履行到期债务或者发生当事人约定的实现抵押权的情形，致使抵押财产被人民法院依法扣押的，自扣押之日起，抵押权人有权收取该抵押财产的天然孳息或者法定孳息，但是抵押权人未通知应当清偿法定孳息义务人的除外。"不动产的价值主要体现在租金收益上，但抵押权人在适用上述条款执行租金时，在实践中仍存在一些争议问题，有必要予以厘清。

---

① 参见《最高人民法院关于依法制裁规避执行行为的若干意见》第13条。
② 参见《民法典》第五百三十五条。
③ 参见江苏省高级人民法院制订的《执行异议及执行异议之诉案件办理工作指引（三）》第7条。

一、关于债权人执行租金的性质分析

《民法典》第三百二十一条规定,"法定孳息,当事人有约定的,按照约定取得;没有约定或者约定不明确的,按照交易习惯取得"。抵押人在将其财产对外出租后,基于租赁协议享有向承租人收取租金的权利,即有权收取抵押物的法定孳息。在抵押人存在多个债权人时,优先债权人(抵押权人)、普通债权人均向承租人主张对租金的债权,对租金的支付顺序应当如何安排?有必要从权利来源进行说明。

(一)普通债权人执行承租人租金的权利源于债权。承租人是抵押人的债务人,但不是普通债权人的债务人,普通债权人只能依据执行第三方债权的规定,向承租人主张权利。执行法院的标准动作是向承租人发送冻结裁定和履行到期债权通知,如承租人对抵押人的债权提出异议,则执行法院对该异议不进行审查,中止执行。此时,普通债权人只能提起代位诉讼,向承租人主张权利,在诉讼程序对承租人的异议进行实体审查,进而判断是否支持普通债权人的代位求偿权。即使法院支持普通债权人对承租人的代位债权,这种债权依据属于普通债权的范畴。

(二)抵押权人主张执行承租人租金的权利源于物权。抵押权人是对抵押物享有担保物权的优先债权人,有权以抵押物的拍卖价款优先清偿债权。抵押权人向承租人主张租金,依据的是《民法典》第四百一十二条的规定,即从抵押物被扣押之日起有权收取抵押物的租金。应该说,抵押权人对租金的收取是一项法定权利,承租人没有异议的权利,自抵押权人通知承租人之日起,承租人就有义务将租金交付抵押权人。法院采取查封、扣押措施的效力及于租金,这种权利源于抵押权人的担保物权。

因此,根据物权优先于债权的法律原则,抵押权人向承租人收取租金的权利优先于普通债权人对承租人的代位求偿权。

二、抵押权人对采取查封、扣押后的租金享有优先受偿权

《民法典》第四百一十二条规定抵押权人有权自"扣押"之日起收取孳息,而"扣押"通常适用于动产,对不动产应采取"查封"措施,但"扣押""查封"属于同种性质的限制处分措施。实践中,有些地方法院机械地认为收取孳息的权利仅限于"扣押"措施,即抵押权人有权收取"扣押"动产的孳息,无权收取"查封"不动产的孳息。但是,最高人民法院在(2019)最高法执复79号、(2021)最高法执复71号等案例(包括本文引用的所有案例)中均明确对"扣押"措施应作扩张性解释,包括查封、扣押、冻结措施。抵押权人自法院采取查封之日起,有权收取抵押物的租金。

从抵押权效力及于孳息的立法目的看,抵押权系非占有性担保物权,抵押人有权

继续行使对抵押物的占有、使用和收益的权利，抵押物产生的孳息归抵押人所有。但当法院通过查封、扣押对抵押财产施加公权力之后，抵押人收取孳息的权利即被剥夺，抵押权人有权向承租人直接收取租金，承租人亦有配合的义务。在（2020）最高法民申 2989 号一案中，最高院从查封效力的角度说明，在抵押财产被扣押后，抵押权人的权益通过执法机关代为占有的方式得以实现。基于此，抵押财产被扣押后的孳息理应归属于抵押权人。在（2019）最高法执监 479 号一案中，最高院从交换价值的角度分析，抵押权的本质是以抵押物的交换价值保证抵押债权的实现，在法院查封该财产后，租金作为抵押物交换价值的一部分，应当算入抵押权优先受偿的范围。

抵押权人对抵押物的法定孳息享有优先受偿的权利，属于一种对世的权利，抵押物的法定孳息因另案普通金钱债权被其他法院查封，不影响抵押权人收取法定孳息的权利。在（2019）最高法执监 479 号一案中，最高院明确："有权收取"系指债权人对法定孳息享有管理权而非处分权。抵押权人享有孳息收取权，并不影响孳息所有权的归属，该孳息仍属抵押人所有。无论何方债权人取得该孳息，均不能获得直接受到清偿的法律效力。无论抵押物被哪个债权的执行法院扣押，均不影响抵押权人优先受偿权。

当然，自该扣押之日起才收取孳息，必须是因抵押权人扣押之日，而非其他债权人扣押之日。在（2023）最高法民申 692 号一案中，最高院明确：其他债权人申请查封案涉房产时，抵押权人尚未行使抵押权，其他债权人申请查封案涉房产的效果在于限制抵押人对于抵押物的处分，并不能产生抵押权人启动抵押权实现程序的法律效果。只有抵押权人因其自身债权而对案涉房产查封之日起，才有权收取案涉房产租金。

三、抵押权人未履行通知义务，不能对抗善意的清偿义务人。

《民法典》第四百一十二条的"但书"部分应如何理解，抵押权人未通知清偿义务人时，优先权效力如何对抵押权人至关重要。根据法条原文理解来看，抵押权人有权收取租金属于法定权利，同时抵押人也有权向承租人收取租金，但这两种权利存在冲突，在抵押权人通知承租人时，抵押权人的优先权对承租人生效，即抵押权人的债权优先于抵押人的债权受偿。在（2020）最高法民申 2989 号一案中，最高院明确：抵押财产的孳息，通常涉及清偿法定孳息义务人的权益，赋予抵押权人的通知义务，有利于防止债务人的错误给付，也有利于维护抵押权人的权益。但抵押权人是否履行通知义务，并不对抵押权效力是否及于孳息产生影响，也即如抵押权人未履行通知义务，则清偿义务人因不知财产被抵押的情形将法定孳息支付给抵押人，其法律后果仍产生清偿的效力，抵押权人不得主张清偿无效，亦不得对抗善意的清偿义务人。因此，对法定孳息清偿义务人的通知，并非抵押权效力及于法定孳息的生效要件，而系对抗要件。

四、抵押物存在租金质权时，质权人与抵押权人权利顺序判断

根据《民法典》第四百一十五条的规定，"同一财产既设立抵押权又设立质权的，拍卖、变卖该财产所得的价款按照登记、交付的时间先后确定清偿顺序"。在抵押物的租金存在质权时，应对质权成立时间和抵押物查封时间进行比较，判断权利先后顺序。

最高人民法院案例 根据已查明的本案事实，2016年1月26日，天津银行天某支行就案涉房产办理抵押登记手续。2016年11月22日，万某公司就案涉房产现时及以后租金收益办理了出质登记。前述事实表明，天津银行天某支行依法对案涉房产享有抵押权，也即在债务人不履行债务时，抵押权人天津银行天某支行有权就案涉房产折价、拍卖、变卖抵押物所得的价款在抵押担保范围内享有优先受偿的权利。万某公司则对案涉房产租金收益，仅是相较于无担保的普通债权人享有优先受偿的权利。从现行法律规定看，对于同一财产向两个以上债权人抵押的，法律确立了根据是否完成公示以及公示先后情况来确定清偿顺序的规则。显然，本案中万某公司所享有的质权并不足以对抗天津银行天某支行的抵押权。由此，天津银行天某支行向人民法院申请执行案涉房产的请求具有法律依据，万某公司以其享有应收账款质权对抗天津银行天某支行的抵押权为由，主张中止执行案涉房产的请求法律依据不足。万某公司仅可在抵押权人天津银行天某支行的债权得以完全清偿后租金仍有剩余时，就该剩余部分租金享有优先受偿权。[①]

九、关于第三人持有被执行人财产的执行

对于第三人占有的动产或者登记在第三人名下的不动产、特定动产及其他财产权，第三人书面确认该财产属于被执行人的，人民法院可以查封、扣押、冻结。[②]

登记在案外人名下的土地使用权、房屋，登记名义人（案外人）书面认可该土地、房屋实际属于被执行人时，执行法院可以采取查封措施。如果登记名义人否认该土地、房屋属于被执行人，而执行法院、申请执行人认为登记为虚假时，须经当事人

[①] 参见内蒙古万某商贸有限公司、天津银行股份有限公司天某支行再审审查与审判监督民事裁定书［（2020）最高法民申2989号］。

[②] 参见《最高人民法院关于人民法院民事执行中查封、扣押、冻结财产的规定》第二条第三款。

另行提起诉讼或者通过其他程序,撤销该登记并登记在被执行人名下之后,才可以采取查封措施。①

执行程序中案外人无合法依据占有被执行的标的物不动产的,执行法院依法可以强制迁出;案外人拒不迁出,对标的物上的财产,执行法院可以指定他人保管并通知领取;案外人不领取或下落不明的,为避免保管费用过高或财产价值减损,执行法院可以处分该财产,处分所得价款,扣除搬迁、保管及拍卖变卖等相关费用后,保存于执行法院账户,通知该案外人领取。②

最高人民法院案例 对第三人书面认可其名下财产属于被执行人的,人民法院可以采取执行措施,第三人对执行有异议的,可以提起案外人执行异议。

关于涉案土地使用权是否可作为刘某白、王某的财产予以执行的问题。涉案土地使用权虽然登记在向某娱乐公司名下,但是向某娱乐公司书面确认该公司名下的涉案土地使用权实际为刘某白、王某所有。根据《最高人民法院关于人民法院民事执行中查封、扣押、冻结财产的规定》第二条第三款"对于第三人占有的动产或者登记在第三人名下的不动产、特定动产及其他财产权,第三人书面确认该财产属于被执行人的,人民法院可以查封、扣押、冻结"之规定,涉案土地使用权可以作为本案被执行财产。另外,从实际利益角度分析,如果将属于向某娱乐公司的财产当作本案被执行人财产予以执行,实际受损的应该是向某娱乐公司,该公司如果认为自己的合法权益受到损害,可以依照《中华人民共和国民事诉讼法》第二百二十七条的规定向某南高院提出案外人异议,而不应由刘某白提出执行异议。③

专题十一　在不动产名义登记人与实际权利人不一致时,如何执行?

一、关于不动产实际权属的判断标准

根据《民法典》第二百一十七条规定:"不动产权属证书是权利人享有该不动产物权的证明。"第二百三十四条规定:"因物权的归属、内容发生争议的,利害关系人可以请求确认权利。"据上述规定,不动产权属证书是权利人享有不动产物权的证明。

---

① 《最高人民法院、国土资源部、建设部关于依法规范人民法院执行和国土资源房地产管理部门协助执行若干问题的通知》第七条。

② 参见《最高人民法院关于法院执行程序中能否对案外人财产进行处理的请示的答复》([2010]执他字第1号)。

③ 参见刘某白、海南东某嘉华房地产开发有限公司合同、无因管理、不当得利纠纷执行审查类执行裁定书[(2019)最高法执复85号]。

一般情况下，登记权利人即推定为实际权利人，但推定力不具有绝对的效力，有证据证明实际出资人不是登记权利人时，应当根据实际出资确定房屋权属。

房屋权属登记系行政审查，属于行政确认而非行政确权，系行政机关对不动产权属关系及表现状态的认可和证明，其并不创设权利义务关系，当事人是否享有不动产的权利，取决于当事人之间的民事法律关系。不动产登记分为对内效力和对外效力。对外效力是指根据物权公示原则，不动产物权经登记后，善意第三人基于对该登记的信赖而与登记权利人发生的不动产交易行为，应当受到法律保护，对内效力是指名义登记人与实际权利人之间对权属发生争议时，应当审查当事人的真实意思表示来确定真实的权利人。

二、第三人系名义登记人

在不动产登记在第三人名下时，不能执行该不动产。除非第三人书面认可，或有证据能够证明该不动产实际权属为被执行人所有。

北京市高级人民法院 对属于第三人的财产，第三人书面确认该财产属于被执行人或者本纪要第10条、第11条中第三人同意该财产接受强制执行的，人民法院可以查封、扣押、冻结。前款中的书面确认，是指第三人向执行法院作出承认。第三人向公权力机关、仲裁机构作出承认的，也视为第三人作出了书面确认。书面确认中的"书面"，包括书面证明、法院谈话笔录、音视频、数据电文等可以有形地表现所载内容的形式。①

三、被执行人系名义登记人

在不动产登记在被执行人名下，从权利外观判断属于被执行人所有，可以直接执行。但是，在第三人提出异议时，应当对其真实权属进行审查，对申请执行人排除执行的异议，可以参照善意取得的标准进行审查，若第三人存在违背公序良俗、恶意串通等情形，应当不予保护。

北京市高级人民法院 金钱债权执行中，人民法院查封登记在被执行人名下的不动产、特定动产及其他财产权，案外人以其与被执行人之间存在借名购买、代为持有、隐名出资等关系，其是该财产的实际权利人为由，提出排除执行异议的，人民法院不予支持。

前款中案外人借名购买的房屋系本人及所扶养家属维持生活必需的居住房屋的，

---

① 参见《北京市高级人民法院关于执行查控时财产权属判断规则及案外人异议审查中权利（利益）冲突规则若干问题的意见》第2条。

参照《最高人民法院关于人民法院办理执行异议和复议案件若干问题的规定》第二十条第一款第三项的规定，由申请执行人按照当地廉租住房保障面积标准为被执行人及所扶养家属提供居住房屋，或者执行法院参照当地房屋租赁市场平均租金标准从该房屋的变价款中扣除五至八年租金。①

安徽省高级人民法院会议纪要 人民法院对登记在被执行人名下的房屋实施强制执行，案外人在执行异议之诉中，以其与被执行人存在借名登记关系，其系房屋实际所有权人为由，请求对该标的物停止执行并确认所有权的，一般不予支持。但是，案外人有充分证据证明被执行人只是名义产权人、案外人才是实际产权人，且不违反国家利益、社会公共利益的除外。②

十、关于第三人共有财产的执行

实物分割执行 《最高人民法院关于人民法院民事执行中查封、扣押、冻结财产的规定》第十二条规定"对被执行人与其他人共有的财产，人民法院可以查封、扣押、冻结，并及时通知共有人。共有人协议分割共有财产，并经债权人认可的，人民法院可以认定有效。查封、扣押、冻结的效力及于协议分割后被执行人享有份额内的财产；对其他共有人享有份额内的财产的查封、扣押、冻结，人民法院应当裁定予以解除。共有人提起析产诉讼或者申请执行人代位提起析产诉讼的，人民法院应当准许"。

变价分割执行 《民法典》第三百零四条规定"共有人可以协商确定分割方式。达不成协议，共有的不动产或者动产可以分割且不会因分割减损价值的，应当对实物予以分割；难以分割或者因分割会减损价值的，应当对折价或者拍卖、变卖取得的价款予以分割"。《最高人民法院关于人民法院民事执行中拍卖、变卖财产的规定》第十五条规定"拍卖的多项财产在使用上不可分，或者分别拍卖可能严重减损其价值的，应当合并拍卖"。

最高人民法院案例 在执行程序过程中，虽然当事人没有在执行程序规定的期间内提出异议，但其实体权利并未丧失，当事人依然享有夫妻共同财产的相应份额，故

---

① 参见《北京市高级人民法院关于执行查控时财产权属判断规则及案外人异议审查中权利（利益）冲突规则若干问题的意见》第23条。
② 参见《安徽省高级人民法院关于审理执行异议之诉案件若干问题的会议纪要》第13条。

民事执行实务精要：请求权基础·案例·专题

案涉房屋在执行过程中依法应当保留属于当事人的一半份额，原审法院将案涉房屋的拍卖款全部支付给申请执行人，属于执行错误。①

共有人优先购买权　按份共有人可以转让其享有的共有的不动产或者动产份额。其他共有人在同等条件下享有优先购买的权利。②　按份共有人转让其享有的共有的不动产或者动产份额的，应当将转让条件及时通知其他共有人。其他共有人应当在合理期限内行使优先购买权。两个以上其他共有人主张行使优先购买权的，协商确定各自的购买比例；协商不成，按照转让时各自的共有份额比例行使优先购买权。③

共有人优先权优于承租人　出租人出卖租赁房屋的，应当在出卖之前的合理期限内通知承租人，承租人享有以同等条件优先购买的权利；但是，房屋按份共有人行使优先购买权或者出租人将房屋出卖给近亲属的除外。出租人履行通知义务后，承租人在十五日内未明确表示购买的，视为承租人放弃优先购买权。④

专题十二　对于被执行人与案外人（含配偶）共有的财产以及未成年子女名下财产，如何执行？

一、关于被执行人与案外人共有财产的执行

法院可以执行登记在被执行人及其与他人名下的共有财产以及登记在案外人名下但案外人承认属于被执行人财产或同意作为被执行人财产接受强制执行的财产。根据《民法典》关于共有财产的处理规定，应当先行实物分割后执行，但不能实物分割或分割会导致财产价值明显减损的，执行法院可以整体处置。对于处置后变价款的执行，以被执行人在共有财产中所占份额为限。被执行人在共有财产中所占份额，以登记公示为准；没有登记公示的，按照出资额确定；不能确定出资额的，视为等额享有。

司法实践中，对于共有财产的执行是否需要析产诉讼的前置程序，缺乏统一的规定，有的共有人会以未经析产诉讼为由提出执行异议，也有执行人员会以此为由拖延执行。但从最高院案例观点来看，《查扣冻规定》第十二条第三款"赋予共有人提起析产诉讼或者申请执行人代位提起析产诉讼的权利，而非提起析产诉讼的法定义

---

① 参见章某真、陈某华二审民事判决书〔（2019）最高法民终1868号〕。
② 参见《民法典》第三百零五条。
③ 参见《民法典》第三百零六条。
④ 参见《民法典》第七百二十六条。

务"①。因此，析产诉讼不是共有财产执行的前置程序，申请执行人可以选择代位析产后执行，也可以在执行程序中分割并执行共有财产。《广东高院关于执行案件法律适用疑难问题的解答意见》明确，"执行法院在告知共有人有权协议分割共有财产或者提出析产诉讼后，共有人没有协议分割或者诉讼，则执行法院可以继续推进执行"。主要理由是：执行实务中，共有人达成分割共有财产协议并得到债权人认可的情况少之又少，共有人极少愿意提起析产诉讼，多数申请执行人也不愿提起析产诉讼，导致大量共有财产的执行陷入停滞。因此，为提高执行效率，不应将析产诉讼作为执行共有财产的前置程序；执行法院在履行告知义务后，共有人没有协议分割或提出析产诉讼的，执行法院可以继续推进执行，依照《中华人民共和国物权法》等法律规定并结合案件具体情况对共有份额进行强制分割；共有人及利害关系人如对共有份额分割所做的认定持有异议的，可依照民事诉讼法第二百二十七条规定处理。②

二、关于被执行人与配偶共有财产的执行

根据《最高人民法院关于依法妥善审理涉及夫妻债务案件有关问题的通知》（法〔2017〕48号）的规定，"未经审判程序，不得要求未举债的夫妻一方承担民事责任"。执行依据仅确定债务人为夫妻一方，基于审执分离原则，执行法院不得在执行程序中认定相应债务系夫妻共同债务，只能作为被执行人的一方债务进行执行。对于单独登记在被执行人名下或共同登记于夫妻双方名下的财产可以直接执行，但对于登记于被执行人配偶一方名下的财产，当配偶不是生效法律文书确定的被执行人时，不能对其采取网络查控措施。

被执行人配偶名下的存款、股权（股份）、金融理财产品等，婚后登记在被执行人配偶单方名下的房产、车辆以及婚后登记在被执行人和其配偶双方名下的房产、车辆等财产。对于被执行人配偶单方名下以及被执行人与其配偶双方名下的夫妻共同财产，原则上以1/2份额为限执行。③

江苏省高级人民法院 执行依据确定的债务人为夫妻一方，执行法院查封、扣押、冻结或处置被执行人在夫妻共有财产中的份额，被执行人的配偶对财产份额提出异议的，适用《民事诉讼法》第二百三十四条规定进行审查。被执行人的配偶请求排除执

---

① 参见《张某、高某云再审审查与审判监督民事裁定书》[（2017）最高法民申2083号]。
② 参见《广东高院关于执行案件法律适用疑难问题的解答意见》问题十二。
③ 参见《江苏省高级人民法院关于执行疑难问题的解答》第四条。

行的，不予支持。①

执行依据或其他相关生效法律文书确认案涉债务系夫妻共同债务，未参加诉讼的配偶一方以该债务非夫妻共同债务为由提出执行异议的，裁定不予受理；已经受理的，驳回其异议申请，告知其依法通过审判监督程序救济。②

在配偶不是被执行人的前提下，申请执行人以被执行人配偶实际占有或登记在其名下的财产系夫妻共同财产为由，申请法院查封、扣押、冻结该财产的，人民法院可以查封、扣押、冻结，但应当通知共有人（配偶）一方。被执行人配偶可以对查封、扣押、冻结措施或以不属于共同财产为由提出执行异议。对于确属于共同所有的财产，按照共有财产进行实物分割后执行，或整体处置对变价款分割后执行。

江苏省高级人民法院　执行依据确定的债务人为夫妻一方，被执行人已离婚，执行法院不得追加其前配偶为被执行人，但该债务形成于夫妻关系存续期间的，可对原夫妻另一方离婚时分得的财产采取执行措施，原夫妻另一方提出异议的，属于案外人异议，应当依照《民事诉讼法》第二百三十四条规定审查处理。③

执行依据确定的债务人为夫妻一方，被执行人在案涉房产查封前已经协议离婚，约定被查封房产归另一方所有，被执行人原配偶提起执行异议及异议之诉的，区分下列情形处理：

（1）案涉房产已经过户登记到被执行人原配偶名下，被执行人原配偶因此提起案外人执行异议之诉，请求排除执行的，如果离婚财产协议分割行为发生在执行依据诉讼或仲裁之前，或者发生在执行依据所确定的债务形成之前的，应予支持。申请执行人有证据证明被执行人系与案外人虚假离婚放弃财产或无偿转让财产的，可根据《民法典》第一百四十六条、第一百五十三条、第一百五十四条、第五百三十八条规定另行起诉，请求确认夫妻财产分割协议无效或撤销该协议；

（2）案涉房产仍在被执行人名下，尚未过户登记到被执行人原配偶名下，被执行人原配偶以其为权利人为由，提出案外人执行异议及执行异议之诉，请求排除执行的，不予支持。但其提供的证据能够证明离婚财产分割行为早于执行依据所确定的债务形

---

① 参见江苏省高级人民法院制定的《执行异议及执行异议之诉案件办理工作指引（二）》第23条。
② 参见江苏省高级人民法院制定的《执行异议及执行异议之诉案件办理工作指引（二）》第26条。
③ 参见江苏省高级人民法院制定的《执行异议及执行异议之诉案件办理工作指引（二）》第27条。

成时间的，应予支持；

（3）被执行人未履行离婚协议，原配偶在该房产被查封前已通过诉讼、仲裁且已裁决被执行人为其办理房屋变更登记，查封时尚未办理过户登记手续，原配偶提出案外人执行异议之诉，主张该房归其所有，请求排除执行，如果离婚协议签订于执行依据所确定的债务形成之前的，可以参照《异议复议规定》第二十六条第一款第（一）项规定，判决不得对该房屋执行。[①]

三、关于未成年子女名下财产的执行

一般情况下，未成年人依靠父母供养，没有独立的经济来源，其名下财产属于家庭财产，但不可否认的是，部分未成年人的确享有属于个人的财产。一般而言，根据其来源分为两类，一类是因继承、赠与或者其他无偿方式取得的财产。另一类是因劳动、营业或其他有偿方式获得的财产。对于实际属于未成年人的财产，法院不应列入执行的范围，亦不得对其采取冻结、扣划等强制措施。但司法实践中，大量存在被执行人将财产登记在未成年子女名下，恶意躲避债务、规避执行的情形，这些财产虽然名义上属于未成年人，但显然与事实不符。在夫妻婚姻存续期间取得的工资、奖金、生产、经营的收益等收入，归夫妻共同所有。未成年子女作为家庭成员之一，无论其名下财产来自父母任何一方，都属于夫妻共同财产的一部分。特别是在被执行人对外有巨额负债，但其未成年子女名下出现大额存款，或购置不动产，与常理相悖，在不能说明合法来源的情况下，可以推定为父母的共同财产。

未成年人享有财产权，对其合法权益应当予以保护。在父母作为被执行人逃避债务、转移财产，或个体工商户"家庭经营的，以家庭财产承担"时，可以执行未成年子女名下的家庭共有财产。在（2017）最高法民申3404号案件中，对于作为债务人的父母将房屋登记到自己未成年子女名下的，人民法院在综合分析房屋的购买时间、产权登记时间、对债权人负债情况及购房款的支付等情况下，认定该房屋应为父母子女的家庭共有财产，具有相应依据。但在（2020）最高法民申5648号案件中，最高院认为案涉房产不属于共同财产的一个重要理由就是：购房时间早于债务发生时间近8年，客观上无证据证明刘某锁通过为子女购房恶意逃避债务的情形，因此认定该房产是债务人子女的个人财产，不予执行。

[①] 参见江苏省高级人民法院制定的《执行异议及执行异议之诉案件办理工作指引（二）》第28条。

江苏省高级人民法院 对于被执行人未成年子女名下与其收入明显不相称的较大数额存款，登记在被执行人未成年子女单方名下的房产、车辆或者登记在被执行人和其未成年子女名下的房产等，执行法院可以执行。①

最高人民法院案例 案涉房屋所有权虽登记在未成年名下，但明显超过未成年人的日常生活所需，法院综合分析案涉房屋的购买时间、产权登记时间、购房款支付和购买后的使用情况等因素，认定案涉房屋应为家庭共有财产。②

四、离婚协议对房产的处理能否排除执行

离婚协议中对房产的处理约定，只具有对内的效力，不能直接产生物权变动的效力。在房产未过户的情况下，对外仍属于登记人的责任财产。但是，离婚协议不同于普通民事合同，涉及情感补贴、子女抚养等因素，在未过户不可归责于案外人、涉及基本生活保障等情况下，应当予以优先保护。同样是离婚协议约定房产归子女所有，但最高院的两则案例给出了不同的裁判结果，理由值得借鉴：

案例一：离婚协议书中对案涉房屋的约定虽然不直接产生物权变动的法律效力，但案涉房屋作为原婚姻关系存续期间的夫妻共同财产，双方在婚姻关系解除时约定案涉房屋归子女所有，具有生活保障功能。子女享有将案涉房屋的所有权变更登记至其名下的请求权。公司基于金钱债权请求查封案涉房屋，但子女的请求权具有特定指向性，且该权利早于公司金钱债权，因此，子女的请求权应当优于公司的金钱债权受到保护。③

案例二：案涉房产在父母离婚时约定归子女所有，案涉房产一直未办理过户登记手续，后其委托亲属对案涉房产进行实际管理。但是，案涉房产未经登记，不发生物权变动的效力。子女主张通过父母离婚协议书约定的受赠方式取得案涉房产，但其因自身原因一直未办理过户登记，并未取得案涉房产所有权。另外，案涉房产用途为商用，并非住宅，总面积达 1340 平方米，不属于为保障子女最基本生活居住条件用途，子女不享有足以排除强制执行的民事权益。④

---

① 参见《江苏省高级人民法院关于执行疑难问题的解答》第四条。
② 参见李某桐、李某泉申请执行人执行异议之诉再审审查与审判监督民事裁定书［（2020）最高法民申 6800 号］。
③ 参见郑州市顺某丰投资担保有限公司、李某远等案外人执行异议之诉民事申请再审审查民事裁定书［（2021）最高法民申 7090 号］。
④ 参见刘某邑、上海睿某盛嘉资产管理有限公司二审民事判决书［（2020）最高法民终 1226 号］。

第四节　执行顺序与分配

在执行程序中，当被执行人财产不足以清偿全部债务时，执行案款应当如何分配，按照什么顺序进行分配，这不仅事关多个债权人公平受偿的问题，也关系到不同性质的权利的价值位价判断问题。关于执行顺序和参与分配问题，需要在执行程序中解决，在执行完毕之后权利人即丧失了异议的权利。因此，正确理解和掌握债权顺位，择时提起执行异议和参与分配程序，有助于最大限度地保护债权人利益。

一、一般受偿顺序

多个债权人执行顺序　多份生效法律文书确定金钱给付内容的多个债权人分别对同一被执行人申请执行，各债权人对执行标的物均无担保物权的，按照执行法院采取执行措施的先后顺序受偿。多个债权人的债权种类不同的，基于所有权和担保物权而享有的债权，优先于金钱债权受偿。有多个担保物权的，按照各担保物权成立的先后顺序清偿。一份生效法律文书确定金钱给付内容的多个债权人对同一被执行人申请执行，执行的财产不足清偿全部债务的，各债权人对执行标的物均无担保物权的，按照各债权比例受偿。[①]

符合破产条件但无法执转破时的清偿顺序　当事人不同意移送破产或者被执行人住所地人民法院不受理破产案件的，执行法院就执行变价所得财产，在扣除执行费用及清偿优先受偿的债权后，对于普通债权，按照财产保全和执行中查封、扣押、冻结财产的先后顺序清偿。[②]

刑民交叉执行顺序　被执行人在执行中同时承担刑事责任、民事责任，其财产不足以支付的，按照下列顺序执行：（一）人身损害赔偿中的医疗费用；（二）退赔被害人的损失；（三）其他民事债务；（四）罚金；（五）没收财产。债权人对执行标的依法享有优先受偿权，其主张优先受偿的，人民法院应当在前款第（一）项规定的医疗

[①] 参见《最高人民法院关于人民法院执行工作若干问题的规定（试行）》第55条。
[②] 参见《最高人民法院关于适用〈中华人民共和国民事诉讼法〉的解释》第五百一十四条。

费用受偿后，予以支持。①

首封法院分配权 对参与被执行人财产的具体分配，应当由首先查封、扣押或冻结的法院主持进行。首先查封、扣押、冻结的法院所采取的执行措施如系为执行财产保全裁定，具体分配应当在该院案件审理终结后进行。②

北京市高级人民法院会议纪要 多份生效法律文书确定金钱给付内容的多个债权人分别对同一被执行人申请执行，其中有债权人对执行标的物享有担保物权或法律规定的其他优先受偿权的，对执行标的物或其变价款，根据《执行规定》第88条第二款的规定，按照以下规则确定各债权的受偿顺位：

（1）对执行标的物享有担保物权的债权优先于普通债权受偿。执行标的物上存在多个担保物权的，按照有关担保物权的法律、司法解释的规定确定其债权的受偿顺位。

（2）执行标的物为建筑物的，建设工程价款中享有优先权的部分优先于基于担保物权的债权受偿。执行标的物为房屋的，对该房屋的变价款，消费者（指符合《中华人民共和国消费者权益保护法》中消费者条件的买受人）为购买该房屋（特指用于生活消费的住房）所支付的款项优先于建设工程价款受偿。

（3）多个债权中有职工工资债权（包括劳动报酬、经济补偿、赔偿金、职工基本医疗保险费、失业保险费、基本养老保险费等）的，对案款分配时本地区上一年度职工平均工资（上一年度职工平均工资未公布的，按照上上年度职工平均工资）范围内的工资部分，比照建设工程价款优先权的顺位受偿，剩余工资部分作为普通债权受偿。被执行人欠缴职工基本医疗保险费、失业保险费、基本养老保险费，该职工尚未取得执行依据的，在分配案款时可为其预留相应数额的款项。

（4）执行标的物为船舶或民用航空器的，按照《中华人民共和国海商法》、《中华人民共和国民用航空法》等法律及相关司法解释的规定，确定船舶优先权、民用航空器优先权的债权与其他债权之间的受偿顺位。

（5）本款前几项中优先于普通债权的债权受偿完毕后，案款有剩余的，各普通债权按照执行法院对执行标的物采取控制性措施的先后顺序受偿。③

---

① 参见《最高人民法院关于刑事裁判涉财产部分执行的若干规定》第十三条。
② 参见《最高人民法院关于人民法院执行工作若干问题的规定（试行）》第56条。
③ 参见《北京市高、中级法院执行局（庭）长座谈会（第五次会议）纪要——关于案款分配及参与分配若干问题的意见》第5条。

二、优先受偿权

1. 担保物权

担保物权人在债务人不履行到期债务或者发生当事人约定的实现担保物权的情形，依法享有就担保财产优先受偿的权利，但是法律另有规定的除外。① 不动产登记簿就抵押财产、被担保的债权范围等所作的记载与抵押合同约定不一致的，人民法院应当根据登记簿的记载确定抵押财产、被担保的债权范围等事项。②

当事人仅以建设用地使用权抵押，债权人主张抵押权的效力及于土地上已有的建筑物以及正在建造的建筑物已完成部分的，人民法院应予支持。债权人主张抵押权的效力及于正在建造的建筑物的续建部分以及新增建筑物的，人民法院不予支持。当事人以正在建造的建筑物抵押，抵押权的效力范围限于已办理抵押登记的部分。当事人按照担保合同的约定，主张抵押权的效力及于续建部分、新增建筑物以及规划中尚未建造的建筑物的，人民法院不予支持。抵押人将建设用地使用权、土地上的建筑物或者正在建造的建筑物分别抵押给不同债权人的，人民法院应当根据抵押登记的时间先后确定清偿顺序。③

江苏省高级人民法院 异议人基于担保物权产生的优先受偿权提出执行异议，请求排除对执行标的处分行为的，人民法院应告知其先行就财产变价款向执行实施机构主张优先受偿。执行实施机构对其主张不予支持的，其可依据《民事诉讼法》第二百三十二条规定提起执行异议。但该处分行为同时具有下列情形的，应适用《民事诉讼法》第二百三十四条规定审查处理：（1）导致案外人享有的担保物权丧失或者可能减损担保物价值的；（2）导致案外人优先受偿权的实现受到实质性损害的。④

吉林省高级人民法院 案外人认为其对作为执行标的的不动产享有抵押权的，是否可以提起执行异议之诉？人民法院该如何处理？

金钱债权执行中，案外人认为其对作为执行标的物的不动产享有抵押权的，应当在执行分配程序中主张优先受偿或者根据《中华人民共和国民事诉讼法》第二百二十五条规定主张权利，其提起执行异议之诉请求排除执行的，人民法院应当不予受理；

---

① 参见《民法典》第三百八十六条。
② 参见《最高人民法院关于适用〈中华人民共和国民法典〉有关担保制度的解释》第四十七条。
③ 参见《最高人民法院关于适用〈中华人民共和国民法典〉有关担保制度的解释》第五十一条。
④ 参见《江苏省高级人民法院执行异议及执行异议之诉案件办理工作指引（三）》第5条。

已经受理的，裁定驳回起诉。如果执行法院作出的异议裁定否定案外人享有抵押权的，该案外人应当另行提起诉讼确认其抵押权。①

吉林省高级人民法院 抵押权人对登记在被执行人名下的不动产申请执行的，该不动产受让人是否可以提起案外人执行异议之诉？人民法院该如何处理？

金钱债权执行中，抵押权人依据各类具有强制执行效力的文书对登记在被执行人名下的不动产申请执行，该不动产的受让人可以提起案外人执行异议之诉。如果据以执行的原生效裁判已经直接确定了抵押物就是执行标的物，则案外人对该执行标的物主张排除执行的异议实质上是对原生效裁判的异议，应当通过审判监督程序或第三人撤销之诉主张权利，其提起执行异议之诉请求排除执行的，人民法院应当不予受理；已经受理的，裁定驳回起诉。如果执行法院作出异议裁定停止执行的，申请执行人应当向执行部门申请复议或通过执行监督程序主张权利；申请执行人提起执行异议之诉请求继续执行的，人民法院应当不予受理；已经受理的，裁定驳回起诉。②

2. 商品房消费者优先权

> **第68项请求权：申请房屋交付或优先返还价款** 商品房消费者以居住为目的购买房屋并已支付全部价款，主张其房屋交付请求权优先于建设工程价款优先受偿权、抵押权以及其他债权的，人民法院应当予以支持。只支付了部分价款的商品房消费者，在一审法庭辩论终结前已实际支付剩余价款的，可以适用前款规定。在房屋不能交付且无实际交付可能的情况下，商品房消费者主张价款返还请求权优先于建设工程价款优先受偿权、抵押权以及其他债权的，人民法院应当予以支持。③

九民纪要 根据《最高人民法院关于建设工程价款优先受偿权问题的批复》第1条、第2条的规定，交付全部或者大部分款项的商品房消费者的权利优先于抵押权人的抵押权，故抵押权人申请执行登记在房地产开发企业名下但已销售给消费者的商品房，消费者提出执行异议的，人民法院依法予以支持。但应当特别注意的是，此情况是针对实践中存在的商品房预售不规范现象为保护消费者生存权而作出的例外规定，必须严格

---

① 参见《吉林省高级人民法院关于审理执行异议之诉案件若干疑难问题的解答（一）》问题二十四。

② 参见《吉林省高级人民法院关于审理执行异议之诉案件若干疑难问题的解答（一）》问题二十五。

③ 参见《最高人民法院关于商品房消费者权利保护问题的批复》（法释〔2023〕1号）第二条、第三条。

把握条件，避免扩大范围，以免动摇抵押权具有优先性的基本原则。因此，这里的商品房消费者应当仅限于符合本纪要第 125 条规定的商品房消费者。买受人不是本纪要第 125 条规定的商品房消费者，而是一般的房屋买卖合同的买受人，不适用上述处理规则。①

3. 建设工程优先受偿权

> **第 69 项请求权：申请建设工程款优先受偿**　发包人未按照约定支付价款的，承包人可以催告发包人在合理期限内支付价款。发包人逾期不支付的，除根据建设工程的性质不宜折价、拍卖外，承包人可以与发包人协议将该工程折价，也可以请求人民法院将该工程依法拍卖。建设工程的价款就该工程折价或者拍卖的价款优先受偿。②

装饰装修工程具备折价或者拍卖条件，装饰装修工程的承包人请求工程价款就该装饰装修工程折价或者拍卖的价款优先受偿的，人民法院应予支持。③ 建设工程质量合格，承包人请求其承建工程的价款就工程折价或者拍卖的价款优先受偿的，人民法院应予支持。④ 未竣工的建设工程质量合格，承包人请求其承建工程的价款就其承建工程部分折价或者拍卖的价款优先受偿的，人民法院应予支持。⑤

最高人民法院案例　因涉案工程为公路建设工程，属于特殊建设工程，无法直接拍卖或折价，该工程的主要经济价值即体现在其通行费用上，故对其收益即年票补偿款作为优先受偿权的行为对象符合实际情况。最高人民法院曾于 2008 年 2 月 29 日对广东省高级人民法院作出［2007］执他字第 11 号《关于对人民法院调解书中未写明建设工程款有优先受偿权应如何适用法律问题的请示的复函》中明确，建设工程价款优先受偿权是一种法定优先权，无需当事人另外予以明示。因此，人民法院在判决书、调解书中未明确建设工程款享有优先受偿权的，并不妨碍权利人在执行程序中申请行使其优先受偿的权利。⑥

---

① 参见《全国法院民商事审判工作会议纪要》第 126 条。
② 参见《民法典》第八百零七条。
③ 参见《最高人民法院关于审理建设工程施工合同纠纷案件适用法律问题的解释（一）》第三十七条。
④ 参见《最高人民法院关于审理建设工程施工合同纠纷案件适用法律问题的解释（一）》第三十八条。
⑤ 参见《最高人民法院关于审理建设工程施工合同纠纷案件适用法律问题的解释（一）》第三十九条。
⑥ 参见中国银行股份有限公司某分行、广东中某集团建设有限公司等执行分配方案异议之诉民事裁定书［（2016）最高法民申 1281 号］。

最高人民法院民一庭法官会议纪要　建设工程价款优先受偿权是指在发包人经承包人催告支付工程款后合理期限内仍未支付工程款时，承包人享有的与发包人协议将该工程折价或者请求人民法院将该工程依法拍卖，并就该工程折价或者拍卖价款优先受偿的权利。依据《中华人民共和国民法典》第八百零七条以及《最高人民法院关于审理建设工程施工合同纠纷案件适用法律问题的解释（一）》第三十五之规定，只有与发包人订立建设工程施工合同的承包人才享有建设工程价款优先受偿权。实际施工人不属于"与发包人订立建设工程施工合同的承包人"，不享有建设工程价款优先受偿权。①

优先受偿范围　承包人建设工程价款优先受偿的范围依照国务院有关行政主管部门关于建设工程价款范围的规定确定。承包人就逾期支付建设工程价款的利息、违约金、损害赔偿金等主张优先受偿的，人民法院不予支持。② 承包人根据民法典第八百零七条规定享有的建设工程价款优先受偿权优于抵押权和其他债权。③

期限　承包人应当在合理期限内行使建设工程价款优先受偿权，但最长不得超过十八个月，自发包人应当给付建设工程价款之日起算。④

吉林省高级人民法院　金钱债权执行中，案外人认为其对作为执行标的物的不动产享有建设工程价款优先受偿权的，是否可以提起执行异议之诉？人民法院该如何处理？

金钱债权执行中，案外人认为其对作为执行标的物的不动产享有建设工程价款优先受偿权的，应当在执行分配程序中主张优先受偿或者依据《中华人民共和国民事诉讼法》第二百二十五条规定主张权利，其提起执行异议之诉请求排除执行的，人民法院应当不予受理；已经受理的，裁定驳回起诉。如执行法院作出的异议裁定否定案外人享有建设工程价款优先受偿权的，该案外人应当另行提起诉讼确认其建设工程价款优先受偿权。⑤

吉林省高级人民法院　承包人为实现工程价款申请执行房地产开发企业名下的不

---

① 参见《最高人民法院民事审判第一庭2021年第21次专业法官会议纪要》。
② 参见《最高人民法院关于审理建设工程施工合同纠纷案件适用法律问题的解释（一）》第四十条。
③ 参见《最高人民法院关于审理建设工程施工合同纠纷案件适用法律问题的解释（一）》第三十六条。
④ 参见《最高人民法院关于审理建设工程施工合同纠纷案件适用法律问题的解释（一）》第四十一条。
⑤ 参见《吉林省高级人民法院关于审理执行异议之诉案件若干疑难问题的解答（一）》问题二十二。

动产，该不动产的受让人是否可以提起案外人执行异议之诉？人民法院该如何处理？

金钱债权执行中，承包人为实现工程价款对登记在房地产开发企业名下的不动产申请执行，该不动产的受让人可以提起案外人执行异议之诉。如果据以执行的原生效裁判已经确认了承包人建设工程价款优先受偿权，并且直接确定了承包人优先受偿的不动产就是作为执行标的物不动产的，则案外人对执行标的物主张排除执行的异议实质上是对原生效裁判的异议，应当通过审判监督程序或第三人撤销之诉主张权利，其提起执行异议之诉请求排除执行的，人民法院应当不予受理；已经受理的，裁定驳回起诉。如果执行法院异议裁定停止执行的，申请执行人应当向执行部门申请执行复议或通过执行监督程序主张权利；其提起执行异议之诉请求继续执行的，人民法院应当不予受理；已经受理的，裁定驳回起诉。①

最高人民法院案例 在执行程序中，当利害关系人提出其享有优先受偿权的主张时，执行法院应当予以审查，并对其权利予以保护。

建设工程价款优先受偿权是法律赋予建设工程承包人的一项法定优先权，承包人可自行行使，亦可向人民法院或仲裁机构主张权利，在向人民法院主张权利时既可以通过诉讼程序予以主张，亦可在执行程序中提出，人民法院均应予以保护。当承包人在执行程序中提出享有建设工程优先受偿权的主张时，执行法院应予充分关注并先行审查，在拍卖、抵债或者分配程序中依法保护其合法权益。如果其尚未取得建设工程优先受偿权的执行依据，通过审查建设工程施工合同等证据仍无法确定优先受偿权范围的，可以告知承包人尽快通过诉讼程序取得优先受偿权的执行依据。虽然承包人关于优先受偿权的主张并不能阻止执行程序的继续推进，但执行法院在处置该执行标的前，应对承包人的建设工程价款予以预留。②

三、狭义参与分配

第 70 项请求权：申请狭义参与分配 被执行人为公民或者其他组织，在执行程序开始后，被执行人的其他已经取得执行依据的债权人发现被执行人的财产不能清

---

① 参见《吉林省高级人民法院关于审理执行异议之诉案件若干疑难问题的解答（一）》问题二十三。

② 参见河北双某集团有限公司、刘某利民间借贷纠纷执行审查类执行裁定书［（2019）最高法执监359号］。

偿所有债权的，可以向人民法院申请参与分配。对人民法院查封、扣押、冻结的财产有优先权、担保物权的债权人，可以直接申请参与分配，主张优先受偿权。①

申请参与分配，申请人应当提交申请书。申请书应当写明参与分配和被执行人不能清偿所有债权的事实、理由，并附有执行依据。参与分配申请应当在执行程序开始后、被执行人的财产执行终结前提出。②

参与分配执行中，执行所得价款扣除执行费用，并清偿应当优先受偿的债权后，对于普通债权，原则上按照其占全部申请参与分配债权数额的比例受偿。清偿后的剩余债务，被执行人应当继续清偿。债权人发现被执行人有其他财产的，可以随时请求人民法院执行。③

辽宁省高级人民法院 对人民法院查控的财产享有优先权的债权人，可以直接申请参与分配。执行部门应当制作财产分配方案，并不区分被执行人是企业法人或者是公民、其他组织。当事人对分配方案不服的，可以通过分配方案异议之诉程序处理。异议人主张其对执行法院查控的案涉房屋租金享有质权，请求参与分配。该院执行实施部门以参与分配制度仅适用于被执行人为自然人或其他组织的执行案件，被执行人为企业法人的不适用参与分配制度为由，驳回异议人的参与分配申请，属适用法律不当。④

> **第 71 项请求权：申请狭义分配方案异议** 多个债权人对执行财产申请参与分配的，执行法院应当制作财产分配方案，并送达各债权人和被执行人。债权人或者被执行人对分配方案有异议的，应当自收到分配方案之日起十五日内向执行法院提出书面异议。⑤

债权人或者被执行人对分配方案提出书面异议的，执行法院应当通知未提出异议的债权人、被执行人。未提出异议的债权人、被执行人自收到通知之日起十五日内未提出反对意见的，执行法院依异议人的意见对分配方案审查修正后进行分配；提出反对意见的，应当通知异议人。异议人可以自收到通知之日起十五日内，以提出反对意

---

① 参见《最高人民法院关于适用〈中华人民共和国民事诉讼法〉的解释》第五百零六条。
② 参见《最高人民法院关于适用〈中华人民共和国民事诉讼法〉的解释》第五百零七条。
③ 参见《最高人民法院关于适用〈中华人民共和国民事诉讼法〉的解释》第五百零八条。
④ 参见中国长城资产管理股份有限公司某市分公司金融借款合同纠纷执行复议执行裁定书[（2022）辽执复16号]。
⑤ 参见《最高人民法院关于适用〈中华人民共和国民事诉讼法〉的解释》第五百零九条。

见的债权人、被执行人为被告，向执行法院提起诉讼；异议人逾期未提起诉讼的，执行法院按照原分配方案进行分配。诉讼期间进行分配的，执行法院应当提存与争议债权数额相应的款项。①

四、广义参与分配

> **第72项请求权：申请广义参与分配** 多个债权人对同一被执行人申请执行或者对执行财产申请参与分配的，执行法院应当制作财产分配方案，并送达各债权人和被执行人。债权人或者被执行人对分配方案有异议的，应当自收到分配方案之日起十五日内向执行法院提出书面异议。②
>
> **第73项请求权：申请广义分配方案异议** 债权人或者被执行人对分配方案提出书面异议的，执行法院应当通知未提出异议的债权人或被执行人。未提出异议的债权人、被执行人收到通知之日起十五日内未提出反对意见的，执行法院依异议人的意见对分配方案审查修正后进行分配；提出反对意见的，应当通知异议人。异议人可以自收到通知之日起十五日内，以提出反对意见的债权人、被执行人为被告，向执行法院提起诉讼；异议人逾期未提起诉讼的，执行法院依原分配方案进行分配。诉讼期间进行分配的，执行法院应当将与争议债权数额相应的款项予以提存。③

专题十三 执行程序中，债权人如何申请参与分配？

一、关于多个债权人申请执行同一标的物的清偿顺序问题

《最高人民法院关于人民法院执行工作若干问题的规定（试行）》第55条确定了多个债权人清偿顺序的三种处理原则：

（一）多个债权人均具有金钱给付内容的债权，且对执行标的物均无担保物权的，按照执行法院采取执行措施的先后顺序受偿，即适用优先主义原则；

（二）债权人的债权种类不同的，基于所有权和担保物权而享有的债权优先于金

---

① 参见《最高人民法院关于适用〈中华人民共和国民事诉讼法〉的解释》第五百一十条。
② 参见《最高人民法院关于适用〈中华人民共和国民事诉讼法〉执行程序若干问题的解释》第十七条。
③ 参见《最高人民法院关于适用〈中华人民共和国民事诉讼法〉执行程序若干问题的解释》第十八条。

钱债权受偿，有多个担保物权的，按照各担保物权成立的先后顺序清偿；

（三）一份生效法律文书确定金钱给付内容的多个债权人申请执行，执行财产不足以清偿债务，各债权人对执行标的物均无担保物权的，按照各债权数额比例受偿，即平等主义原则。

最高人民法院在《关于"对〈民事诉讼法〉司法解释疑问"的回复》中规定，《最高人民法院关于适用〈中华人民共和国民事诉讼法〉的解释》是对于被执行人的财产不足以清偿全部债务时的处理原则进一步予以明确，第508条、第510条规定了被执行人为公民或其他组织的适用参与分配程序，按照平等主义原则，普通债权人按照债权数额比例受偿；第513条规定了被执行人为企业法人的执行转破产程序。上述《最高人民法院关于人民法院执行工作若干问题的规定》系为执行程序中的一般规则，而非适用于被执行人资不抵债、申请执行人参与分配或执行转破产的情形，该部分规定与《最高人民法院关于适用〈中华人民共和国民事诉讼法〉的解释》的相关规定并不冲突，二者共同构成了对多个债权人申请执行同一被执行人的清偿顺序问题的体系化规定。

因此，对于多个普通债权人基于不同的法律文书申请对同一标的物执行，按照以下原则处理：

（一）按照《最高人民法院关于人民法院执行工作若干问题的规定（试行）》第55条的规定，普通债权以执行法院采取执行措施的先后顺序受偿。

（二）当被执行人资不抵债时：

1. 如被执行人为公民或其他组织，普通债权适用《最高人民法院关于适用〈中华人民共和国民事诉讼法〉的解释》第五百零八条、第五百一十条规定的参与分配制度，按比例受偿。

2. 如被执行人为企业法人，适用《最高人民法院关于适用〈中华人民共和国民事诉讼法〉的解释》第五百一十三条、第五百一十四条规定的执行转破产程序，在当事人不同意移送破产或破产法院不受理时，普通债权按照采取查封、扣押、冻结措施的先后顺序受偿。

二、关于参与分配程序的适用问题

事实上，参与分配有广义和狭义两种概念，广义的参与分配是指不管被执行人是否为企业法人，只要涉及多个债权人对其财产申请分配的，执行法院就应按《最高人民法院关于适用〈中华人民共和国民事诉讼法〉执行程序若干问题的解释》第十七条的规定启动分配程序；而狭义的参与分配则特指被执行人为自然人或者其他组织时，在其财产不能清偿所有债权的情况下，根据《最高人民法院关于适用〈中华人民共和国民事诉讼法〉的解释》第五百零六条、第五百零八条的规定，按债权比例公平清偿的分配方式。

我们通常所说的参与分配是狭义参与分配。如被执行人为企业法人，当其财产不能清偿所有债权时，应当启动执行转破产程序，不适用狭义参与分配。上海高院、重庆高院对此有明确规定：被执行人为企业法人，其财产不能清偿所有债权的，不适用执行程序中的参与分配。① 被执行人为企业法人，当事人提起执行分配方案异议之诉的，人民法院不予受理；已经受理的，裁定驳回起诉。②

关于狭义参与分配程序的适用，司法实践中没有太多争议。问题在于，如果被执行人为企业法人，申请人直接提起广义参与分配程序，或被执行为公民或其他组织，申请人未提起狭义参与分配，而是提起广义参与分配程序，应当如何处理？

最高人民法院案例支持广义参与分配程序的适用，不区分被执行人是自然人、法人或非法人组织。具体观点为：《最高人民法院关于适用〈中华人民共和国民事诉讼法〉的解释》第五百零六条的规定针对的正是狭义参与分配，但不能据此否定《最高人民法院关于适用〈中华人民共和国民事诉讼法〉执行程序若干问题的解释》第十七条规定的广义参与分配程序之适用，只是根据《最高人民法院关于适用〈中华人民共和国民事诉讼法〉的解释》的相关规定，被执行人为企业法人的，不得对其采取按债权比例清偿的狭义参与分配程序。根据《最高人民法院关于适用〈中华人民共和国民事诉讼法〉执行程序若干问题的解释》第十七条规定，有多个债权人对同一被执行人申请执行或者对执行财产申请参与分配的，执行法院可依照该规定制作分配方案，并不区分被执行人是自然人、法人或非法人组织。③

三、关于广义参与分配的程序价值

在执行程序中，申请人无论是公民、企业法人或是其他组织，均有权根据《最高人民法院关于适用〈中华人民共和国民事诉讼法〉执行程序若干问题的解释》第十七条的规定启动广义分配程序。至于，债权人是否能够实际债权清偿，执行法院仍应根据《最高人民法院关于人民法院执行工作若干问题的规定》《最高人民法院关于适用〈中华人民共和国民事诉讼法〉的解释》的相关规定明确清偿顺序，制订分配方案。对于被执

---

① 参见《上海市高级人民法院执行局、执行裁判庭联席会议纪要（二）（2018 年）》第 1 项问答。
② 参见《重庆市高级人民法院关于执行分配方案异议之诉若干问题的解答》［渝高法〔2017〕300 号］第一项问答。
③ 参见唐山市中某房地产开发有限公司建设工程合同纠纷、建设工程合同纠纷执行监督执行裁定书［（2022）最高法执监 221 号］。

行人是公民或其他组织的,如资产不足以清偿债务,普通债权适用狭义参与分配,按照平均主义制订分配方案。因此,广义分配程序与狭义分配程序并不矛盾,狭义参与分配属于广义参与分配的一部分,所有债权人均有提起广义参与分配的程序性权利。

实际上,广义分配程序对于申请执行人具有重要的程序价值。狭义分配程序适用情形为被执行人为公民或其他组织且"财产不能清偿所有债权时",但对申请执行人来说,如何判断被执行人是否符合"财产不能清偿所有债权"十分困难,虽然最高院案例支持申请参与分配无须提交财产不能清偿所有债权的证据,但司法实务中仍有一些法院要求申请人提供相关证据。在狭义参与分配程序中,债权人也有可能以债务人财产足以清偿所有债务为由提出异议,排除狭义参与分配的适用,致使申请人的债权无法及时实现。

在广义参与分配程序中,对于申请人身份、债务人是否资不抵债均没有要求,只要取得执行依据的债权人或对被执行的财产有优先权、担保物权的债权人,就可以申请参与分配。广义参与分配程序更有利于保护债权人的利益,特别是在债务人资产足以清偿所有债权时,申请人可以通过广义参与分配程序,快速加入其他债权人的执行程序,及时实现债权清偿,无须单独启动执行程序,有助于节省司法资源,提高执行效率。

最高人民法院案例 在法律和司法解释未作规定的情况下,人民法院应当参照最类似的规定以及其中体现的法律原则,尽力探究立法本意,进而对个案纠纷做出公平合理的解决方案。

债权毕竟属于一种民事权利,同样受到民法平等原则的调整,如果一概实行"先到先得"的优先主义原则,则会在特殊情形下发生部分债权人获得完全清偿而其他债权人完全不能获得清偿的不公平现象。因此,为了兼顾效率与公平,"债权平等原则"的内容既包含通常情况下的顺序优先受偿原则,也包含特殊情形下的比例平等受偿原则。资管计划在我国尚属一种新型的经济现象,相关法律制度不可避免地具有滞后性,现行法律虽然确立了资管计划财产及其债务的独立性,但并未就资管计划财产不足以清偿其全部债务的情形做出应对。考虑在责任财产不足的类似情形下,现行法律为了实现公平,就法人制定了破产程序,就公民或者其他组织制定了执行中的参与分配程序,故并无充足理由认定对资管计划财产即应一概适用顺序优先清偿原则,而不能适用比例平等受偿原则。①

---

① 参见开某证券股份有限公司等非与执行审查执行裁定书〔(2022)京执复150号〕。

第三章　破产、清算与扩大被执行主体

第一节　扩大被执行主体

在执行程序中，当被执行人财产不足以清偿债务，或者财产难以变价时，考虑通过扩大被执行主体范围，进一步扩大责任财产的范围，找到有价值的财产线索。事实上，在公司法人作为被执行人时，因债务人利用公司有限责任和法人人格独立制度，规避执行、逃废债的问题屡见不鲜，当公司无财产可供执行时，可能陷入执行僵局。债权人通过申请追加股东、出资人、董监高及清算义务人等，以强制执行措施向关键人员施压，倒逼债务人主动解决问题，有助于打破执行僵局。

一、申请变更、追加权利承受人

> **第 74 项请求权：申请变更、追加遗产继承人为被执行人**　作为被执行人的公民死亡，其遗产继承人没有放弃继承的，人民法院可以裁定变更被执行人，由该继承人在遗产的范围内偿还债务。继承人放弃继承的，人民法院可以直接执行被执行人的遗产。①
>
> **第 75 项请求权：申请变更、追加遗产管理人、继承人、受遗赠人等取得遗产的主体、财产代管人为被执行人**　作为被执行人的自然人死亡或被宣告死亡，申请执行人申请变更、追加该自然人的遗产管理人、继承人、受遗赠人或其他因该自然人死亡或被宣告死亡取得遗产的主体为被执行人，在遗产范围内承担责任的，人民法院应予支持。作为被执行人的自然人被宣告失踪，申请执行人申请变更该自然人的财产代管人为被执行人，在代管的财产范围内承担责任的，人民法院应予支持。②
>
> **第 76 项请求权：申请变更分立、合并、名称变更后的法人或者其他组织、权利义务承受人为被执行人**　执行中作为被执行人的法人或者其他组织分立、合并的，人民法院可以裁定变更后的法人或者其他组织为被执行人；被注销的，如果依照有

---

① 参见《最高人民法院关于适用〈中华人民共和国民事诉讼法〉的解释》第四百七十三条。
② 参见《最高人民法院关于民事执行中变更、追加当事人若干问题的规定》第十条。

民事执行实务精要：请求权基础·案例·专题
MINSHI ZHIXING SHIWU JINGYAO: QINGQIUQUAN JICHU · ANLI · ZHUANTI

关实体法的规定有权利义务承受人的，可以裁定该权利义务承受人为被执行人。①

其他组织在执行中不能履行法律文书确定的义务的，人民法院可以裁定执行对该其他组织依法承担义务的法人或者公民个人的财产。②

在执行中，作为被执行人的法人或者其他组织名称变更的，人民法院可以裁定变更后的法人或者其他组织为被执行人。③

第 77 项请求权：申请变更、追加无偿接受财产的股东、出资人或主管部门为被执行人　作为被执行人的法人或非法人组织，被注销或出现被吊销营业执照、被撤销、被责令关闭、歇业等解散事由后，其股东、出资人或主管部门无偿接受其财产，致使该被执行人无遗留财产或遗留财产不足以清偿债务，申请执行人申请变更、追加该股东、出资人或主管部门为被执行人，在接受的财产范围内承担责任的，人民法院应予支持。④

第 78 项请求权：申请变更、追加接收无偿调拨、划转财产的第三人为被执行人
作为被执行人的法人或非法人组织，财产依行政命令被无偿调拨、划转给第三人，致使该被执行人财产不足以清偿生效法律文书确定的债务，申请执行人申请变更、追加该第三人为被执行人，在接受的财产范围内承担责任的，人民法院应予支持。⑤

二、申请变更、追加股东、出资人

第 79 项请求权：申请变更、追加其出资人为被执行人　作为被执行人的个人独资企业，不能清偿生效法律文书确定的债务，申请执行人申请变更、追加其出资人为被执行人的，人民法院应予支持。个人独资企业出资人作为被执行人的，人民法院可以直接执行该个人独资企业的财产。个体工商户的字号为被执行人的，人民法院可以直接执行该字号经营者的财产。⑥

---

① 参见《最高人民法院关于适用〈中华人民共和国民事诉讼法〉的解释》第四百七十条。
② 参见《最高人民法院关于适用〈中华人民共和国民事诉讼法〉的解释》第四百七十一条。
③ 参见《最高人民法院关于适用〈中华人民共和国民事诉讼法〉的解释》第四百七十二条。
④ 参见《最高人民法院关于民事执行中变更、追加当事人若干问题的规定》第二十二条。
⑤ 参见《最高人民法院关于民事执行中变更、追加当事人若干问题的规定》第二十五条。
⑥ 参见《最高人民法院关于民事执行中变更、追加当事人若干问题的规定》第十三条。

第80项请求权：申请变更、追加普通合伙人、未按期足额缴纳出资的有限合伙人为被执行人 作为被执行人的合伙企业，不能清偿生效法律文书确定的债务，申请执行人申请变更、追加普通合伙人为被执行人的，人民法院应予支持。作为被执行人的有限合伙企业，财产不足以清偿生效法律文书确定的债务，申请执行人申请变更、追加未按期足额缴纳出资的有限合伙人为被执行人，在未足额缴纳出资的范围内承担责任的，人民法院应予支持。①

第81项请求权：申请变更、追加分支机构的法人为被执行人 作为被执行人的法人分支机构，不能清偿生效法律文书确定的债务，申请执行人申请变更、追加该法人为被执行人的，人民法院应予支持。法人直接管理的责任财产仍不能清偿债务的，人民法院可以直接执行该法人其他分支机构的财产。作为被执行人的法人，直接管理的责任财产不能清偿生效法律文书确定债务的，人民法院可以直接执行该法人分支机构的财产。②

第82项请求权：申请变更、追加依法对非法人组织的债务承担责任的主体为被执行人 个人独资企业、合伙企业、法人分支机构以外的非法人组织作为被执行人，不能清偿生效法律文书确定的债务，申请执行人申请变更、追加依法对该非法人组织的债务承担责任的主体为被执行人的，人民法院应予支持。③

第83项请求权：申请变更、追加未缴纳或未足额缴纳出资的股东、出资人或对出资承担连带责任的发起人为被执行人 作为被执行人的营利法人，财产不足以清偿生效法律文书确定的债务，申请执行人申请变更、追加未缴纳或未足额缴纳出资的股东、出资人或依公司法规定对该出资承担连带责任的发起人为被执行人，在尚未缴纳出资的范围内依法承担责任的，人民法院应予支持。④

第84项请求权：申请变更、追加抽逃出资的股东、出资人为被执行人 作为被执行人的营利法人，财产不足以清偿生效法律文书确定的债务，申请执行人申请变更、追加抽逃出资的股东、出资人为被执行人，在抽逃出资的范围内承担责任的，人民法院应予支持。⑤

---

① 参见《最高人民法院关于民事执行中变更、追加当事人若干问题的规定》第十四条。
② 参见《最高人民法院关于民事执行中变更、追加当事人若干问题的规定》第十五条。
③ 参见《最高人民法院关于民事执行中变更、追加当事人若干问题的规定》第十六条。
④ 参见《最高人民法院关于民事执行中变更、追加当事人若干问题的规定》第十七条。
⑤ 参见《最高人民法院关于民事执行中变更、追加当事人若干问题的规定》第十八条。

> **第 85 项请求权：申请变更、追加未履行出资义务即转让股权的股东或对该出资承担连带责任的发起人为被执行人**　作为被执行人的公司，财产不足以清偿生效法律文书确定的债务，其股东未依法履行出资义务即转让股权，申请执行人申请变更、追加该原股东或依公司法规定对该出资承担连带责任的发起人为被执行人，在未依法出资的范围内承担责任的，人民法院应予支持。①
>
> **第 86 项请求权：申请变更、追加一人有限责任公司的股东为被执行人**　作为被执行人的一人有限责任公司，财产不足以清偿生效法律文书确定的债务，股东不能证明公司财产独立于自己的财产，申请执行人申请变更、追加该股东为被执行人，对公司债务承担连带责任的，人民法院应予支持。②

最高人民法院案例　我国实行银行账户实名制，原则上账户名义人即账户资金的权利人。同时，根据《会计法》《税收征收管理法》《企业会计基本准则》等相关规定，公司应当使用单位账户对外开展经营行为，公司账户与管理人员、股东账户之间不得进行非法的资金往来，以保证公司财产的独立性和正常的经济秩序。若公司账户与股东的账户之间存在大量、频繁的资金往来，导致公司财产与股东财产无法进行区分，则可以认定一人公司与股东之间构成财产混同。③

三、申请变更、追加清算义务人、承诺人

> **第 87 项请求权：申请变更、追加未经清算即办理注销登记，导致公司无法进行清算的有限责任公司的股东、股份有限公司的董事和控股股东为被执行人**　作为被执行人的公司，未经清算即办理注销登记，导致公司无法进行清算，申请执行人申请变更、追加有限责任公司的股东、股份有限公司的董事和控股股东为被执行人，对公司债务承担连带清偿责任的，人民法院应予支持。④

---

① 参见《最高人民法院关于民事执行中变更、追加当事人若干问题的规定》第十九条。
② 参见《最高人民法院关于民事执行中变更、追加当事人若干问题的规定》第二十条。
③ 参见山东协某教育信息技术有限公司、田某凤民间借贷纠纷再审审查与审判监督民事裁定书[（2017）最高法民申 2646 号]。
④ 参见《最高人民法院关于民事执行中变更、追加当事人若干问题的规定》第二十一条。

> **第 88 项请求权：申请变更、追加注销登记时承诺承担清偿责任的第三人为被执行人** 作为被执行人的法人或非法人组织，未经依法清算即办理注销登记，在登记机关办理注销登记时，第三人书面承诺对被执行人的债务承担清偿责任，申请执行人申请变更、追加该第三人为被执行人，在承诺范围内承担清偿责任的，人民法院应予支持。①
>
> **第 89 项请求权：申请变更、追加承诺代履行债务的第三人为被执行人** 执行过程中，第三人向执行法院书面承诺自愿代被执行人履行生效法律文书确定的债务，申请执行人申请变更、追加该第三人为被执行人，在承诺范围内承担责任的，人民法院应予支持。②
>
> 在执行中，作为被执行人的法人或者其他组织名称变更的，人民法院可以裁定变更后的法人或者其他组织为被执行人。③

四、申请追究发起人、董事、高级管理人员及第三人的赔偿责任

公司成立后，股东不得抽逃出资。违反前款规定的，股东应当返还抽逃的出资；给公司造成损失的，负有责任的董事、监事、高级管理人员应当与该股东承担连带赔偿责任。④

抽逃出资的认定 公司成立后，公司、股东或者公司债权人以相关股东的行为符合下列情形之一且损害公司权益为由，请求认定该股东抽逃出资的，人民法院应予支持：（一）制作虚假财务会计报表虚增利润进行分配；（二）通过虚构债权债务关系将其出资转出；（三）利用关联交易将出资转出；（四）其他未经法定程序将出资抽回的行为。⑤

抽逃出资的行政责任 公司的发起人、股东在公司成立后，抽逃其出资的，由公司登记机关责令改正，处以所抽逃出资金额百分之五以上百分之十五以下的罚款；对直接负责的主管人员和其他直接责任人员处以三万元以上三十万元以下的罚款。⑥

---

① 参见《最高人民法院关于民事执行中变更、追加当事人若干问题的规定》第二十三条。
② 参见《最高人民法院关于民事执行中变更、追加当事人若干问题的规定》第二十四条。
③ 参见《最高人民法院关于适用〈中华人民共和国民事诉讼法〉的解释》第四百七十二条。
④ 参见《公司法》第五十三条。
⑤ 参见《最高人民法院关于适用〈中华人民共和国公司法〉若干问题的规定（三）》第十二条。
⑥ 参见《公司法》第二百五十三条。

第 90 项请求权：请求未履行或未全面履行出资义务的股东承担补充赔偿责任、发起人、董事、高级管理人员承担连带责任　股东未履行或者未全面履行出资义务，公司或者其他股东请求其向公司依法全面履行出资义务的，人民法院应予支持。

公司债权人请求未履行或者未全面履行出资义务的股东在未出资本息范围内对公司债务不能清偿的部分承担补充赔偿责任的，人民法院应予支持；未履行或者未全面履行出资义务的股东已经承担上述责任，其他债权人提出相同请求的，人民法院不予支持。

股东在公司设立时未履行或者未全面履行出资义务，依照本条第一款或者第二款提起诉讼的原告，请求公司的发起人与被告股东承担连带责任的，人民法院应予支持；公司的发起人承担责任后，可以向被告股东追偿。

股东在公司增资时未履行或者未全面履行出资义务，依照本条第一款或者第二款提起诉讼的原告，请求未尽公司法第一百四十七条第一款规定的义务而使出资未缴足的董事、高级管理人员承担相应责任的，人民法院应予支持；董事、高级管理人员承担责任后，可以向被告股东追偿。①

第 91 项请求权：请求抽逃出资的股东承担补偿赔偿责任、协助抽逃出资的其他股东、董事、高级管理人员或者实际控制人承担连带责任　公司债权人请求抽逃出资的股东在抽逃出资本息范围内对公司债务不能清偿的部分承担补充赔偿责任、协助抽逃出资的其他股东、董事、高级管理人员或者实际控制人对此承担连带责任的，人民法院应予支持；抽逃出资的股东已经承担上述责任，其他债权人提出相同请求的，人民法院不予支持。②

第 92 项请求权：请求受让股东承担连带补偿赔偿责任　有限责任公司的股东未履行或者未全面履行出资义务即转让股权，受让人对此知道或者应当知道，公司请求该股东履行出资义务、受让人对此承担连带责任的，人民法院应予支持；公司债权人依照本规定第十三条第二款向该股东提起诉讼，同时请求前述受让人对此承担连带责任的，人民法院应予支持。

---

① 参见《最高人民法院关于适用〈中华人民共和国公司法〉若干问题的规定（三）》第十三条。
② 参见《最高人民法院关于适用〈中华人民共和国公司法〉若干问题的规定（三）》第十四条第二款。

受让人根据前款规定承担责任后，向该未履行或者未全面履行出资义务的股东追偿的，人民法院应予支持。但是，当事人另有约定的除外。

第93条请求权：请求第三人承担连带赔偿责任 二人以上共同实施侵权行为，造成他人损害的，应当承担连带责任。①

山东省高级人民法院 第三人与股东事先约定代垫出资并协助股东抽逃出资的，构成共同侵权，依据《中华人民共和国侵权责任法》第八条（《民法典》第一千一百六十八条）之规定应当承担连带责任。理由：2013年底修正的《中华人民共和国公司法》对公司资本制度进行了根本性的改革，故公司法司法解释进行了相应的调整。其中，《最高人民法院关于适用〈中华人民共和国公司法〉若干问题的规定（三）》原第十五条被删除，该条文内容为："第三人代垫资金协助发起人设立公司，双方明确约定在公司验资后或者在公司成立后将该发起人的出资抽回以偿还该第三人，发起人依照前述约定抽回出资偿还第三人后又不能补足出资，相关权利人请求第三人连带承担发起人因抽回出资而产生的相应责任的，人民法院应予支持。"该条文被删除的直接原因在于新资本制度下无需验资，而该条文存在着"验资"的表述。但股东抽回出资属于侵犯公司财产权的行为，在该条文被删除后，《中华人民共和国侵权责任法》第八条（二人以上共同实施侵权行为，造成他人损害的，应当承担连带责任）仍可规制相关行为。②

最高人民法院案例 《公司法》第三十五条规定："公司成立后，股东不得抽逃出资。"股东将其资金作为出资投入生物港公司后，该资金即生物港公司的资产，股东不得随意取回，股东抽回出资的行为侵犯生物港公司的财产权，损害公司债权人的利益，应承担相应民事责任。《公司法规定（三）》原第十五条虽被删除，但并不意味着代垫资金、协助抽逃出资的第三人无需承担民事责任。第三人代垫资金、协助股东抽逃出资，依照《侵权责任法》第八条（《民法典》第一千一百六十八条）规定构成共同侵权的，该第三人仍应承担相应连带责任。③

江苏案例 甲建筑公司原注册资本为1000万元，该公司实际控制人祁某为扩大公

---

① 参见《民法典》第一千一百六十八条。
② 参见《山东省高级人民法院民事审判第二庭关于审理公司纠纷案件若干问题的解答》第3问。
③ 参见神某数码信息服务股份有限公司、北京新某投资有限公司与公司有关的纠纷再审审查与审判监督民事裁定书［（2017）最高法民申4642号］。

司影响力，拟将该公司注册资本增加2000万元，但缺乏投资能力，亦不打算真正投入相应资金，故通过中间人联系了专门为验资提供资金的陈某，双方约定祁某向陈某借款2000万元用于验资，验资完成后即还本付息。2011年3月7日，陈某向甲建筑公司的验资账户汇款2000万元。2011年3月15日，工商登记管理部门将甲建筑公司的注册资本变更为3000万元。次日，甲建筑公司以归还借款名义转出2000万元及相应利息，并最终汇至祁某控制的账户。2011年11月，甲建筑公司与银行签订合同，借款600万元。同日，乙担保公司为该笔借款提供连带责任保证。借款到期后，甲建筑公司无还款能力，乙担保公司向银行代偿了该笔借款。

乙担保公司向法院提起诉讼，主张甲建筑公司归还代偿款项，同时还以祁某抽逃出资、陈某协助抽逃出资为由，要求该两人承担相应的连带责任。甲建筑公司、祁某对乙担保公司的主张没有异议。陈某则抗辩称，《最高人民法院关于适用〈中华人民共和国公司法〉若干问题的规定（三）》原第十五条已经被删除，要求其承担所谓的连带责任没有法律依据。

法院生效判决认为，公司的财产具有独立性，股东出资后，出资财产即脱离原出资股东而归入公司财产范围。本案中，祁某通过借款将2000万元增资款投入甲建筑公司，甲建筑公司增资完成后，祁某又将款项转出，该行为属于侵犯公司财产的行为。第三人陈某对此明知，仍与祁某约定，由其代垫资金协助祁某骗取登记后抽回出资，该行为亦属于侵权行为，应承担相应责任。遂判决：甲建筑公司归还代偿款本金及利息，祁某、陈某在抽逃出资范围内承担连带责任。①

五、变更、追加救济程序

> **第94项请求权：申请对变更、追加裁定或驳回申请裁定的复议** 被申请人、申请人或其他执行当事人对执行法院作出的变更、追加裁定或驳回申请裁定不服的，可以自裁定书送达之日起十日内向上一级人民法院申请复议，但依据本规定第三十二条的规定应当提起诉讼的除外。②

---

① 参见"江苏法院公司审判十大案例"，https://mp.weixin.qq.com/s/srxWxnhKPCZGmGT2kYRHfw，最后访问时间2024年7月22日。
② 参见《最高人民法院关于民事执行中变更、追加当事人若干问题的规定》第三十条。

上一级人民法院对复议申请应当组成合议庭审查，并自收到申请之日起六十日内作出复议裁定。有特殊情况需要延长的，由本院院长批准。被裁定变更、追加的被申请人申请复议的，复议期间，人民法院不得对其争议范围内的财产进行处分。申请人请求人民法院继续执行并提供相应担保的，人民法院可以准许。①

> **第95项请求权：提起变更、追加执行异议之诉** 被申请人或申请人对执行法院依据本规定第十四条第二款、第十七条至第二十一条规定作出的变更、追加裁定或驳回申请裁定不服的，可以自裁定书送达之日起十五日内，向执行法院提起执行异议之诉。被申请人提起执行异议之诉的，以申请人为被告。申请人提起执行异议之诉的，以被申请人为被告。②

被申请人提起的执行异议之诉，人民法院经审理，按照下列情形分别处理：（一）理由成立的，判决不得变更、追加被申请人为被执行人或者判决变更责任范围；（二）理由不成立的，判决驳回诉讼请求。诉讼期间，人民法院不得对被申请人争议范围内的财产进行处分。申请人请求人民法院继续执行并提供相应担保的，人民法院可以准许。③

申请人提起的执行异议之诉，人民法院经审理，按照下列情形分别处理：（一）理由成立的，判决变更、追加被申请人为被执行人并承担相应责任或者判决变更责任范围；（二）理由不成立的，判决驳回诉讼请求。④

第二节　申请清算

公司清算是指公司解散或被依法宣告破产后，依照一定的程序结束公司事务，清理资产，偿还债务，分配剩余财产，终止公司的过程。公司在被吊销营业执照、责令关闭或被撤销后应当进行清算，这是一项法定义务，属于平等保护股东、债权人利益的制度安排。但实践中，有的公司长期停业失联，在发生法定清算事由之后不清算，

---

① 参见《最高人民法院关于民事执行中变更、追加当事人若干问题的规定》第三十一条。
② 参见《最高人民法院关于民事执行中变更、追加当事人若干问题的规定》第三十二条。
③ 参见《最高人民法院关于民事执行中变更、追加当事人若干问题的规定》第三十三条。
④ 参见《最高人民法院关于民事执行中变更、追加当事人若干问题的规定》第三十四条。

导致对公司的执行陷入僵局，通过强制清算程序追究清算义务人法律责任，以及股东、董事的连带清偿责任，有助于打破执行僵局。

第96项请求权：申请人民法院指定清算 公司依照前条第一款的规定应当清算，逾期不成立清算组进行清算或者成立清算组后不清算的，利害关系人可以申请人民法院指定有关人员组成清算组进行清算。人民法院应当受理该申请，并及时组织清算组进行清算。① "前条第一款的规定"即《公司法》第二百二十九条第一款第一项、第二项、第四项、第五项：

《公司法》第二百二十九条 公司因下列原因解散：

（一）公司章程规定的营业期限届满或者公司章程规定的其他解散事由出现；

（二）股东会决议解散；

（三）因公司合并或者分立需要解散；

（四）依法被吊销营业执照、责令关闭或者被撤销；

（五）人民法院依照本法第二百三十一条的规定予以解散。

公司出现前款规定的解散事由，应当在十日内将解散事由通过国家企业信用信息公示系统予以公示。

第97项请求权：申请清算义务人承担赔偿责任 公司因本法第二百二十九条第一款第一项、第二项、第四项、第五项规定而解散的，应当清算。董事为公司清算义务人，应当在解散事由出现之日起十五日内组成清算组进行清算。清算组由董事组成，但是公司章程另有规定或者股东会决议另选他人的除外。清算义务人未及时履行清算义务，给公司或者债权人造成损失的，应当承担赔偿责任。②

清算组成员从事清算事务时，违反法律、行政法规或者公司章程给公司或者债权人造成损失，公司或者债权人主张其承担赔偿责任的，人民法院应依法予以支持。③

第98项请求权：请求有限公司股东、股份公司董事、实际控制人、第三人承担赔偿、连带清偿责任 有限责任公司的股东、股份有限公司的董事和控股股东未在法定期限内成立清算组开始清算，导致公司财产贬值、流失、毁损或者灭失，债权

---

① 参见《公司法》第二百三十三条。

② 参见《公司法》第二百三十二条。

③ 参见《最高人民法院关于适用〈中华人民共和国公司法〉若干问题的规定（二）》第二十三条第一款。

> 人主张其在造成损失范围内对公司债务承担赔偿责任的，人民法院应依法予以支持。有限责任公司的股东、股份有限公司的董事和控股股东因怠于履行义务，导致公司主要财产、账册、重要文件等灭失，无法进行清算，债权人主张其对公司债务承担连带清偿责任的，人民法院应依法予以支持。上述情形系实际控制人原因造成，债权人主张实际控制人对公司债务承担相应民事责任的，人民法院应依法予以支持。①
>
> 有限责任公司的股东、股份有限公司的董事和控股股东，以及公司的实际控制人在公司解散后，恶意处置公司财产给债权人造成损失，或者未经依法清算，以虚假的清算报告骗取公司登记机关办理法人注销登记，债权人主张其对公司债务承担相应赔偿责任的，人民法院应依法予以支持。②
>
> 公司解散应当在依法清算完毕后，申请办理注销登记。公司未经清算即办理注销登记，导致公司无法进行清算，债权人主张有限责任公司的股东、股份有限公司的董事和控股股东，以及公司的实际控制人对公司债务承担清偿责任的，人民法院应依法予以支持。公司未经依法清算即办理注销登记，股东或者第三人在公司登记机关办理注销登记时承诺对公司债务承担责任，债权人主张其对公司债务承担相应民事责任的，人民法院应依法予以支持。③

未缴纳的出资应作为清算财产　公司解散时，股东尚未缴纳的出资均应作为清算财产。股东尚未缴纳的出资，包括到期应缴未缴的出资，以及依照公司法第二十六条和第八十条的规定分期缴纳尚未届满缴纳期限的出资。公司财产不足以清偿债务时，债权人主张未缴出资股东，以及公司设立时的其他股东或者发起人在未缴出资范围内对公司债务承担连带清偿责任的，人民法院应依法予以支持。④ 关于"股东怠于履行清算义务致使公司无法清算所应当承担的侵权责任"的问题，最高人民法院明确了责任认定标准及股东免责理由：⑤

（一）"怠于履行义务"，是指有限责任公司的股东在法定清算事由出现后，在能

---

① 参见《最高人民法院关于适用〈中华人民共和国公司法〉若干问题的规定（二）》第十八条。
② 参见《最高人民法院关于适用〈中华人民共和国公司法〉若干问题的规定（二）》第十九条。
③ 参见《最高人民法院关于适用〈中华人民共和国公司法〉若干问题的规定（二）》第二十条。
④ 参见《最高人民法院关于适用〈中华人民共和国公司法〉若干问题的规定（二）》第二十二条。
⑤ 参见《全国法院民商事审判工作会议纪要》第14条、第15条。

够履行清算义务的情况下，故意拖延、拒绝履行清算义务，或者因过失导致无法进行清算的消极行为。股东举证证明其已经为履行清算义务采取了积极措施，或者小股东举证证明其既不是公司董事会或者监事会成员，也没有选派人员担任该机关成员，且从未参与公司经营管理，以不构成"怠于履行义务"为由，主张其不应当对公司债务承担连带清偿责任的，人民法院依法予以支持。

（二）有限责任公司的股东举证证明其"怠于履行义务"的消极不作为与"公司主要财产、账册、重要文件等灭失，无法进行清算"的结果之间没有因果关系，主张其不应对公司债务承担连带清偿责任的，人民法院依法予以支持。

第三节　申请破产

破产是指债务人因不能清偿债务或者资不抵债时，由债权人或者债务人申请法院宣告破产并依破产程序偿还债务的一种法律制度。破产本质上是一种特殊的债务清偿制度，通过破产程序清偿债务，消灭法人资格。一般来说，破产程序是对债务人的一种暂时性保护措施，可以通过破产重整、和解获得新生，或者通过破产清算程序公平清偿债务。对债权人来说，破产周期越长、处理难度越大，不同债权人对于破产会有不同的利益诉求，债权人提起破产程序既是一种解决债务的方式，也是普通债权人参与分配时的谈判筹码。

> **第 99 项请求权：申请重整、和解或破产清算**　债务人有本法第二条规定的情形①，可以向人民法院提出重整、和解或者破产清算申请。债务人不能清偿到期债务，债权人可以向人民法院提出对债务人进行重整或者破产清算的申请。企业法人已解散但未清算或者未清算完毕，资产不足以清偿债务的，依法负有清算责任的人应当向人民法院申请破产清算。②

---

① 《中华人民共和国企业破产法》第二条规定，企业法人不能清偿到期债务，并且资产不足以清偿全部债务或者明显缺乏清偿能力的，依照本法规定清理债务。企业法人有前款规定情形，或者有明显丧失清偿能力可能的，可以依照本法规定进行重整。

② 参见《中华人民共和国企业破产法》第七条。

第三章　破产、清算与扩大被执行主体

最高人民法院案例　债权人提出破产申请，破产原因的举证责任如何分配

根据《企业破产法》第七条第二款"债务人不能清偿到期债务，债权人可以向人民法院提出对债务人进行重整或者破产清算的申请"之规定，债权人向人民法院提出破产申请时，只需证明债务人不能清偿到期债务即可。此时，根据该法第十条第一款以及《企业破产法解释（一）》第六条"债务人对债权人的申请未在法定期限内向人民法院提出异议，或者异议不能成立的，人民法院应当依法裁定受理破产申请"之规定，应由债务人在法定期限内举证证明其既不属于资产不足以清偿全部债务，也非明显缺乏清偿能力的，债务人举证不能的，人民法院应当受理对债务人的破产申请。在债权人申请债务人破产的情形下，不能清偿到期债务既是债权人提出破产申请的条件，也是债务人存在破产原因的认定依据。①

移送破产审查　在执行中，作为被执行人的企业法人符合企业破产法第二条第一款规定情形的，执行法院经申请执行人之一或者被执行人同意，应当裁定中止对该被执行人的执行，将执行案件相关材料移送被执行人住所地人民法院。② 被执行人住所地人民法院应当自收到执行案件相关材料之日起三十日内，将是否受理破产案件的裁定告知执行法院。不予受理的，应当将相关案件材料退回执行法院。③

执行法院的征询、决定程序　执行法院在执行程序中应加强对执行案件移送破产审查有关事宜的告知和征询工作。执行法院采取财产调查措施后，发现作为被执行人的企业法人符合破产法第二条规定的，应当及时询问申请执行人、被执行人是否同意将案件移送破产审查。申请执行人、被执行人均不同意移送且无人申请破产的，执行法院应当按照《最高人民法院关于适用〈中华人民共和国民事诉讼法〉的解释》第五百一十六条的规定处理，企业法人的其他已经取得执行依据的债权人申请参与分配的，人民法院不予支持。④

执行部门应严格遵守执行案件移送破产审查的内部决定程序。承办人认为执行案件符合移送破产审查条件的，应提出审查意见，经合议庭评议同意后，由执行法院院长签署移送决定。⑤ 为减少异地法院之间移送的随意性，基层人民法院拟将执行案件

---

① 参见刘某辉、龚某英与江西亚某亚气门芯制造有限公司及第三人杨某友、周某男、张某莲申请破产清算案［（2017）最高法民再284号］。
② 参见《最高人民法院关于适用〈中华人民共和国民事诉讼法〉的解释》第五百一十一条。
③ 参见《最高人民法院关于适用〈中华人民共和国民事诉讼法〉的解释》第五百一十二条。
④ 参见《最高人民法院关于执行案件移送破产审查若干问题的指导意见》第4条。
⑤ 参见《最高人民法院关于执行案件移送破产审查若干问题的指导意见》第5条。

移送异地中级人民法院进行破产审查的，在作出移送决定前，应先报请其所在地中级人民法院执行部门审核同意。①

执行财产移交 执行法院收到受移送法院受理裁定后，应当于七日内将已经扣划到账的银行存款、实际扣押的动产、有价证券等被执行人财产移交给受理破产案件的法院或管理人。② 执行法院收到受移送法院受理裁定时，已通过拍卖程序处置且成交裁定已送达买受人的拍卖财产，通过以物抵债偿还债务且抵债裁定已送达债权人的抵债财产，已完成转账、汇款、现金交付的执行款，因财产所有权已经发生变动，不属于被执行人的财产，不再移交。③

最高人民法院案例 对已完成向申请执行人转账、汇款、现金交付的执行款，因财产权利归属已经发生变动，故不属于被执行人的财产。已经扣划到执行法院账户的银行存款等执行款，但未完成向申请执行人转账、汇款、现金交付的，财产权利归属未发生变动，仍属于被执行人的财产，执行法院收到受移送法院受理裁定后，不应再支付给申请执行人，应当将其移交给受理破产案件的法院或管理人。④

破产保护 人民法院受理破产申请后，有关债务人财产的保全措施应当解除，执行程序应当中止。⑤ 人民法院受理破产申请后，已经开始而尚未终结的有关债务人的民事诉讼或者仲裁应当中止；在管理人接管债务人的财产后，该诉讼或者仲裁继续进行。⑥ 人民法院受理破产申请后，有关债务人的民事诉讼，只能向受理破产申请的人民法院提起。⑦

因审判监督或破产程序，人民法院依法裁定对失信被执行人中止执行的，人民法院应当在三个工作日内删除失信信息。⑧

被执行人住所地人民法院裁定受理破产案件的，执行法院应当解除对被执行人财产的保全措施。被执行人住所地人民法院裁定宣告被执行人破产的，执行法院应当裁定终结对该被执行人的执行。被执行人住所地人民法院不受理破产案件的，执行法院

---

① 参见《最高人民法院关于执行案件移送破产审查若干问题的指导意见》第6条。
② 参见《最高人民法院关于执行案件移送破产审查若干问题的指导意见》第16条。
③ 参见《最高人民法院关于执行案件移送破产审查若干问题的指导意见》第17条。
④ 参见安徽永某置业有限公司执行审查执行裁定书［（2017）最高法执监422号］。
⑤ 参见《企业破产法》第十九条。
⑥ 参见《企业破产法》第二十条。
⑦ 参见《企业破产法》第二十一条。
⑧ 参见《最高人民法院关于公布失信被执行人名单信息的若干规定》第十条第一款第（五）项。

应当恢复执行。①

破产清偿顺序 破产财产在优先清偿破产费用和共益债务后,依照下列顺序清偿:

(一)破产人所欠职工的工资和医疗、伤残补助、抚恤费用,所欠的应当划入职工个人账户的基本养老保险、基本医疗保险费用,以及法律、行政法规规定应当支付给职工的补偿金;

(二)破产人欠缴的除前项规定以外的社会保险费用和破产人所欠税款;

(三)普通破产债权。

破产财产不足以清偿同一顺序的清偿要求的,按照比例分配。破产企业的董事、监事和高级管理人员的工资按照该企业职工的平均工资计算。②

别除权 对破产人的特定财产享有担保权的权利人,对该特定财产享有优先受偿的权利。③ 享有本法第一百零九条规定权利的债权人行使优先受偿权利未能完全受偿的,其未受偿的债权作为普通债权;放弃优先受偿权利的,其债权作为普通债权。④

【专题十四】新修订《公司法》的探讨,如何更好地保护债权人利益?

公司人格独立和股东有限责任是公司法的基本原则。资本三原则是公司建立市场信任和对外承担责任的基础。我国司法实践中,股东滥用公司法人独立地位,虚化公司注册资本,借助股东有限责任逃避制裁的现象层出不穷,严重损害市场信心和债权人利益,主要表现在公司人格混同、过度支配与控制、资本显著不足等。新修订《公司法》回应现实问题,采取了有针对性的措施,为债权人提供了更加有力的救济手段。

一、请求股东对公司债务承担连带责任

新《公司法》第二十三条继续强调"法人人格否认制度",即第一款规定的"公司股东滥用公司法人独立地位和股东有限责任,逃避债务,严重损害公司债权人利益的,应当对公司债务承担连带责任"。本款是2005年公司法修订时增加的"法人人格否认制度",亦即"刺破公司面纱"。针对股东利用公司法人、股东独立地位,将本应

---

① 参见《最高人民法院关于适用〈中华人民共和国民事诉讼法〉的解释》第五百一十三条第一款、第二款。
② 参见《企业破产法》第一百一十三条。
③ 参见《企业破产法》第一百零九条。
④ 参见《企业破产法》第一百一十条。

由股东自己承担的风险转嫁给债权人，债权人因"公司面纱"无法追究股东责任的问题，本款明确在股东与公司人格存在混同时，股东应当对公司债务承担连带责任。

《九民纪要》明确，认定公司人格与股东人格是否存在混同，最根本的判断标准是公司是否具有独立意思和独立财产，最主要的表现是公司的财产与股东的财产是否混同且无法区分。在认定是否构成人格混同时，应当综合考虑以下因素：

（1）股东无偿使用公司资金或者财产，不作财务记载的；

（2）股东用公司的资金偿还股东的债务，或者将公司的资金供关联公司无偿使用，不作财务记载的；

（3）公司账簿与股东账簿不分，致使公司财产与股东财产无法区分的；

（4）股东自身收益与公司盈利不加区分，致使双方利益不清的；

（5）公司的财产记载于股东名下，由股东占有、使用的；

（6）人格混同的其他情形。

在出现人格混同的情况下，往往同时出现以下混同：公司业务和股东业务混同；公司员工与股东员工混同，特别是财务人员混同；公司住所与股东住所混同。人民法院在审理案件时，关键要审查是否构成人格混同，而不要求同时具备其他方面的混同，其他方面的混同往往只是人格混同的补强。①

二、请求股东关联公司承担连带责任

新《公司法》第二十三条新增"横向法人人格否认制度"，即第二款规定的"股东利用其控制的两个以上公司实施前款规定行为的，各公司应当对任一公司的债务承担连带责任"。本款是2023年公司法修订增加的内容，针对实践中股东对公司过度支配与控制，股东与多个公司人格混同时，明确公司间法人人格否认。

《九民纪要》明确，公司控制股东对公司过度支配与控制，操纵公司的决策过程，使公司完全丧失独立性，沦为控制股东的工具或躯壳，严重损害公司债权人利益，应当否认公司人格，由滥用控制权的股东对公司债务承担连带责任。实践中常见的情形包括：

（1）母子公司之间或者子公司之间进行利益输送的；

（2）母子公司或者子公司之间进行交易，收益归一方，损失却由另一方承担的；

（3）先从原公司抽走资金，然后再成立经营目的相同或者类似的公司，逃避原公司债务的；

---

① 参见《全国法院民商事审判工作会议纪要》第10条。

(4) 先解散公司，再以原公司场所、设备、人员及相同或者相似的经营目的另设公司，逃避原公司债务的；

(5) 过度支配与控制的其他情形。

控制股东或实际控制人控制多个子公司或者关联公司，滥用控制权使多个子公司或者关联公司财产边界不清、财务混同、利益相互输送，丧失人格独立性，沦为控制股东逃避债务、非法经营，甚至违法犯罪工具的，可以综合案件事实，否认子公司或者关联公司法人人格，判令承担连带责任。①

三、请求股东对子公司承担连带责任

新《公司法》第二十三条拓宽适用"纵向法人人格否认制度"，即第三款规定的"只有一个股东的公司，股东不能证明公司财产独立于股东自己的财产的，应当对公司债务承担连带责任"。本款与原公司法一人有限责任公司的规定基本相同，但将"一人有限责任公司"改为"只有一个股东的公司"，即该条规定的一人公司人格否认举证责任倒置规则，既适用于一人有限公司和一人股份公司，也适用于国有独资公司。

对于一人有限责任公司，实践中易与股东造成人员混同、管理混同、财产混同，从而导致其丧失人格的独立性，原《公司法》第六十二条规定，一人公司每年要编制财务会计报告，并经会计师事务所审计。新《公司法》将一人公司的规定全部予以删除，包括关于每年审计的规定，因为所有公司每年均应编制财务会计报告，并经会计师事务所审计。在诉讼中，审计报告并不是判断人格混同的充分条件，并非只要提交审计报告，就能证明股东财产和公司财产相互独立。事实上，无论是只有一个股东的公司，还是有多个股东的公司，适用"法人人格否定制度"的标准都应该是相同的，唯一的区别是在举证责任的分配上，只有一个股东时将证明责任分配给股东，而有多个股东时将证明责任分配给债权人。

四、请求股东履行加速出资义务

《公司法》在1993年立法时采取实缴资本制，规定公司最低限额资本，且在成立时一次性缴足；2005年《公司法》修改为限额实缴，最低缴纳20%，剩余部分在2年或5年内缴足；2013年《公司法》修改为完全认缴制，对出资期限、金额均不作任何要求。这极大地降低了公司成立成本，但也导致实践中大量公司出资时间畸长、资本严重不足，损害债权人利益的案例层出不穷，甚至出现"万年公司""零元公司"的

---

① 参见《全国法院民商事审判工作会议纪要》第11条。

极端现象，粉碎了市场对公司注册资本的信任。新《公司法》第四十七条明确继续采取认缴资本制，但将出资期限限定为公司成立之日起五年内缴足。对新法施行前已登记设立的公司，全国人大将授权国务院制定具体办法，将出资期限逐步调整至新《公司法》规定的期限以内。

对于公司股东享有的期限利益与债权人利益保护之间的冲突，在实践中存在很大争议，《最高人民法院关于适用〈中华人民共和国企业破产法〉若干问题的规定（二）》明确在公司破产时股东加速出资义务，除此之外法院还倾向保护股东期限利益。《九民纪要》明确规定，在注册资本认缴制下，股东依法享有期限利益。债权人以公司不能清偿到期债务为由，请求未届出资期限的股东在未出资范围内对公司不能清偿的债务承担补充赔偿责任的，人民法院不予支持。但是，下列情形除外：（1）公司作为被执行人的案件，人民法院穷尽执行措施无财产可供执行，已具备破产原因，但不申请破产的；（2）在公司债务产生后，公司股东（大）会决议或以其他方式延长股东出资期限的。①

新《公司法》完全改变了上述立场，明确股东期限利益应让位于债权人利益。新《公司法》第五十四条规定，"公司不能清偿到期债务的，公司或者已到期债权的债权人有权要求已认缴出资但未届出资期限的股东提前缴纳出资"。这一立法变化强化了公司资本维持原则，即公司在存续过程中应当保持与资本数额相当的资产，以保证公司的偿债能力，使债权人利益得到保护。在公司不能清偿到期债务时，债权人可以直接穿透公司要求股东提前补足出资，在执行程序中可以对认缴未出资的股东进行追加。

五、请求股东之间承担连带责任

新《公司法》明确公司资本不足时，股东应当承担连带责任的两种情形：

一是设立股东连带责任。新《公司法》第五十条在原《公司法》第三十条的基础上，补充增加了未按照章程实际缴纳出资时的连带责任，即"有限责任公司设立时，股东未按照公司章程规定实际缴纳出资，或者实际出资的非货币财产的实际价额显著低于所认缴的出资额的，设立时的其他股东与该股东在出资不足的范围内承担连带责任"。新《公司法》第八十八条第二款规定，"未按照公司章程规定的出资日期缴纳出资或者作为出资的非货币财产的实际价额显著低于所认缴的出资额的股东转让股权的，转让人与受让人在出资不足的范围内承担连带责任；受让人不知道且不应当知道存在

---

① 参见《全国法院民商事审判工作会议纪要》第6条。

上述情形的，由转让人承担责任"。在公司股东出资不足，债权人要求该股东加速出资时，设立时的其他股东，以及转让、受让股东将承担连带责任，这将大大增强对债权人的利益保护。

二是转让股东连带责任。新《公司法》第八十八条规定，"股东转让已认缴出资但未届出资期限的股权的，由受让人承担缴纳该出资的义务；受让人未按期足额缴纳出资的，转让人对受让人未按期缴纳的出资承担补充责任。未按照公司章程规定的出资日期缴纳出资或者作为出资的非货币财产的实际价额显著低于所认缴的出资额的股东转让股权的，转让人与受让人在出资不足的范围内承担连带责任；受让人不知道且不应当知道存在上述情形的，由转让人承担责任"。《最高人民法院关于适用〈中华人民共和国公司法〉时间效力的若干规定》第四条第一款规定，"股东转让未届出资期限的股权，受让人未按期足额缴纳出资的，关于转让人、受让人出资责任的认定，适用公司法第八十八条第一款的规定"。在公司股东股权转让之后，如公司无法清偿到期债务，受让股东未按期缴纳出资时，则原转让股东应承担补充责任。

六、请求清算义务人承担赔偿责任

清算是公司退出市场、法人人格消失的必经途径。新《公司法》第二百三十二条规定，"公司因本法第二百二十九条第一款第一项、第二项、第四项、第五项规定而解散的，应当清算。董事为公司清算义务人，应当在解散事由出现之日起十五日内组成清算组进行清算。清算组由董事组成，但是公司章程另有规定或者股东会决议另选他人的除外。清算义务人未及时履行清算义务，给公司或者债权人造成损失的，应当承担赔偿责任"。第二百三十八条规定，"清算组成员履行清算职责，负有忠实义务和勤勉义务。清算组成员怠于履行清算职责，给公司造成损失的，应当承担赔偿责任；因故意或者重大过失给债权人造成损失的，应当承担赔偿责任"。

清算程序对于保护公司债权人利益，平衡股东利益，具有重要意义。本次公司法修订对于公司清算的规定，与原《公司法》《最高人民法院关于适用〈中华人民共和国公司法〉若干问题的规定（二）》的精神一脉相承，如清算组不依法履行职责，给债权人造成损失，则可以请求清算组承担赔偿责任。

七、请求董事会、董事、监事、高级管理人员承担赔偿责任

本项下承担赔偿责任的前提是给公司造成损失，赔偿权利人是公司，债权人不能直接向董事会、董事、监事、高级管理人员主张权利，但在公司无法清偿到期债权，或公司怠于主张权利时，可以考虑代位主张赔偿责任。

(一) 未履行催缴义务的赔偿责任

新《公司法》第五十一条规定，"有限责任公司成立后，董事会应当对股东的出资情况进行核查，发现股东未按期足额缴纳公司章程规定的出资的，应当由公司向该股东发出书面催缴书，催缴出资。未及时履行前款规定的义务，给公司造成损失的，负有责任的董事应当承担赔偿责任"。本条是此次修法新创设的制度，目的是明确董事会对公司资本维持的责任，股东对公司负有出资义务，董事会有义务催缴股东出资，股东怠于履行义务应承担赔偿责任。

(二) 股东抽逃出资的赔偿责任

新《公司法》第五十三条规定，"公司成立后，股东不得抽逃出资。违反前款规定的，股东应当返还抽逃的出资；给公司造成损失的，负有责任的董事、监事、高级管理人员应当与该股东承担连带赔偿责任"。本条规定在《公司法司法解释（三）》第十四条即已有体现，明确协助抽逃出资的其他股东、董事、高级管理人员或实际控制人承担连带责任，本次修法明确为"负有责任"的董事、监事、高级管理人员，进一步扩大了承担责任的适用情形，既包括积极的协助行为，也包括消极的不作为。

(三) 公司违规减资的赔偿责任

新《公司法》第二百二十六条规定，"违反本法规定减少注册资本的，股东应当退还其收到的资金，减免股东出资的应当恢复原状；给公司造成损失的，股东及负有责任的董事、监事、高级管理人员应当承担赔偿责任"。本条规定是资本不变原则的要求，有利于保证债权人利益和交易安全，董事、监事、高级管理人员有义务保证公司依法履行减资程序，否则将承担赔偿责任。

最高人民法院案例 债务人违反法定程序减资导致债权人债权实现受损，未全面履行出资义务的股东应当承担补充赔偿责任。

由于公司减资减少了以公司资产承担责任的能力，直接影响到公司债权人的利益，因此我国公司法对于公司减资比增资规定了更为严格的法律程序，其目的在于有效保护债权人的利益。根据原《公司法》第一百七十七条的规定："公司需要减少注册资本时，必须编制资产负债表及财产清单。公司应当自作出减少注册资本决议之日起十日内通知债权人，并于三十日内在报纸上公告。债权人自接到通知书之日起三十日内，未接到通知书的自告知之日起四十五日内，有权要求公司清偿债务或者提供相应的担保。"因此，公司减资时，应当采取及时有效的方式通知债权人，以确保债权人有机会在公司责任财产减少之前作出相应的权衡并作出利益选择，公司则需根据债权人的要求进行清偿或者提供担保。上述行为既是公司减资前对债权人应当履行的义务,同时也是股东对公司减资部分免责的前提。根据本案查明的事实,2015年11月12日,某储国投实业公司经股东会决议将注册资本由37000万元减少至1000万元时,某煤炭物流公司已于2015年8月20日将某储国投实业公司诉至法院,请求其偿还所欠3000余万元债务,并提供了煤炭购销合同、结算清单及增值税发票等为证。

在此情况下,该公司仅在报纸上刊登减资公告,未就减资事项采取及时、有效的方式告知某煤炭物流公司,未向工商登记部门如实报告其负有大额债务未清偿的事实就办理了工商变更登记,其刊登公告的行为不能构成对已知债权人某煤炭物流公司的通知。在减资时,某储国投实业公司未履行通知已知债权人某煤炭物流公司的义务,使某煤炭物流公司丧失了要求减资公司清偿债务或提供相应担保的权利。后虽经某煤炭物流公司对某储国投实业公司申请强制执行,但变更后的上海昊某公司无财产可供执行,不能够完全清偿欠付债务,导致债权人某煤炭物流公司的债权无法实现。依照《最高人民法院关于适用〈中华人民共和国公司法〉若干问题的规定(三)》第十三条第二款"公司债权人请求未履行或未全面履行出资义务的股东在未出资本息范围内对公司债务不能清偿部分承担补充赔偿责任的,人民法院应予支持"的规定,判决某储国际控股公司应在减资范围内对上海昊某公司欠付某煤炭物流公司的债务承担补充赔偿责任,具有相应的事实和法律依据。①

---

① 参见《某储国际控股集团有限公司、山西煤炭运销集团某煤炭物流有限公司公司减资纠纷二审民事判决书》[(2017)最高法民终422号]。

第四章　执行异议与案外人权利救济

第一节　执行异议

执行是公法上的行为，主要目的是迅速实现胜诉权利人生效法律文书确定的权益，效率是其基本价值取向。执行异议程序的目的是解决执行过程中衍生的程序和实体争议，实际是执行程序的子程序，其价值取向仍是效率。为了防止执行措施不当行使，损害当事人的合法权益，法律赋予当事人提起执行异议的权利。通过执行异议程序审查，明确执行行为是否损害当事人的合法权益，是否能够排除执行行为，以便继续推进执行程序。因此，对执行异议案件的审查，应以形式审查为原则，以实质审查为例外。

一、执行行为异议

> **第 100 项请求权：申请执行行为异议**　当事人、利害关系人认为执行行为违反法律规定的，可以向负责执行的人民法院提出书面异议。当事人、利害关系人提出书面异议的，人民法院应当自收到书面异议之日起十五日内审查，理由成立的，裁定撤销或者改正；理由不成立的，裁定驳回。当事人、利害关系人对裁定不服的，可以自裁定送达之日起十日内向上一级人民法院申请复议。[1]

有下列情形之一的，当事人以外的自然人、法人和非法人组织，可以作为利害关系人提出执行行为异议：（一）认为人民法院的执行行为违法，妨碍其轮候查封、扣押、冻结的债权受偿的；（二）认为人民法院的拍卖措施违法，妨碍其参与公平竞价的；（三）认为人民法院的拍卖、变卖或者以物抵债措施违法，侵害其对执行标的的优先购买权的；（四）认为人民法院要求协助执行的事项超出其协助范围或者违反法律规定的；（五）认为其他合法权益受到人民法院违法执行行为侵害的。[2]

当事人、利害关系人认为执行过程中或者执行保全、先予执行裁定过程中的下列行为违法提出异议的，人民法院应当依照民事诉讼法第二百二十五条规定进行审查：

---

[1] 参见《民事诉讼法》第二百三十六条。
[2] 参见《最高人民法院关于人民法院办理执行异议和复议案件若干问题的规定》第五条。

（一）查封、扣押、冻结、拍卖、变卖、以物抵债、暂缓执行、中止执行、终结执行等执行措施；（二）执行的期间、顺序等应当遵守的法定程序；（三）人民法院作出的侵害当事人、利害关系人合法权益的其他行为。被执行人以债权消灭、丧失强制执行效力等执行依据生效之后的实体事由提出排除执行异议的，人民法院应当参照民事诉讼法第二百二十五条规定进行审查。除本规定第十九条规定的情形外①，被执行人以执行依据生效之前的实体事由提出排除执行异议的，人民法院应当告知其依法申请再审或者通过其他程序解决。②

最高人民法院第二巡回法庭法官会议纪要　以物抵债协议属于诺成合同，自双方达成合意时成立。但是，以物抵债协议成立不能当然排除强制执行。如果以物抵债协议实际履行，抵债物的权属已经发生变动，受领人主张排除对抵债物的强制执行，应予以支持。以物抵债协议成立后未实际受领的，不能作为对抗强制执行的正当理由。③

金钱债权执行中，对被查封的办理了受让物权预告登记的不动产，受让人提出停止处分异议的，人民法院应予支持；符合物权登记条件，受让人提出排除执行异议的，应予支持。④

适用条件　当事人、利害关系人根据民事诉讼法第202条（注：已于2021年修正，现为第232条）的规定，提出异议或申请复议，只适用于发生在2008年4月1日后作出的执行行为；对于2008年4月1日前发生的执行行为，当事人、利害关系人可以依法提起申诉，按监督案件处理。⑤

以错误汇款提出执行异议的处理　审判实践中，人民法院冻结被执行人账户，案外人以被执行人账户中的资金系其错误汇款，其系该资金的实际所有权人为由请求排除强制执行的，案外人能否对错误进行清偿的账户内的资金主张权利，并进而排除强制执行，司法实践中存在争议。

---

① 《最高人民法院关于人民法院办理执行异议和复议案件若干问题的规定》第十九条规定　当事人互负到期债务，被执行人请求抵销，请求抵销的债务符合下列情形的，除依照法律规定或者按照债务性质不得抵销的以外，人民法院应予支持：（一）已经生效法律文书确定或者经申请执行人认可；（二）与被执行人所负债务的标的物种类、品质相同。

② 参见《最高人民法院关于人民法院办理执行异议和复议案件若干问题的规定》第七条。

③ 参见《以物抵债能否排除强制执行》（最高人民法院第二巡回法庭2019年第12次法官会议纪要），载《最高人民法院第二巡回法庭法官会议纪要（第一辑）》，贺小荣主编，人民法院出版社2019年版，第191-192页。

④ 参见《最高人民法院关于人民法院办理执行异议和复议案件若干问题的规定》第三十条。

⑤ 参见《最高人民法院关于执行工作中正确适用修改后民事诉讼法第202条、第204条规定的通知》第一条。

一种意见认为，货币是特殊的种类物，无论何种情况，占有即所有，货币进入他人账户，即成为他人的财产，案外人即便是错误清偿也不得以返还原物的理由要求他人返还货币，只能主张不当得利要求返还。

最高人民法院民一庭法官会议讨论意见支持这种观点：被执行人账户中的资金被执行法院冻结后，案外人以该账户中的资金系其误汇，其系资金的实际所有权人等为由，提起执行异议之诉，请求排除强制执行的，人民法院不予支持。理由：一、货币作为一种特殊动产，同时作为不特定物，流通性系其基本属性，在银行执行了汇款人意图的情况下，即发生资金交付的效力，货币合法转入产生的民事权利由账户所有人享有，汇入被执行人账户的资金为被执行人责任财产，属于可供执行的财产。二、基于货币占有即所有的基本原则，即使错误汇款确属事实，对汇款人而言，错误汇款的法律后果是其对汇入款项账户所有权人享有不当得利请求权，属于债权范畴，而非物权，该不当得利请求权并无优先于其他普通金钱债权的效力，不能排除强制执行。三、案外人虽然不能以被执行人账户中的资金系其误汇为由排除强制执行，但如果案外人确有证据证明其系错误汇款的，其可依法另行向被执行人主张不当得利返还等。①

最高人民法院案例　在（2018）最高法民申1742号案中，最高人民法院认为即使申请人主张的存在误汇款的事实成立，其基于涉案存款形成的法律关系也应为不当得利之债，而案外人据以提出执行异议主张的实体权利应为物权及特殊情况下的债权，但本案申请人享有的不当得利请求权属于普通债权，不属于足以阻却执行的特殊债权。②

另一种意见认为，如果进行非债清偿的货币特定化，没有与被执行人的其他财产混同，则能够阻却被执行人的债权人对账户内的资金的继续执行。最高院高级法官王毓莹支持这种意见，当资金特定化时，不能简单适用"占有即所有"原则。比如，该账户一直被冻结，其间除了非债清偿人错误汇入的款项外，并无其他款项进出，错误汇入的款项没有与其他货币混同，在一定情况下资金已经特定化。因为是错误汇款，双方并无支付和接受的意思表示，客观上账户被冻结，也无法动用，在此情况下，进行非债清偿的货币尚未与被执行人的其他财产混同，能够区分，所以非债清偿人提出

---

① 参见《最高人民法院民一庭法官会议纪要》。
② 参见《深圳市华某粮食有限公司、中国某银行股份有限公司沈阳分行再审审查与审判监督民事裁定书》[（2018）最高法民申1742号]。

排除强制执行的诉讼请求应当予以支持。①

最高人民法院案例 在（2017）最高法民申 322 号、（2020）最高法民申 4522 号案中，最高人民法院认为当事人、被执行人对汇款行为缺乏真实的意思表示，错误汇款属于可变更或撤销的民事行为，未能产生转移款项实体权益的法律效果。虽然货币属特殊种类物，在一般情况下适用"占有即所有"原则，但因账户冻结及被划至执行账户使其得以与其他款项相区别，已属特定化款项。被执行人并未实际占有、控制或支配案涉款项，不具备适用"货币占有即所有原则"的基础条件。案外人执行异议之诉旨在保护案外人合法的实体权利，在已经查明案涉款项的实体权益属案外人金某公司的情况下，直接判决停止对案涉款项的执行以保护案外人的合法权益，该处理方式符合案外人执行异议之诉的立法目的，也有利于节省司法资源和当事人的诉讼成本。②

> **第 101 项请求权：申请执行行为异议复议** 当事人、利害关系人依照民事诉讼法第二百二十五条（现民事诉讼法第二百三十六条）规定申请复议的，上一级人民法院应当自收到复议申请之日起三十日内审查完毕，并作出裁定。有特殊情况需要延长的，经本院院长批准，可以延长，延长的期限不得超过三十日。③

执行复议处理 上一级人民法院对不服异议裁定的复议申请审查后，应当按照下列情形，分别处理：

（一）异议裁定认定事实清楚，适用法律正确，结果应予维持的，裁定驳回复议申请，维持异议裁定；

（二）异议裁定认定事实错误，或者适用法律错误，结果应予纠正的，裁定撤销或者变更异议裁定；

（三）异议裁定认定基本事实不清、证据不足的，裁定撤销异议裁定，发回作出裁定的人民法院重新审查，或者查清事实后作出相应裁定；

（四）异议裁定遗漏异议请求或者存在其他严重违反法定程序的情形，裁定撤销异议裁定，发回作出裁定的人民法院重新审查；

---

① 参见王毓莹：《执行异议之诉中账户资金的排除执行问题》，载《人民法院报》2017 年 11 月 1 日，第 7 版。

② 参见刘某荣、河南省金某土地开发有限公司再审审查与审判监督民事裁定书 [（2017）最高法民申 322 号]。

③ 参见《最高人民法院关于适用〈中华人民共和国民事诉讼法〉执行程序若干问题的解释》第八条。

（五）异议裁定对应当适用民事诉讼法第二百二十七条规定审查处理的异议，错误适用民事诉讼法第二百二十五条规定审查处理的，裁定撤销异议裁定，发回作出裁定的人民法院重新作出裁定。

除依照本条第一款第三、四、五项发回重新审查或者重新作出裁定的情形外，裁定撤销或者变更异议裁定且执行行为可撤销、变更的，应当同时撤销或者变更该裁定维持的执行行为。人民法院对发回重新审查的案件作出裁定后，当事人、利害关系人申请复议的，上一级人民法院复议后不得再次发回重新审查。①

二、执行标的异议

> **第102项请求权：申请执行标的异议** 执行过程中，案外人对执行标的提出书面异议的，人民法院应当自收到书面异议之日起十五日内审查，理由成立的，裁定中止对该标的的执行；理由不成立的，裁定驳回。案外人、当事人对裁定不服，认为原判决、裁定错误的，依照审判监督程序办理；与原判决、裁定无关的，可以自裁定送达之日起十五日内向人民法院提起诉讼。②
>
> 案外人对执行标的主张所有权或者有其他足以阻止执行标的转让、交付的实体权利的，可以依照民事诉讼法第二百二十七条（现民事诉讼法第二百三十八条）的规定，向执行法院提出异议。③

最高人民法院指导案例 在建设工程价款强制执行过程中，房屋买受人对强制执行的房屋提起案外人执行异议之诉，请求确认其对案涉房屋享有可以排除强制执行的民事权益，但不否定原生效判决确认的债权人所享有的建设工程价款优先受偿权的，属于民事诉讼法第二百二十七条规定的"与原判决、裁定无关"的情形，人民法院依法应予受理。④

最高人民法院指导案例 在抵押权强制执行中，案外人以其在抵押登记之前购买

---

① 参见《最高人民法院关于人民法院办理执行异议和复议案件若干问题的规定》第二十三条。
② 参见《民事诉讼法》第二百三十八条。
③ 参见《最高人民法院关于适用〈中华人民共和国民事诉讼法〉执行程序若干问题的解释》第十四条。
④ 参见指导案例154号：王某光诉中某建设集团有限公司、白某和丰置业有限公司案外人执行异议之诉案。

了抵押房产，享有优先于抵押权的权利为由提起执行异议之诉，主张依据《最高人民法院关于人民法院办理执行异议和复议案件若干问题的规定》排除强制执行，但不否认抵押权人对抵押房产的优先受偿权的，属于民事诉讼法第二百二十七条规定的"与原判决、裁定无关"的情形，人民法院应予依法受理。①

法律文书、征收决定等导致的物权变动 因人民法院、仲裁机构的法律文书或者人民政府的征收决定等，导致物权设立、变更、转让或者消灭的，自法律文书或征收决定等生效时发生效力。②

人民法院、仲裁机构在分割共有不动产或者动产等案件中作出并依法生效的改变原有物权关系的判决书、裁决书、调解书，以及人民法院在执行程序中作出的拍卖成交裁定书、变卖成交裁定书、以物抵债裁定书，应当认定为民法典第二百二十九条所称导致物权设立、变更、转让或者消灭的人民法院、仲裁机构的法律文书。③

最高人民法院案例 被执行房产的权属虽因另案判决执行而发生了变动，但另案民事判决属于给付性法律文书，判决本身不具直接导致房产物权变更的法律效果。当事人主张该民事判决具有变更物权效力，并依据该判决的执行后果主张排除执行，依法不予支持。④

占有合法性审查 承租人请求在租赁期内阻止向受让人移交占有被执行的不动产，在人民法院查封之前已签订合法有效的书面租赁合同并占有使用该不动产的，人民法院应予支持。承租人与被执行人恶意串通，以明显不合理的低价承租被执行的不动产或者伪造交付租金证据的，对其提出的阻止移交占有的请求，人民法院不予支持。⑤

江苏省高级人民法院 案外人基于以下权利对执行标的提出异议，请求排除执行的，应依据《民事诉讼法》第二百三十四条（现《民事诉讼法》第二百三十五条）规定审查处理：（1）所有权；（2）共有权；（3）用益物权；（4）部分可以排除执行的特殊担保物权；（5）合法占有；（6）查封、抵押前设立的租赁权；（7）《民诉法解释》

---

① 参见指导案例155号：中国建某银行股份有限公司怀化市分行诉中国华某资产管理股份有限公司湖南省分公司等案外人执行异议之诉案。
② 参见《民法典》第二百二十九条。
③ 参见《最高人民法院关于适用〈中华人民共和国民法典〉物权编的解释（一）》第七条。
④ 参见张某、陈某霞与焦作中某银行股份有限公司、焦作市中某置业有限公司再审审查与审判监督民事裁定书［（2021）最高法民申1489号］。
⑤ 参见《最高人民法院关于人民法院办理执行异议和复议案件若干问题的规定》第三十一条。

第四百九十九条第二款中规定的利害关系人对第三人享有的到期债权；(8)《异议复议规定》第二十八条、第二十九条规定的不动产买受人的物权期待权和消费者物权期待权；(9)《查扣冻规定》第十五条规定的需要办理过户登记的财产或财产性权利；(10) 法律、司法解释规定的其他可以排除执行的实体性民事权益。①

当事人、利害关系人基于以下权利提出执行异议的，不应依据《民事诉讼法》第二百三十四条（现《民事诉讼法》第二百三十八条）规定审查处理：(1) 主张对执行标的物享有抵押权或不能阻却执行的留置权、质押权的；(2) 主张对执行标的物享有法定优先权的，如建设工程价款优先权，船舶优先权、税收优先权、划拨土地使用权出让金优先权、民用航空器优先权、受教育者学杂费用优先权、剩余价款优先受偿权等；(3) 主张对被执行人享有普通债权的；(4) 主张对执行标的物虽享有租赁权，但强制执行不影响租赁权的行使，或该租赁权形成于抵押、查封之后的；(5)《最高人民法院关于刑事裁判涉财产部分执行的若干规定》第十四条规定的权利；(6) 其他不足以排除执行的实体权益和程序性权益。②

案外人执行异议处理　案外人对执行标的提出的异议，经审查，按照下列情形分别处理：(一)案外人对执行标的不享有足以排除强制执行的权益的，裁定驳回其异议；(二)案外人对执行标的享有足以排除强制执行的权益的，裁定中止执行。驳回案外人执行异议裁定送达案外人之日起十五日内，人民法院不得对执行标的进行处分。③

最高人民法院案例　在执行过程中，法院在案涉房屋张贴公告，限期要求房屋使用人向该院书面申报房屋租赁或其他使用情况，逾期未申报的，该院将在公开拍卖后予以强制交付。案外人在期限内向法院提交租赁协议，实质上是主张以租赁关系排除人民法院在租赁期内对案涉房屋的强制交付。鉴于申请执行人和案外人就是否存在租赁关系存在重大争议，执行法院宜将三名案外人的主张纳入案外人异议程序立案审查，并作出裁定，相关当事人如对裁定不服的，应通过执行异议之诉解决。本案中，在是否存在租赁关系有重大事实争议的情况下，执行法院直接作出带租拍卖裁定，未将案外人所提异议进行立案审查，并通过执行异议、复议程序解决租赁关系能否排除执行

---

① 参见《江苏省高级人民法院执行异议及执行异议之诉案件办理工作指引（一）》。
② 参见《江苏省高级人民法院执行异议及执行异议之诉案件办理工作指引（一）》。
③ 参见《最高人民法院关于适用〈中华人民共和国民事诉讼法〉的解释》第四百六十三条。

问题，适用程序错误。①

执行异议担保 案外人异议审查期间，人民法院不得对执行标的进行处分。案外人向人民法院提供充分、有效的担保请求解除对异议标的的查封、扣押、冻结的，人民法院可以准许；申请执行人提供充分、有效的担保请求继续执行的，应当继续执行。因案外人提供担保解除查封、扣押、冻结有错误，致使该标的无法执行的，人民法院可以直接执行担保财产；申请执行人提供担保请求继续执行有错误，给对方造成损失的，应当予以赔偿。②

北京市高级人民法院 案外人依据《中华人民共和国民事诉讼法》第二百二十七条（现《民事诉讼法》第二百三十八条）的规定提出异议，有下列情形之一的，可以认定其不具备案外人异议主体资格，裁定驳回其异议申请：

（一）公司作为被执行人，其股东以执行该公司的财产影响其股东权益为由提出异议的；

（二）合伙作为被执行人，其合伙人以执行该合伙的财产影响其合伙权益为由提出异议的；

（三）承租人未经出租人同意转租被执行的不动产，次承租人以在租赁期限内不应腾交该不动产为由提出异议的；

（四）被执行人的其他债权人以执行被执行人的财产影响其债权受偿为由提出异议的；

（五）被执行人的共同居住人未对被执行人的房屋主张实体权利而仅以执行该房屋影响其生活为由提出异议的；

（六）案外人与执行标的不具有法律上直接利害关系的其他情形。③

江苏省高级人民法院 审查案外人执行异议中主张的实体权益是否已经生效法律文书所确认，并根据下列情形予以处理：

（1）金钱债权执行中，案外人依据另案作出的生效法律文书提出执行异议的，适用《民事诉讼法》第二百三十四条（现《民事诉讼法》第二百三十八条）规定进行审

---

① 参见何某执行裁定书〔（2018）最高法执监434号〕。
② 参见《最高人民法院关于适用〈中华人民共和国民事诉讼法〉执行程序若干问题的解释》第十五条。
③ 参见《北京市法院执行局局长座谈会（第十一次会议）纪要——关于执行工作中涉案外人异议若干问题的意见》第1条。

查，并根据《异议复议规定》第二十六条规定作出相应的执行异议裁定。

（2）金钱债权执行中，案外人依据执行标的被查封、扣押、冻结前作出的另案生效确权或形成性质的法律文书，主张其享有所有权，因此提起执行异议之诉，请求排除对该执行标的执行的，原则上应予支持。但具有下列情形的，不予支持：

①案外人根据伪造的证据取得另案生效法律文书的；

②案外人与被执行人恶意串通，以逃避债务或规避执行的；

③案外人取得的另案生效法律文书认定的事实及其裁决结果损害申请执行人或其他债权人权利的；

④案外人取得的另案生效仲裁裁决存在《中华人民共和国仲裁法》第五十八条规定情形的。

（3）金钱债权执行中，案外人依据执行标的被查封、扣押、冻结后作出的另案生效确权或形成性质的法律文书，主张其享有所有权，由此引起的执行异议之诉案件，根据下列情形处理：

①案外人以另案生效法律文书（判决书、调解书或仲裁裁决）为依据，主张其享有民事实体权益，请求停止执行的，原则上不予支持。但案外人有充分证据足以证明其是实际权利人的除外；

②案外人未向执行法院提出执行异议，或者在提出执行异议的同时，另行对被执行人提起诉讼，请求对执行标的予以确权的，执行法院或者其他法院应当不予受理；已经受理的，应裁定驳回起诉。违反上述规定作出的生效裁判文书，应通过审判监督程序予以撤销。

（4）申请执行人对案外人在执行标的查封前取得的另案生效确权或形成类法律文书申请再审的，可以根据案件具体情况决定执行异议之诉案件是否中止审理，以等待再审的处理结果。

（5）另案生效法律文书仅作为案外人提供的证据使用，执行异议之诉案件的判决不就其对错进行评判。①

优先受偿权的例外 申请执行人对执行标的依法享有对抗案外人的担保物权等优先受偿权，人民法院对案外人提出的排除执行异议不予支持，但法律、司法解释另有规定的除外。②

---

① 参见《江苏省高级人民法院执行异议及执行异议之诉案件办理工作指引（二）》第 4 条。
② 参见《最高人民法院关于人民法院办理执行异议和复议案件若干问题的规定》第二十七条。

河南省高级人民法院　案外人未否定申请执行人对案涉不动产享有担保物权或其他优先权，但以其享有顺位更优的民事权益提起执行异议之诉的，可依法予以支持。①第二十七条规定的"但法律、司法解释另有规定的除外"中，"另有规定"主要是指第二十九条规定的消费者生存权、建设工程价款优先受偿权、被拆迁人安置权等，一般不包括第二十八条规定的物权期待权。但在"先卖后抵"的情形下，被执行人先把不动产出售给案外人，又在案外人不知情的情况下抵押给申请执行人，且案外人已经占有使用，而抵押权人尤其是银行等专业机构未审慎审查所抵押的不动产是否已经出售，存在明显过错，而案外人系善意、无过错的一方又符合第二十八条所规定的条件，享有物权期待权，此种情况下，案外人要求排除执行的，一般应予支持。②

最高人民法院案例　不动产物权的设立，依照法律规定应当登记的，自记载于不动产登记簿时发生效力。某项不动产上是否设立了抵押权，应当以是否在不动产登记簿上登记公示为准，而不能有其他标准。对不动产登记簿上记载的内容理解有歧义时，应当以社会上通常的第三人如何理解为标准，而不能以抵押权人如何理解为标准。抵押登记的不动产要在法律上产生抵押权设立的效力，必须符合公示的要求，必须具体、特定、明确。本案中，由于抵押登记簿上记载的抵押财产不具体、特定、明确，对当事人而言，就不能产生其购买的商铺在其购买之前已经被抵押的效果，当事人就案涉商铺享有足以排除强制执行的民事权益。③

物权期待权　金钱债权执行中，买受人对登记在被执行人名下的不动产提出异议，符合下列情形且其权利能够排除执行的，人民法院应予支持：

（一）在人民法院查封之前已签订合法有效的书面买卖合同；

（二）在人民法院查封之前已合法占有该不动产；

（三）已支付全部价款，或者已按照合同约定支付部分价款且将剩余价款按照人民法院的要求交付执行；

（四）非因买受人自身原因未办理过户登记。④

九民纪要　实践中，对于该规定的前3个条件，理解并无分歧。对于其中的第4个条件，理解不一致。一般而言，买受人只要有向房屋登记机构递交过户登记材料，

---

① 参见《河南高院执行裁决庭涉不动产异议之诉案件审理的若干问题（2023）》第6条。
② 参见《河南高院执行裁决庭涉不动产异议之诉案件审理的若干问题（2023）》第7条。
③ 参见新疆聚某典当有限责任公司、丁某生申请执行人执行异议之诉再审审查与审判监督民事裁定书［（2017）最高法民申2274号］。
④ 参见《最高人民法院关于人民法院办理执行异议和复议案件若干问题的规定》第二十八条。

或向出卖人提出了办理过户登记的请求等积极行为的，可以认为符合该条件。买受人无上述积极行为，其未办理过户登记有合理的客观理由的，亦可认定符合该条件。①

吉林省高级人民法院 对"合法占有"进行审查时，应当从对占有的事实和行为两方面进行判断：（一）人民法院判断买受人是否"占有"不动产时，应当根据买受人对不动产是否实现了支配和控制进行评价，如买受人是否取得入户门钥匙、是否办理了入住手续以及该买受人及其共同居住人是否交纳了水、暖、电、气及物业等费用。买受人有证据证明其向他人以出租或出借等形式对不动产进行了管理的，可以视为其已经占有该不动产。（二）人民法院判断买受人是否为"合法"的占有，应当根据买受人占有的原因行为是否合法，以及占有行为本身是否合法进行评价，如买受人未经出卖人同意擅自占有的，其对不动产现实的控制，不属于"合法"的占有。②

以下情形应当认定属于"因买受人自身原因未办理过户登记"：（一）存在法律、政策上的登记障碍，如经济适用房或限购、限贷等原因不能登记的；（二）存在着如抵押权、共有等他人权利的登记障碍，而买受人未加以合理注意的；（三）已经满足了登记条件，而买受人未积极主张办理登记的。如借名买房、预告登记等买受人未及时登记的，或者因规避法律政策、逃避纳税等原因买受人不登记的。③

最高人民法院案例 买受人主张在人民法院查封之前已合法占有不动产的，该"占有"须对不动产形成事实上的管理和支配，即买受人为取得物权对外进行了公示。在未办理不动产转移手续的售后回租合同中，若买受人仅收取租金，但未对不动产形成事实上的管理、控制，出卖人在外在表现形式上仍是不动产的所有权人和实际占有、使用权人，则不满足合法占有不动产的条件，其对执行标的享有的权益不足以排除强制执行。④

河南省高级人民法院 依据《城市房地产管理法》第三十八条之规定，未取得产权证的房屋不得转让。那么，案外人受让未取得产权证的房屋存在一定的过错，但基于市场普遍存在交房多年仍无法办理产权证，且案外人已经实际入住等情况，经审查

---

① 参见《全国法院民商事审判工作会议纪要》第127条第二款。
② 参见《吉林省高级人民法院关于审理执行异议之诉案件若干疑难问题的解答（一）》问题十七。
③ 参见《吉林省高级人民法院关于审理执行异议之诉案件若干疑难问题的解答（一）》问题十八。
④ 参见恒某银行股份有限公司福州分行、莆田市涵江区海某实业投资有限公司等执行异议之诉民事再审民事判决书［（2021）最高法民再313号］。

符合第二十八条规定其他要件的，一般支持案外人排除执行的请求。① 如果案涉不动产为小产权房、安置房，该类房屋可以长期占有、使用，具有财产价值，可以成为执行标的进行现状处置，案外人对该类房产主张排除执行的，应当重点审查买卖关系的真实性价款支付及占有使用情况等，以判断案涉无证房产是否仍属于被执行人责任财产的范畴，进而裁决是否准许不予执行，但在裁决时不得进行确权。②

最高人民法院第二巡回法庭法官会议纪要　《最高人民法院关于人民法院办理执行异议和复议案件若干问题的决定》第二十八条规定了无过错不动产买受人可以排除金钱债权人执行的四个条件，只要有一个要件不符合则不能排除金钱债权的强制执行。以物抵债协议不同于买卖合同，其性质或者是新债清偿，或者是债务更新。在新债清偿场合，同时存在新旧两个债，与单一之债性质的买卖合同判然有别；在债务更新场合，债权人仅享有权利而无须履行付款义务，与需要支付对价的买卖合同亦不相同。因此，仅依据以物抵债协议，并不足以排除另一个金钱债权的执行。③

最高人民法院案例　案涉民事调解书是对被执行人与案外人达成的以物抵债调解协议的确认，而以物抵债调解协议的本质属于债的范畴，只能表明被执行人与案外人达成以土地使用权抵偿债务的利益安排，产生的直接后果是案外人取得要求被执行人转移案涉土地使用权的请求权。此时创设物权仍要按照法律规定的物权变动规则进行，即办理过户登记，方可发生物权变动之效果。在变更登记之前，案涉土地使用权仍属于被执行人，案外人享有的民事权益并不优于申请执行人，不足以排除另案的强制执行。④

商品房消费者优先权　金钱债权执行中，买受人对登记在被执行的房地产开发企业名下的商品房提出异议，符合下列情形且其权利能够排除执行的，人民法院应予支持：

---

①　参见《河南高院执行裁决庭涉不动产异议之诉案件审理的若干问题（2023）》第18条，参考（2021）最高法民申3814号一案，最高院未支持案外人为典当公司排除执行请求，明确：自建房屋仍在尚未取得案涉扩建房屋的产权登记证书情况下，与案外人就扩建房屋签订以房抵债协议，且案外人对此系明知，案外人享有物权期待权，亦不足以排除强制执行的民事权利。

②　参见《河南高院执行裁决庭涉不动产异议之诉案件审理的若干问题（2023）》第19条，特别说明：关于第28条的理解与适用，河南高院在该规范性文件中进行了详细说明，对于书面买卖合同的范畴、合法占有的认定、买受人自身原因的认定等问题进行扩张性解释，具有很强的参考价值。

③　参见《以物抵债权利人能否排除一般债权人的执行》（最高人民法院第二巡回法庭2021年第15次法官会议纪要），载贺小荣主编《最高人民法院第二巡回法庭法官会议纪要（第三辑）》，人民法院出版社2022年版，第17页。

④　参见郭某田、姚某义再审民事判决书［（2018）最高法民再445号］。

（一）在人民法院查封之前已签订合法有效的书面买卖合同；

（二）所购商品房系用于居住且买受人名下无其他用于居住的房屋；

（三）已支付的价款超过合同约定总价款的百分之五十。①

九民纪要 对于其中"所购商品房系用于居住且买受人名下无其他用于居住的房屋"如何理解，审判实践中掌握的标准不一。"买受人名下无其他用于居住的房屋"，可以理解为在案涉房屋同一设区的市或者县级市范围内商品房消费者名下没有用于居住的房屋。商品房消费者名下虽然已有1套房屋，但购买的房屋在面积上仍然属于满足基本居住需要的，可以理解为符合该规定的精神。对于其中"已支付的价款超过合同约定总价款的百分之五十"如何理解，审判实践中掌握的标准也不一致。如果商品房消费者支付的价款接近于百分之五十，且已按照合同约定将剩余价款支付给申请执行人或者按照人民法院的要求交付执行的，可以理解为符合该规定的精神。②

案外人对执行标的提出异议的，执行法院应当审查并作出裁定。按民事诉讼法第204条（现民事诉讼法第二百三十八条）的规定，案外人不服此裁定只能提起诉讼或者按审判监督程序办理。执行法院在针对异议作出的裁定书中赋予案外人、当事人申请复议的权利，无法律依据。③

最高人民法院指导案例 《最高人民法院关于人民法院办理执行异议和复议案件若干问题的规定》第二十八条规定了不动产买受人排除金钱债权执行的权利，第二十九条规定了消费者购房人排除金钱债权执行的权利。案外人对登记在被执行的房地产开发企业名下的商品房请求排除强制执行的，可以选择适用第二十八条或者第二十九条规定；案外人主张适用第二十八条规定的，人民法院应予审查。④

最高人民法院第一巡回法庭裁判观点 消费者购房人主张执行异议之诉的法律适用——恒某公司与王某、尚某居公司案外人执行异议之诉纠纷案

1.《执行异议和复议规定》第二十九条基于对消费者生存权价值的维护，赋予了消费者对买受房屋的物权期待权以排除执行的效力。在执行异议之诉案件中，从法律逻辑上看，房屋买受人若要排除普通债权的执行，既可以选择适用《执行异议和复议

---

① 参见《最高人民法院关于人民法院办理执行异议和复议案件若干问题的规定》第二十九条。
② 参见《全国法院民商事审判工作会议纪要》第125条第二款、第三款。
③ 参见《最高人民法院关于执行工作中正确适用修改后民事诉讼法第202条、第204条规定的通知》。
④ 指导案例156号：王某岩诉徐某君、北京市金某房地产发展有限责任公司案外人执行异议之诉案。

规定》第二十八条，也可以选择适用第二十九条。但房屋买受人若要排除建设工程价款优先受偿权、担保物权等权利的强制执行，则必须符合《执行异议和复议规定》第二十九条的规定。

2.《执行异议和复议规定》第二十九条第二项规定中的"买受人名下无其他用于居住的房屋"不应机械地仅限于套数的理解。如原有住房不能满足现有家庭成员的居住要求，再购买房屋是为了对居住环境进行必要的改善，其仍属于满足生存权的合理消费范畴。①

河南省高级人民法院 在判断"买受人名下"无其他房屋时，应当将买受人及其配偶、未成年子女一并考虑。② 如果案外人系通过"以物抵债"的方式取得房屋，但该房屋系其唯一住房，该案外人也可视为商品房消费者。案外人系法人或其他消费主体，执行标的系具有投资属性的商铺、写字楼、储物间等不动产的，不适用第二十九条规定。③

【专题十五】关于确权之诉、执行异议之诉与权利保护的顺位问题

一、关于确权诉讼与执行异议之诉的区别与联系

司法实践中，存在不少被执行人与案外人恶意串通，通过倒签买卖、租赁合同的方法恶意提出执行异议之诉，甚至提起另案以诉讼调解、仲裁和解等方式取得生效法律文书，达到拖延、规避和阻碍执行法院对执行标的的执行。在案外人执行异议之诉中，表面上是案外人对执行标的物实体权益与申请执行人对标的物执行请求权的冲突，实质上是案外人与被执行人对执行标的的实体权益冲突，因为申请执行人的执行请求权建立在执行标的属于被执行人责任财产的基础之上。因此，确权诉讼与执行异议之诉程序虽然不同，但其目标、价值是相通的，二者实质上是要解决执行标的的实际权益归属的问题。

案外人执行异议之诉审查案外人是否享有足以排除人民法院强制执行的实体权益，从程序上决定执行能否继续推进，其价值是程序性的，而非实体性的。案外人只有在执行法院对书面异议作出执行异议裁定后，才能提出执行异议之诉。如果案外人或申

---

① 参见《最高人民法院第一巡回法庭典型民商事案件裁判观点与文书指导·第1卷》，中国法制出版社2020年版，第370-371页。
② 参见《河南高院执行裁决庭涉不动产异议之诉案件审理的若干问题（2023）》第20条。
③ 参见《河南高院执行裁决庭涉不动产异议之诉案件审理的若干问题（2023）》第24条。

请执行人没有提出执行异议，而是直接提出执行异议之诉的，人民法院将不予受理。确权之诉的主要价值是实体性的，裁判结果将直接决定当事人对执行标的是否享有实体权益。在执行异议之诉中，案外人可以一并提出确权请求，但这是附带性的，如果只是提出确权请求，那么法院将予以驳回。因此，对于案外人是否对执行标的享有实体权益，案外人既可以在执行之诉中请求确权，也可以在取得执行异议之诉判决后，另行起诉。

此外，在执行异议之诉中，《最高人民法院关于适用〈中华人民共和国民事诉讼法〉的解释》第三百零五条、第三百零六条规定了共同被告、第三人的诉讼地位，申请执行人、案外人、被执行人将在同一程序中对争议进行审查。生效裁判具有强制执行力，执行异议之诉的目的是解决执行力问题，在生效裁判存在实体问题时，应当中止执行。案外人在提起确权诉讼时，如果执行标的存在查封、扣押、冻结，就应当首先通过执行异议程序解决执行争议问题，之后再通过再审、第三人撤销之诉等解决实体问题。在执行所依据的生效裁判未被撤销的情况下，生效裁判具有既判力，这是一种对世的效力，冀图通过另案来否定生效裁判，违反既判力原则。

二、关于执行法院与确权法院的管辖问题

第一，关于审判阶段的管辖问题。《最高人民法院关于人民法院立案、审判与执行工作协调运行的意见》第8条规定，"审判部门在审理确权诉讼时，应当查询所要确权的财产权属状况。需要确权的财产已经被人民法院查封、扣押、冻结的，应当裁定驳回起诉，并告知当事人可以依照民事诉讼法第二百二十七条的规定主张权利"。《最高人民法院关于执行权合理配置和科学运行的若干意见》第26条规定，"审判机构在审理确权诉讼时，应当查询所要确权的财产权属状况，发现已经被执行局查封、扣押、冻结的，应当中止审理；当事人诉请确权的财产被执行局处置的，应当撤销确权案件；在执行局查封、扣押、冻结后确权的，应当撤销确权判决或者调解书"。

第二，关于执行阶段的管辖问题。《最高人民法院关于依法制裁规避执行行为的若干意见》第9条规定，"在执行阶段，案外人对人民法院已经查封、扣押、冻结的财产提起异议之诉的，应当依照《中华人民共和国民事诉讼法》第二百零四条和《最高人民法院关于适用民事诉讼法执行程序若干问题的解释》第十八条的规定，由执行法院受理。案外人违反上述管辖规定，向执行法院之外的其他法院起诉，其他法院已经受理尚未作出裁判的，应当中止审理或者撤销案件，并告知案外人向作出查封、扣押、冻结裁定的执行法院起诉"。

从以上规定来看，在需要确权的标的被查封、扣押、冻结之后，当事人只能向执行法院提起执行异议之诉，结合执行异议之诉可以同时提出确权请求，我们可以得出以下结论：只要标的被查封、扣押、冻结，执行法院就对标的享有专属管辖权，无论是执行异议之诉，还是确权之诉，均只能向执行法院提出。根据《最高人民法院关于人民法院办理执行异议和复议案件若干问题的规定》第二十六条第二款的规定，"金钱债权执行中，案外人依据执行标的被查封、扣押、冻结后作出的另案生效法律文书提出排除执行异议的，人民法院不予支持"。因此，在金钱债权执行中，其他法院违反执行法院专属管辖受理案件，只要法律文书生效时间在查封、扣押、冻结之后，就不能排除执行法院的执行行为。在非金钱债权执行中，案外人以另案生效法律文书提出执行异议，应根据《九民纪要》第123条的规定进行审查，判断执行依据和另案依据分别属于确权裁判还是给付裁判。

三、关于权利保护的顺位

案外人执行异议之诉案件的办理应当遵循权利顺位原则，即按照权利的优先性来确定优先保护哪一种权利。权利顺位一般按照被拆迁人安置权＞商品房消费者生存权＞建设工程价款优先受偿权＞担保物权＞一般买受人物权期待权＞普通债权的顺序来确定。①

被拆迁人安置权、商品房消费者生存权具有绝对优先的保护价值，案外人以此提出执行异议时，法律适用应尽量向其倾斜，江苏、吉林高院的观点值得参考：

吉林省高级人民法院 金钱债权执行中，如果案外人是《最高人民法院关于审理商品房买卖合同纠纷案件适用法律若干问题的解释》第七条规定的被拆迁人，其与拆迁人按照所有权调换形式订立了真实、合法、有效的拆迁补偿安置协议，明确约定或以行为确定了拆迁人以位置、用途特定的房屋对其予以补偿安置，同时执行法院将该补偿安置房屋作为执行标的物的，该案外人请求排除执行的，人民法院应当支持。②

最高人民法院案例 《最高人民法院关于审理商品房买卖合同纠纷案件适用法律若干问题的解释》第七条第一款规定，拆迁人与被拆迁人按照所有权调换形式订立拆迁补偿安置协议，明确约定拆迁人以位置、用途特定的房屋对被拆迁人予以补偿安置，

---

① 参见《河南高院执行裁决庭涉不动产异议之诉案件审理的若干问题（2023）》第1条，江苏省高院也有类似规定，可参见《江苏省高级人民法院执行异议及执行异议之诉案件办理工作指引（二）》第12条。

② 参见《吉林省高级人民法院关于审理执行异议之诉案件若干疑难问题的解答（一）》问题十一。

如果拆迁人将该补偿安置房屋另行出卖给第三人，被拆迁人请求优先取得补偿安置房屋的，应予支持。在法律及司法解释规定商品房消费者的权利可以排除对执行标的依法享有的担保物权等优先受偿权的情况下，二审判决基于拆迁补偿安置权益效力优先于就同一特定房屋与拆迁人签订房屋买卖合同的包括商品房消费者及一般买受人在内的第三人的权利，兼顾本案被拆迁人的集体利益保护，从而认定拆迁补偿安置权益的效力优先于已经设定的抵押权，具有事实和法律依据。①

需要说明的是，《最高人民法院关于审理商品房买卖合同纠纷案件适用法律若干问题的解释》第七条在2020年修订时被全文删除，但该条规定体现的对被拆迁人利益保护的法律原则依然有效。抵押权人基于物权公示效力在补偿安置房屋上设立抵押权，或者拆迁人对补偿安置房另行出卖，抵押权人、买受人的权益与被拆迁人的权益都应依法受保护，但当被拆迁人的利益涉及宪法所规定的基本生存权利时，第三人的民事权利就应当屈居第二位，这在理论上称之为"宪法在私法上的效力原理"。在我国民事实体法关于特殊权利予以优先保护的规定中，补偿安置优先取得权益在效力上具有很强的优先性。无论对此种权益的性质有何争论，即便将其理解为特殊债权，虽然物权优于债权是处理权利冲突时的基本原则，但被拆迁人基于以房换房的产权调换房屋享有的这种特殊债权，是以牺牲原房屋居住权作为代价的，应对该种特殊债权赋予其物权的优先效力。②

吉林省高级人民法院　执行异议之诉案件中，被执行人是《最高人民法院关于人民法院办理执行异议和复议案件若干问题的规定》第二十九条规定的"房地产开发企业"，并且执行标的物是登记在该房地产开发企业名下商品房时，如果案外人享有的实体民事权益参照该规定第二十九条不足以排除执行，但参照该规定第二十八条足以排除执行的，人民法院可以参照第二十八条作出裁判。③

江苏省高级人民法院　金钱债权执行中，被执行人为房地产开发企业，案外人作为被执行人开发的商品房买受人，其主张只要符合《异议复议规定》第二十八条或第二十九条规定任一条规定情形的，对其诉讼请求或抗辩主张应予以支持。买受人的权

---

① 参见中某银行股份有限公司郑州农业路支行、郑州市金某区未来路街道办事处燕庄村委会燕庄第一村民组等案外人执行异议之诉民事申请再审查民事裁定书［（2021）最高法民申5083号］。

② 参见《被拆迁人的补偿安置权益与抵押权的优先性比较（最高人民法院第五巡回法庭2019年第92、96次法官会议纪要）》，载《最高人民法院第五巡回法庭法官会议纪要》，李少平主编，人民法院出版社2021年版，第1224页。

③ 参见《吉林省高级人民法院关于审理执行异议之诉案件若干疑难问题的解答（一）》问题二十。

利主张虽然不符合《异议复议规定》第二十八条或第二十九条规定情形，但符合《查扣冻规定》第十五条规定情形的，对其诉讼请求或抗辩主张也应予以支持。①

四、典型案例

最高人民法院案例 虽然我国现行立法未就物权期待权作出明确规定，但作为一种从债权过渡而来、处于物权取得预备阶段的权利状态，此种权利具有与债权相区别、与物权相类似的效力特征。买受人支付全部购房款且实际占有房屋，基于合同享有的一般债权即转为对房屋享有的物权期待权，通过占有获得了公示效力，具备物权的实质性要素，买受人可以合理预期通过办理不动产登记将该物权期待权转化为《中华人民共和国物权法》意义上的物权（所有权）。至于房屋是否具有居住功能，与房屋系商业房还是住宅的属性并无直接对应关系，商业房被用于自住、住宅被用于投资炒卖的现象在现实中均不鲜见。房屋虽为酒店式公寓，但在买受人实际自住且无其他可居住房屋的情况下，其居住、生存权益相对于其他普通金钱债要更具优先保护的价值和意义。②

最高人民法院案例 债权人对债务人的担保债权业经人民法院生效判决予以确认，而案外人与债务人签订的《房产买卖协议》的效力亦经人民法院的生效判决予以确认，保证债权人和案外人均系债务人的债权人，二者的法律地位平等，但各自的债权内容有别。具体而言，保证债权人在债务人未清偿债务的情况下，有权要求债务人以其全部财产承担连带清偿责任，其债权指向的责任财产范围，是债务人包括案涉房屋在内的全部个人财产。而案外人作为债权人，以案涉房屋这一特定财产为唯一客体，已依约支付了大部房屋价款，并实际占有了案涉房屋，除享有要求办理过户登记的物权期待权之外，其作为合法占有人有权主张《民法典》第四百六十二条规定的对占有的保护性权利。③

---

① 《江苏省高级人民法院执行异议及执行异议之诉案件办理工作指引（二）》第10条，《最高人民法院关于人民法院民事执行中查封、扣押、冻结财产的规定》第十五条规定：被执行人将其所有的需要办理过户登记的财产出卖给第三人，第三人已经支付部分或者全部价款并实际占有该财产，但尚未办理权过户登记手续的，人民法院可以查封、扣押、冻结；第三人已经支付全部价款并实际占有，但未办理过户登记手续的，如果第三人对此没有过错，人民法院不得查封、扣押、冻结。

② 参见陈某亭、某市住安建设发展股份有限公司再审民事判决书［（2019）最高法民再49号］。

③ 参见刘某生、杜某清再审民事判决书［（2017）最高法民再355号］。

第二节　执行异议之诉

在执行标的异议程序中，执行异议请求被驳回后，当事人即可以提起执行异议之诉程序，人民法院需要审理查明案外人是否具有实体性权利，进而判断案外人是否享有足以排除强制执行的权利。执行异议作为执行程序的一部分，其制度功能在于快速、不间断地实现生效裁判文书确定的债权，在价值取向上更注重程序效率性，同时兼顾实体公平性，对当事人的权利侧重于形式审查，而执行异议之诉则是一个独立的完整的实体审理程序，其价值取向是以公平优先，兼顾效率，通过实质审查的方式对执行标的权属进行认定，以实现对案外人民事权益的实体性执行救济。因此，在执行异议之诉中，案外人可以同时提出确权请求，人民法院可以一并作出裁判。

> **第 103 项请求权：申请执行异议之诉**　对案外人提起的执行异议之诉，人民法院经审理，按照下列情形分别处理：（一）案外人就执行标的享有足以排除强制执行的民事权益的，判决不得执行该执行标的；（二）案外人就执行标的不享有足以排除强制执行的民事权益的，判决驳回诉讼请求。案外人同时提出确认其权利的诉讼请求的，人民法院可以在判决中一并作出裁判。[①]

安徽省高级人民法院　案外人在执行异议之诉中附带提起的请求解除查封、要求被执行人继续履行合同、交付标的物或支付违约金等诉讼请求，不属于执行异议之诉案件的审理范围，其可以就此另行主张权利。[②]

最高人民法院案例　当事人在仲裁庭对仲裁请求已作出裁决的情况下，仍然以申请追加被执行人的方式再次主张同样的请求，并在被驳回后提起执行异议之诉，不具有正当性。因其在执行异议、执行异议之诉中的请求与仲裁程序中的请求相同，如果人民法院再次予以审理，就违反了或裁或审原则。因此，当事人提起执行异议之诉在本质上属于重复诉讼，应当驳回起诉。[③]

[①] 参见《最高人民法院关于适用〈中华人民共和国民事诉讼法〉的解释》第三百一十条。
[②] 参见《安徽省高级人民法院关于审理执行异议之诉案件若干问题的会议纪要》第 10 条。
[③] 参见中铁物某有限公司、济南润某机车车辆物流有限责任公司等申请执行人执行异议之诉其他民事民事裁定书［（2021）最高法民申 42 号］。

案外人排除执行异议之诉 对案外人提起的执行异议之诉,人民法院经审理,按照下列情形分别处理: (一)案外人就执行标的享有足以排除强制执行的民事权益的,判决不得执行该执行标的; (二)案外人就执行标的不享有足以排除强制执行的民事权益的,判决驳回诉讼请求。案外人同时提出确认其权利的诉讼请求的,人民法院可以在判决中一并作出裁判。[1]

最高人民法院案例 在案外人执行异议之诉中,不仅涉及案外人与被执行人的利益,还涉及申请执行人的利益。在案外人与被执行人存在关联关系时,对其证据审查应坚持从严原则,严格适用自认,不能仅仅依据证据表面形式认定排除执行的条件是否成立,而应结合相关合同的具体内容、履行情况、交易习惯等进行综合认定。[2]

申请执行人许可执行异议之诉 对申请执行人提起的执行异议之诉,人民法院经审理,按照下列情形分别处理: (一)案外人就执行标的不享有足以排除强制执行的民事权益的,判决准许执行该执行标的; (二)案外人就执行标的享有足以排除强制执行的民事权益的,判决驳回诉讼请求。[3]

黑龙江省高级人民法院 审理中确认存在以下情形,可以判决许可强制执行特定标的:

(一)案外人虽为所有权人,但案外人以争议财产为被执行人提供担保、案外人的财产已经添附于被执行的不动产且无法分割的;

(二)案外人向被执行人转让财产,虽然动产未转移占有、不动产未办理变更登记,但申请执行人已向案外人支付剩余价款,或者案外人同意剩余价款从该财产变价款中优先支付的;

(三)案外人对被执行人仅享有普通债权的;

(四)案外人对执行标的仅享有交付请求权的,但是符合本解答第九条第八项、第九项规定的情形除外;【备注:本解答第九条第八项、第九项规定为(八)案外人已依据其与被执行人的买卖合同支付部分价款并实际占有执行标的,且案外人要求继续履行合同,并可以在合理期限内支付全部余款的;(九)案外人已依据其与被执行人的买卖合同支付全部价款并实际占有需要办理权属变更登记的执行标的,虽然未办

---

[1] 参见《最高人民法院关于适用〈中华人民共和国民事诉讼法〉的解释》第三百一十条。
[2] 参见南昌县鼎某贸易有限公司、某省企业信用担保有限责任公司案外人执行异议之诉再审审查与审判监督民事裁定书[(2021)最高法民申5999号]。
[3] 参见《最高人民法院关于适用〈中华人民共和国民事诉讼法〉的解释》三百一十一条。

理变更登记,但其没有不依据合同约定或者法律规定提供手续、支付费用和其他拖延办理登记等过错行为的。】

(五)案外人对执行标的享有租赁权的,但是因强制执行可能影响租赁权行使的除外;

(六)其他强制执行不影响案外人实体权利的情形。①

安徽省高级人民法院　承租人以其对承租的房屋,有限责任公司股东、合伙人以其对股权合伙份额享有优先购买权为由提起执行异议之诉,请求停止执行的,不予支持。担保物权人、建设工程价款优先受偿权人以其对执行标的享有优先受偿权为由提起执行异议之诉,请求停止执行的,不予支持但金钱质权人除外。担保物权人、建设工程优先受偿权人对执行分配方案不服的,可依法提起执行分配方案异议之诉。②

对案外人执行异议之诉,人民法院判决不得对执行标的执行的,执行异议裁定失效。对申请执行人执行异议之诉,人民法院判决准许对该执行标的执行的,执行异议裁定失效,执行法院可以根据申请执行人的申请或者依职权恢复执行。③

被执行人无权提出执行异议之诉　申请执行人对中止执行裁定未提起执行异议之诉,被执行人提起执行异议之诉的,人民法院告知其另行起诉。④

最高人民法院案例　执行程序系由申请执行人启动,而对执行标的的执行异议系由案外人提出,故是否应予强制执行特定标的的争议存在于申请执行人和案外人之间,与被执行人利益并无直接利害关系。退而言之,如果执行异议裁定驳回案外人的执行异议,则执行程序依法继续进行,被执行人利益现状并未因执行异议裁定的内容发生变动。如果执行异议裁定支持案外人的执行异议,则中止执行,该裁定内容亦无损被执行人利益。如果被执行人认为执行异议裁定作出中止执行所依据的事实或者对执行标的的权属认定错误,则视为其与案外人对特定执行标的的权属存有争议,被执行人可以依据民事诉讼法解释第三百零九条规定,另行起诉予以救济。⑤

执行异议之诉申请期限　根据民事诉讼法第二百三十四条规定,案外人对执行标

---

① 参见《黑龙江省高级人民法院关于审理执行异议之诉案件若干问题的解答(修订版)》第十条。
② 参见《安徽省高级人民法院关于审理执行异议之诉案件若干问题的会议纪要》第5条。
③ 参见《最高人民法院关于适用〈中华人民共和国民事诉讼法〉的解释》第三百一十二条。
④ 参见《最高人民法院关于适用〈中华人民共和国民事诉讼法〉的解释》第三百零七条。
⑤ 参见广东凯某世纪酒店管理有限公司执行异议之诉再审审查与审判监督民事裁定书[(2020)最高法民申1444号]。

的提出异议的,应当在该执行标的执行程序终结前提出。[1]

最高人民法院第二巡回法庭法官会议纪要 执行标的权属因执行而变动后案外人能否提起执行异议之诉

执行异议之诉以"执行过程中"案外人对执行标的提出书面异议为前提,目的在于阻却执行程序的继续进行,在执行法院已作出以房抵债的裁定并送达之后,执行程序已终结,案外人此后才提出执行异议及执行异议之诉,不符合执行异议之诉的受理条件,应不予受理;已经受理的,应驳回起诉。[2]

吉林省高级人民法院 执行异议之诉的核心在于是否排除人民法院的强制执行,执行程序终结后,执行异议之诉因缺乏可供评价的执行事实而丧失审理基础,案外人不能通过执行异议之诉实现其排除执行的诉讼目的,其提起执行异议之诉的,人民法院应当不予受理;已经受理的,裁定驳回起诉。在执行异议之诉案件审理期间,执行程序因据以执行的金钱债权以其他方式得以清偿或因执行标的物灭失等原因终结的,人民法院可以向作为原告的案外人或申请执行人释明其撤回起诉,该原告不同意撤回起诉的,应当裁定终结诉讼;案外人一并主张确认权利的,人民法院可以告知其另行提起诉讼。[3]

权利人审查 对案外人的异议,人民法院应当按照下列标准判断其是否系权利人:

(一)已登记的不动产,按照不动产登记簿判断;未登记的建筑物、构筑物及其附属设施,按照土地使用权登记簿、建设工程规划许可、施工许可等相关证据判断;

(二)已登记的机动车、船舶、航空器等特定动产,按照相关管理部门的登记判断;未登记的特定动产和其他动产,按照实际占有情况判断;

(三)银行存款和存管在金融机构的有价证券,按照金融机构和登记结算机构登记的账户名称判断;有价证券由具备合法经营资质的托管机构名义持有的,按照该机构登记的实际出资人账户名称判断;

(四)股权按照工商行政管理机关的登记和企业信用信息公示系统公示的信息判断;

---

[1] 参见《最高人民法院关于适用〈中华人民共和国民事诉讼法〉的解释》第四百六十二条。
[2] 参见《执行标的权属因执行而变动后案外人能否提起执行异议之诉》(最高人民法院第二巡回法庭2019年第9次法官会议纪要),载贺小荣主编《最高人民法院第二巡回法庭法官会议纪要(第一辑)》,人民法院出版社2019年版,第160页。
[3] 参见《吉林省高级人民法院关于审理执行异议之诉案件若干疑难问题的解答(一)》问题九。

（五）其他财产和权利，有登记的，按照登记机构的登记判断；无登记的，按照合同等证明财产权属或者权利人的证据判断。

案外人依据另案生效法律文书提出排除执行异议，该法律文书认定的执行标的权利人与依照前款规定得出的判断不一致的，依照本规定第二十六条规定处理。①

最高人民法院第法官会议纪要　原《物权法》第23条规定动产物权变动采取交付生效主义，机动车作为特殊动产应予适用，该基本原则在执行异议之诉中并未动摇。因此，出卖人向买受人交付机动车后，即发生机动车物权变动的法律效力，是否办理物权变更登记，仅是能否对抗善意第三人的要件，不是机动车物权变动的生效要件。一般债权的申请执行人不属于该法第24条规定的"善意第三人"，买受人可以其物权对抗一般债权人并排除执行。为防止案外人与被执行人恶意串通，通过虚假交易恶意对抗执行，故在执行异议之诉中，有必要实质审查异议人是否为真实买受人并完成交付。在排除虚假诉讼合理怀疑，可以认定异议人为真实物权人的情况下，异议人具有排除强制执行的民事权益。②

隐名股东执行异议的审查　根据公示公信原则，对股权的强制执行，涉及内部关系的，基于当事人的意思自治来解决。涉及外部关系的，根据工商登记来处理。案外人或申请人执行异议之诉中有关诉争股权的审理和确认，应当按照工商登记管理机关的登记和企业信用信息公示系统公示的信息来进行判断。具体来说：

一、明确以登记股权作为判断标准，保护案外人信赖利益。"工商登记是对公司股权情况的公示，与登记股东进行交易的善意第三人及登记股东的债权人有权信赖工商机关登记的股权情况，该信赖利益应当得到法律的保护。在案涉股份的实际出资人与公示出来的登记股东不符的情况下，法律优先保护信赖公示的与登记股东进行交易的善意第三人及登记股东的债权人的权利，而将实际投资人的权利保护置于这些人之后。"③

二、以法院采取保全查封措施时的登记信息进行判断。实践中，存在登记股东、实际股东通过将股权转让、代持等方式变更股权，查封时与执行异议时股东不一致，股权仍属于登记股东的责任财产，实际权利人不能排除执行。"对于案外人是否通过受

---

① 参见《最高人民法院关于人民法院办理执行异议和复议案件若干问题的规定》第二十五条。
② 参见《执行异议之诉中机动车实际买受人是否可以排除执行》（最高人民法院第二巡回法庭2020年第3次法官会议纪要），载《最高人民法院第二巡回法庭法官会议纪要（第二辑）》，贺小荣主编，人民法院出版社2021年版，第201-202页。
③ 参见青海百某高纯材料开发有限公司、某银行股份有限公司青海省分行二审民事判决书[（2017）最高法民终100号]。

让行为取得案涉股权的所有权并足以排除强制执行，重点应当审查在前案诉讼程序中人民法院根据当事人的申请采取财产保全措施查封诉争股权时，案涉股权在工商行政管理机关有关工商档案中是否登记在案外人名下。案外人提交证据未能体现人民法院采取保全措施时案涉股权的权属状态，不能证明其就案涉股权享有足以排除强制执行的民事权益。"①

最高人民法院案例　采矿权转让合同系应当依法办理批准手续后生效的合同，受让人在办理矿业权变更登记后才能依法取得采矿权。被执行人取得的采矿权具有公示公信效力。案外人与被执行人签订的《合作协议书》中关于案涉煤矿采矿权权属的约定，仅对协议双方具有约束力，不能对抗被执行人经依法批准、登记取得的采矿权公示公信效力。案外人未提供证据证明银行在与被执行人签订贷款合同前知道或应当知道其与被执行人之间就案涉煤矿存在挂靠关系，银行基于对采矿权登记所产生的物权公示公信效力存在需要保护的信赖利益，符合物权法关于保护交易安全的立法精神。因此，案外人不享有足以排除银行的强制执行民事权益。②

以另案生效法律文书提出排除执行异议的处理　金钱债权执行中，案外人依据执行标的被查封、扣押、冻结前作出的另案生效法律文书提出排除执行异议，人民法院应当按照下列情形，分别处理：

（一）该法律文书系就案外人与被执行人之间的权属纠纷以及租赁、借用、保管等不以转移财产权属为目的的合同纠纷，判决、裁决执行标的归属于案外人或者向其返还执行标的且其权利能够排除执行的，应予支持；

（二）该法律文书系就案外人与被执行人之间除前项所列合同之外的债权纠纷，判决、裁决执行标的归属于案外人或者向其交付、返还执行标的的，不予支持。

（三）该法律文书系案外人受让执行标的的拍卖、变卖成交裁定或者以物抵债裁定且其权利能够排除执行的，应予支持。

金钱债权执行中，案外人依据执行标的被查封、扣押、冻结后作出的另案生效法律文书提出排除执行异议的，人民法院不予支持。

非金钱债权执行中，案外人依据另案生效法律文书提出排除执行异议，该法律文

---

① 参见刘某财与刘某忠、郑某荣等案外人执行异议之诉再审审查民事裁定书［（2021）最高法民申7699号］。

② 参见贵州鑫某源能源投资（集团）有限公司纳雍县老凹坝乡某煤矿、中某银行股份有限公司贵阳分行等案外人执行异议之诉民事二审民事判决书［（2021）最高法民终686号］。

书对执行标的权属作出不同认定的,人民法院应当告知案外人依法申请再审或者通过其他程序解决。

申请执行人或者案外人不服人民法院依照本条第一、二款规定作出的裁定,可以依照民事诉讼法第二百二十七条规定提起执行异议之诉。①

北京市高级人民法院 案外人撤回异议,或者案外人异议被裁定驳回后未提出异议之诉,案外人再次在同一执行案件中就同一执行标的提出异议的,人民法院不予受理;已经受理的,裁定驳回其异议申请。

案外人异议被裁定驳回后未提出异议之诉,而申请对该裁定进行执行监督的,人民法院不予受理;已经受理的,裁定驳回其执行监督申请。

案外人异议被裁定驳回后提出过异议之诉,案外人又以发现新的证据或新的事由为由再次在同一执行案件中就同一执行标的提出异议的,人民法院不予受理;已经受理的,裁定驳回其异议申请。

案外人撤回异议,或者案外人异议被裁定驳回后未提出异议之诉,案外人又以发现新的证据或新的事由为由再次在同一执行案件中就同一执行标的提出异议的,人民法院应当予以受理并审查。②

执行异议之诉调解 在执行异议之诉案件审理中,是否适用调解制度,司法实践中存在争议。通常认为,因执行异议之诉涉及申请执行人、被执行人、案外人三方主体利益,加之诉讼与执行程序的交织,执行异议之诉案件应当慎用自认规则与和解制度。即使被执行人对案外人的权利主张表示承认,亦不能免除案外人的举证责任。对于执行异议之诉能否调解,地方高院持有三种态度:一是调解例外,除庭外达成和解并撤诉外,一般不进行调解,不出具调解书;③ 二是禁止调解,执行异议及执行异议之诉案件的裁判结果不受当事人处分权利的约束,不得进行调解;④ 三是调解优先,根据"调解优先、调判结合"的原则,积极组织案外人与申请执行人、被执行人进行调解。⑤

---

① 参见《最高人民法院关于人民法院办理执行异议和复议案件若干问题的规定》第二十六条。
② 参见《北京市法院执行局局长座谈会(第十一次会议)纪要——关于执行工作中涉案外人异议若干问题的意见》第3条。
③ 参见《河南高院执行裁决庭涉不动产异议之诉案件审理的若干问题(2023)》第5条。
④ 参见《江苏省高级人民法院执行异议及执行异议之诉案件办理工作指引(一)》第一条第(六)款。
⑤ 参见《黑龙江省高级人民法院关于审理执行异议之诉案件若干问题的解答(修订版)》第十二条。

民事执行实务精要：请求权基础·案例·专题

【专题十六】执行异议之诉与撤销之诉、再审的衔接，案外人、当事人如何正确地选择救济程序？

从我国当前的案外人救济制度看，《民事诉讼法》第二百三十六条和第二百三十八条规定分别针对执行依据错误、执行标的错误、执行措施不当设置了不同的救济措施：执行依据错误的，应当通过案外人申请再审或第三人撤销之诉等制度解决；执行依据正确但执行标的错误的，通过执行异议之诉解决，包括案外人异议和申请执行人异议两种情形；执行措施不当的，通过执行异议、执行复议等执行监督程序解决。

案外人救济程序包括案外人执行异议之诉、申请再审和第三人撤销之诉三种类型。再审案件的申请人限于案件当事人，通常与案件无关的其他人无权申请再审。在案外人作为第三人的诉讼案件中，人民法院判决承担民事责任的案外人，既有权提起第三人撤销之诉，也有权提起再审程序。在执行异议程序中，案外人既有可能提起再审程序，也有可能提起执行异议之诉。这些制度在为案外人权利保障提供更多救济渠道的同时，彼此之间错综复杂的关系也容易导致认识上的偏差，因此有必要厘清其相互之间的关系，以便正确适用不同程序。

一、执行程序中，执行标的异议裁定的救济途径

在执行过程中，案外人对执行标的提出执行异议，人民法院作出中止执行或驳回异议的裁定，案外人、当事人对裁定不服的，有两种救济途径：

（一）认为原判决、裁定错误的，申请再审。

根据民事诉讼法第二百三十四条规定，案外人对驳回其执行异议的裁定不服，认为原判决、裁定、调解书内容错误损害其民事权益的，可以自执行异议裁定送达之日起六个月内，向作出原判决、裁定、调解书的人民法院申请再审。①

《最高人民法院关于适用〈中华人民共和国民事诉讼法〉的解释》规定，人民法院裁定再审后，案外人属于必要的共同诉讼当事人的，依照本解释第四百二十条第二款规定处理。案外人不是必要的共同诉讼当事人的，人民法院仅审理原判决、裁定、调解书对其民事权益造成损害的内容。经审理，再审请求成立的，撤销或者改变原判决、裁定、调解书；再审请求不成立的，维持原判决、裁定、调解书。②

必要共同诉讼漏列的当事人申请再审 民事诉讼法司法解释对必要共同诉讼漏列的当事人申请再审规定了两种不同的程序，二者在管辖法院及申请再审期限的起算点

---

① 参见《最高人民法院关于适用〈中华人民共和国民事诉讼法〉的解释》第四百二十一条。
② 参见《最高人民法院关于适用〈中华人民共和国民事诉讼法〉的解释》第四百二十二条。

上存在明显差别，人民法院在审理相关案件时应予注意：

（1）该当事人在执行程序中以案外人身份提出异议，异议被驳回的，根据民事诉讼法司法解释第423条的规定，其可以在驳回异议裁定送达之日起6个月内向原审人民法院申请再审；

（2）该当事人未在执行程序中以案外人身份提出异议的，根据民事诉讼法司法解释第422条的规定，其可以根据《民事诉讼法》第200条第8项的规定，自知道或者应当知道生效裁判之日起6个月内向上一级人民法院申请再审。当事人一方人数众多或者当事人双方为公民的案件，也可以向原审人民法院申请再审。①

（二）与原判决、裁定无关的，提起执行异议之诉。

人民法院对执行异议之诉的审理，一般应当就案外人对执行标的物是否享有权利、享有什么样的权利、权利是否足以排除强制执行进行判断。至于是否作出具体的确权判项，视案外人的诉讼请求而定。执行异议之诉不以否定作为执行依据的生效裁判为目的，案外人如认为裁判确有错误的，只能通过申请再审或者提起第三人撤销之诉的方式进行救济。②

二、第三人撤销之诉与申请再审的区别与联系

第三人撤销之诉与案外人申请再审功能近似，原则上应当并入再审程序，对于案外人是否可以行使选择权，民事诉讼法司法解释采取了限制的司法态度，即在"程序启动后案外人不享有程序选择权"。案外人先启动执行异议程序的，对执行异议裁定不服，认为原裁判内容错误损害其合法权益的，只能向作出原裁判的人民法院申请再审，而不能提起第三人撤销之诉；案外人先启动了第三人撤销之诉，即便在执行程序中又提出执行异议，也只能继续进行第三人撤销之诉，而不能依《民事诉讼法》第227条申请再审。③

具体规定如下：

第三人撤销之诉案件审理期间，人民法院对生效判决、裁定、调解书裁定再审的，受理第三人撤销之诉的人民法院应当裁定将第三人的诉讼请求并入再审程序。但有证据证明原审当事人之间恶意串通损害第三人合法权益的，人民法院应当先行审理第三人撤销之诉案件，裁定中止再审诉讼。④

---

① 参见《全国法院民商事审判工作会议纪要》第121条。
② 参见《全国法院民商事审判工作会议纪要》第119条。
③ 参见《全国法院民商事审判工作会议纪要》第122条。
④ 参见《最高人民法院关于适用〈中华人民共和国民事诉讼法〉的解释》第二百九十九条。

第三人提起撤销之诉后，未中止生效判决、裁定、调解书执行的，执行法院对第三人依照民事诉讼法第二百三十四条规定提出的执行异议，应予审查。第三人不服驳回执行异议裁定，申请对原判决、裁定、调解书再审的，人民法院不予受理。案外人对人民法院驳回其执行异议裁定不服，认为原判决、裁定、调解书内容错误损害其合法权益的，应当根据民事诉讼法第二百三十四条规定申请再审，提起第三人撤销之诉的，人民法院不予受理。①

债权人能否提起第三人撤销之诉 第三人撤销之诉中的第三人仅局限于《民事诉讼法》第56条规定的有独立请求权及无独立请求权的第三人，而且一般不包括债权人。但是，设立第三人撤销之诉的目的在于，救济第三人享有的因不能归责于本人的事由未参加诉讼但因生效裁判文书内容错误受到损害的民事权益，因此，债权人在下列情况下可以提起第三人撤销之诉：

(1) 该债权是法律明确给予特殊保护的债权，如《合同法》第286条规定的建设工程价款优先受偿权，《海商法》第22条规定的船舶优先权；

(2) 因债务人与他人的权利义务被生效裁判文书确定，导致债权人本来可以对《合同法》第74条和《企业破产法》第31条规定的债务人的行为享有撤销权而不能行使的；

(3) 债权人有证据证明，裁判文书主文确定的债权内容部分或者全部虚假的。

债权人提起第三人撤销之诉还要符合法律和司法解释规定的其他条件。对于除此之外的其他债权，债权人原则上不得提起第三人撤销之诉。②

三、案外人依据另案生效裁判提起执行异议之诉

（一）对非金钱债权的执行提起执行异议之诉

审判实践中，案外人有时依据另案生效裁判所认定的与执行标的物有关的权利提起执行异议之诉，请求排除标的物的执行。此时，鉴于作为执行依据的生效裁判与作为案外人提出执行异议依据的生效裁判，均涉及对同一标的物权属或给付的认定，性质上属于两个生效裁判所认定的权利之间可能产生的冲突，人民法院在审理执行异议之诉时，需区别不同情况作出判断：如果作为执行依据的生效裁判是确权裁判，不论作为执行异议依据的裁判是确权裁判还是给付裁判，一般不应据此排除执行，但人民法院应当告知案外人对作为执行依据的确权裁判申请再审；如果作为执行依据的生效裁判是给付标的物的裁判，而作为提出异议之诉依据的裁判是确权裁判，一般应据

---

① 参见《最高人民法院关于适用〈中华人民共和国民事诉讼法〉的解释》第三百零一条。
② 参见《全国法院民商事审判工作会议纪要》第120条。

此排除执行，此时人民法院应告知其对该确权裁判申请再审；如果两个裁判均属给付标的物的裁判，人民法院需依法判断哪个裁判所认定的给付权利具有优先性，进而判断是否可以排除执行。①

安徽省高级人民院 人民法院对被执行人购买但尚未办理产权转移登记手续的房屋采取预查封措施的情形下，案外人请求依据合同约定或法律规定解除合同返还房屋的，一般不能直接是起执行异议之诉，可以先行提出解除合同之诉；合同依法解除后，案外人可依据生效法律文书提起执行异议和执行异议之诉。②

（二）对金钱债权的执行提起执行异议之诉

作为执行依据的生效裁判并未涉及执行标的物，只是执行中为实现金钱债权对特定标的物采取了执行措施。对此种情形，《最高人民法院关于人民法院办理执行异议和复议案件若干问题的规定》第26条规定了解决案外人执行异议的规则，在审理执行异议之诉时可以参考适用。依据该条规定，作为案外人提起执行异议之诉依据的裁判将执行标的物确权给案外人，可以排除执行；作为案外人提起执行异议之诉依据的裁判，未将执行标的物确权给案外人，而是基于不以转移所有权为目的的有效合同（如租赁、借用、保管合同），判令向案外人返还执行标的物的，其性质属于物权请求权，亦可以排除执行；基于以转移所有权为目的有效合同（如买卖合同），判令向案外人交付标的物的，其性质属于债权请求权，不能排除执行。

应予注意的是，在金钱债权执行中，如果案外人提出执行异议之诉依据的生效裁判认定以转移所有权为目的的合同（如买卖合同）无效或应当解除，进而判令向案外人返还执行标的物的，此时案外人享有的是物权性质的返还请求权，本可排除金钱债权的执行，但在双务合同无效的情况下，双方互负返还义务，在案外人未返还价款的情况下，如果允许其排除金钱债权的执行，将会使申请执行人既执行不到被执行人名下的财产，又执行不到本应返还给被执行人的价款，显然有失公允。为平衡各方当事人的利益，只有在案外人已经返还价款情况下，才能排除普通债权人的执行。反之，案外人未返还价款的，不能排除执行。③

四、典型案例

最高院第二巡回法庭法官会议纪要 以物抵债裁定有别于一般的执行措施，错误

---

① 参见《全国法院民商事审判工作会议纪要》第123条。
② 参见《安徽省高级人民法院关于审理执行异议之诉案件若干问题的会议纪要》第6条。
③ 参见《全国法院民商事审判工作会议纪要》第124条。

的以物抵债裁定，原则上应当通过执行监督程序救济，但在一定情况下也可以通过提起执行异议之诉进行救济。在通过执行异议之诉救济的情况下，应当对案外人的权利进行确认，并在判项中作出撤销以物抵债裁定中直接导致物权变动的内容。此外，还可以通过法院内部的沟通协调，促成执行法院自行撤销以物抵债裁定。①

最高人民法院公报案例 案外人执行异议是否成立，应根据案件的具体情况和异议人所主张的权利、申请执行人债权实现的效力及被执行人对执行标的的权利作出比较后综合判断，从而确定异议人的权利是否能够排除执行。

最高人民法院《关于人民法院办理执行异议和复议案件若干问题的规定》是针对执行程序中当事人提出执行异议时如何处理的规定。由于执行程序需要贯彻已生效判决的执行力，因此在对执行异议是否成立的判断标准上，应坚持较高的、外观化的判断标准。这一判断标准，要高于执行异议之诉中原告能否排除执行的判断标准。由此，最高人民法院《关于人民法院办理执行异议和复议案件若干问题的规定》第二十五条至二十八条规定就应当在如下意义上理解，即符合这些规定所列条件的，执行异议能够成立；不满足这些规定所列条件的，异议人在执行异议之诉中的请求也未必不成立。是否成立，应根据案件的具体情况和异议人所主张的权利、申请执行人债权实现的效力及被执行人对执行标的的权利作出比较后综合判断，从而确定异议人的权利是否能够排除执行。本案中，钟某玉与林某达于 1996 年 7 月 22 日签订《离婚协议书》，约定讼争房产归钟某玉及其所生子女所有，该约定是就婚姻关系解除时财产分配的约定，在诉争房产办理过户登记之前，钟某玉及其所生子女享有的是将讼争房产的所有权变更登记至其名下的请求权。该请求权与王某的请求权在若干方面存在不同，并因此具有排除执行的效力。②

最高人民法院案例 案外人基于离婚协议分割房产，因非主观过错未办理过户手续，不存在通过离婚逃避债务的情形，对案涉房产享有足以排除强制执行的民事权益。

根据《离婚协议书》，刘某艳即取得了对案涉房屋所享有的请求过户登记的权利。但因房屋存在按揭抵押贷款，在未全部清偿贷款并解押的情况下，无法申请办理过户登记。对此，不能认定刘某艳存在主观过错，该情形属于非因刘某艳自身原因未能及

---

① 参见《错误以物抵债裁定的司法救济》（最高人民法院第二巡回法庭 2021 年第 15 次法官会议纪要），载《最高人民法院第二巡回法庭法官会议纪要（第三辑）》，贺小荣主编，人民法院出版社 2022 年版，第 35-36 页。

② 参见最高人民法院公报案例：钟某玉与王某、林某达案外人执行异议纠纷案〔（2015）民一终字第 150 号〕，最高人民法院公报 2016 年第 6 期。

时办理过户登记的情形。该离婚协议是双方在离婚时对夫妻共有财产的处分行为，是一种债的关系，刘某艳据此针对该房产享有的为债权请求权。刘某艳与郑某协议离婚以及对案涉房屋的分割早于郑某对周某方所负的债务近两年，因此可以合理排除刘某艳与郑某具有恶意逃避债务的主观故意。在此情况下，刘某艳对案涉房屋所享有的请求办理过户的权利与周某方对郑某的保证债权均为平等债权。从权利内容看，周某方对郑某享有的保证债权的实现以郑某实质上所有的全部合法财产作为责任财产范围，并不单一地指向案涉房屋；而刘某艳对案涉房屋所享有的请求办理过户的权利则直接指向案涉房屋本身，其权利针对性更加强烈。保证债权的权利保护，主要体现为交易的平等性和自愿性，并不涉及情感补偿、生活利益照顾等因素，在对相关民事主体的利害影响上，不涉及离婚财产分割。另外，夫妻离婚时对共同财产的分割，经过一段时间后，在有关当事人之间以及相关方面已经形成了比较稳定的社会关系，如果不存在合理的必要性，不宜轻易打破这种稳定的社会关系。①

最高人民法院案例 未与行政机关签订书面出让合同，仅在拍卖程序中拍得土地并支付成交价50%的事实，不足以认定享有物权期待权，不足以排除强制执行。

武汉亘某公司认为其虽然尚未签订《国有建设用地使用权出让合同》并办理土地登记手续，但其已依法竞得案涉地块的建设用地使用权，享有建设用地使用权之期待权，该物权期待权足以排除强制执行。《中华人民共和国物权法》第一百三十八条第一款规定："采取招标、拍卖、协议等出让方式设立建设用地使用权的，当事人应当采取书面形式订立建设用地使用权出让合同。"据此，土地使用权出让合同为要式合同。本案中，虽然武汉亘某公司在案涉地块拍卖程序中竞拍成功，并取得《国有建设用地使用权预成交通知书》，但其尚未与行政机关签订书面的《国有土地使用权出让合同》，仅在竞卖程序中拍得案涉地块，而《国有建设用地使用权预成交通知书》《2016年第4号公告挂牌成交信息表》两份文件以及武汉亘某公司缴纳的竞买保证金、土地出让金等已达到土地成交价50%的事实，不足以认定武汉亘某公司对案涉地块享有物权期待权，武汉亘某公司亦未指明其享有物权期待权的法律依据，故武汉亘某公司尚不享有足以排除强制执行的民事权益。②

---

① 参见刘某艳、周某方二审民事判决书〔（2018）最高法民终462号〕。
② 参见武汉亘某资源有限公司、武汉剑某人和置业有限公司申请执行人执行异议之诉再审民事判决书〔（2018）最高法民再400号〕。

第三节　刑民交叉执行异议

在民事执行程序中，执行标的如果存在刑事查封、扣押、冻结，或者被认定为刑事犯罪的赃款赃物，那么在刑事措施解除之前，民事案件执行往往无法推进。在我国司法实务中，普遍存在刑事优先、公安权力泛化的问题，只要被执行人涉嫌犯罪，即对被执行人名下财产不加区分地全部采取刑事查封、扣押、冻结，导致被执行人合法财产、与刑事犯罪无关的财产，也被采取刑事措施，致使民事执行陷入僵局。因此，在遇到刑民交叉执行案件时，应当依法查明被执行人财产权属、来源，明确与刑事犯罪是否具有关联，依法向刑事查封、扣押、冻结提出异议，维护申请执行人的合法权益。

一、刑事查封、扣押、冻结措施的异议

1. 向采取查封、扣押、冻结措施的机关申诉或控告

> **第104项请求权：向公安机关提出申诉或控告**　当事人和辩护人、诉讼代理人、利害关系人对于司法机关及其工作人员有下列行为之一的，有权向该机关申诉或者控告……（三）对与案件无关的财物采取查封、扣押、冻结措施的；（四）应当解除查封、扣押、冻结不解除的；① 对查封、扣押的财物、文件、邮件、电报或者冻结的存款、汇款、债券、股票、基金份额等财产，经查明确实与案件无关的，应当在三日以内解除查封、扣押、冻结，予以退还。②

受理申诉或者控告的公安机关应当及时进行调查核实，并在收到申诉、控告之日起三十日以内作出处理决定，书面回复申诉人、控告人。发现公安机关及其侦查人员有上述行为之一的，应当立即纠正。③

---

① 参见《刑事诉讼法》第一百一十七条第一款。
② 参见《刑事诉讼法》第一百四十五条。
③ 参见《公安机关办理刑事案件程序规定》第一百九十六条第二款。

2. 向人民检察院申诉

> **第 105 项请求权：向同级人民检察院提出申诉** 受理申诉或者控告的机关应当及时处理。对处理不服的，可以向同级人民检察院申诉；人民检察院直接受理的案件，可以向上一级人民检察院申诉。人民检察院对申诉应当及时进行审查，情况属实的，通知有关机关予以纠正。①

当事人和辩护人、诉讼代理人、利害关系人对于办案机关及其工作人员有刑事诉讼法第一百一十七条规定的行为，向该机关申诉或者控告，对该机关作出的处理不服或者该机关未在规定时间内作出答复，而向人民检察院申诉的，办案机关的同级人民检察院应当受理。人民检察院直接受理侦查的案件，当事人和辩护人、诉讼代理人、利害关系人对办理案件的人民检察院的处理不服的，可以向上一级人民检察院申诉，上一级人民检察院应当受理。②

3. 申请人民检察院检察监督

> **第 106 项请求权：申请刑事涉财检察监督** 人民检察院发现人民法院执行刑事裁判涉财产部分具有下列情形之一的，应当依法提出纠正意见……（五）损害被执行人、被害人、利害关系人或者案外人合法权益的……（八）其他违法情形。③
>
> 公安机关不依法向人民法院移送涉案财物、相关清单、照片和其他证明文件，或者对涉案财物的查封、扣押、冻结、返还、处置等活动存在违法情形的，人民检察院应当依法提出纠正意见。④

4. 向人民法院提出权属异议

> **第 107 项请求权：提出刑事涉案财物权属异议** 法庭审理过程中，应当对查封、扣押、冻结财物及其孳息的权属、来源等情况，是否属于违法所得或者依法应当追缴的其他涉案财物进行调查，由公诉人说明情况、出示证据、提出处理建议，并听取被告人、辩护人等诉讼参与人的意见。案外人对查封、扣押、冻结的财物及

---

① 参见《刑事诉讼法》第一百一十七条第二款。
② 参见《人民检察院刑事诉讼规则》第五百五十五条第一款、第二款。
③ 参见《人民检察院刑事诉讼规则》第六百四十五条第一款。
④ 参见《人民检察院刑事诉讼规则》第六百四十六条第二款。

> 其孳息提出权属异议的，人民法院应当听取案外人的意见；必要时，可以通知案外人出庭。经审查，不能确认查封、扣押、冻结的财物及其孳息属于违法所得或者依法应当追缴的其他涉案财物的，不得没收。①

查封、扣押、冻结的财物与本案无关但已列入清单的，应当由查封、扣押、冻结机关依法处理。查封、扣押、冻结的财物属于被告人合法所有的，应当在赔偿被害人损失、执行财产刑后及时返还被告人。②

二、刑事涉案财产的执行异议

1. 请求权基础

民事主体因同一行为应当承担民事责任、行政责任和刑事责任的，承担行政责任或者刑事责任不影响承担民事责任；民事主体的财产不足以支付的，优先用于承担民事责任。③

公开听证　执行过程中，当事人、利害关系人认为执行行为违反法律规定，或者案外人对执行标的主张足以阻止执行的实体权利，向执行法院提出书面异议的，执行法院应当依照民事诉讼法第二百二十五条的规定处理。人民法院审查案外人异议、复议，应当公开听证。④

> **第108项请求权：申请刑事裁判赃款赃物异议**　执行过程中，案外人或被害人认为刑事裁判中对涉案财物是否属于赃款赃物认定错误或者应予认定而未认定，向执行法院提出书面异议，可以通过裁定补正的，执行机构应当将异议材料移送刑事审判部门处理；无法通过裁定补正的，应当告知异议人通过审判监督程序处理。⑤

被执行人将刑事裁判认定为赃款赃物的涉案财物用于清偿债务、转让或者设置其他权利负担，具有下列情形之一的，人民法院应予追缴：（一）第三人明知是涉案财物而接受的；（二）第三人无偿或者以明显低于市场的价格取得涉案财物的；（三）第三

---

① 参见《最高人民法院关于适用〈中华人民共和国刑事诉讼法〉的解释》第二百七十九条。
② 参见《最高人民法院关于适用〈中华人民共和国刑事诉讼法〉的解释》第四百四十九条。
③ 参见《民法典》第一百八十七条。
④ 参见《最高人民法院关于刑事裁判涉财产部分执行的若干规定》第十四条。
⑤ 参见《最高人民法院关于刑事裁判涉财产部分执行的若干规定》第十五条。

人通过非法债务清偿或者违法犯罪活动取得涉案财物的;(四)第三人通过其他恶意方式取得涉案财物的。第三人善意取得涉案财物的,执行程序中不予追缴。作为原所有人的被害人对该涉案财物主张权利的,人民法院应当告知其通过诉讼程序处理。①

2. 司法政策

依法保护中小微企业等市场主体在民事、行政、刑事交叉案件中的合法权益。切实贯彻民法典第一百八十七条的规定,债务人因同一行为应当承担民事责任、行政责任和刑事责任,其财产不足以支付的,依法保障中小微企业等市场主体的民事债权优先于罚款、罚金、没收财产等行政、刑事处罚受偿。在刑事裁判涉财产部分执行过程中,中小微企业等市场主体作为案外人对执行标的提出异议的,严格依照相关规定妥善处理,依法保护其合法财产权益。除法律、司法解释另有规定外,对中小微企业等市场主体与刑事案件犯罪嫌疑人或者被告人产生的民事纠纷,如果民事案件不是必须以刑事案件的审理结果为依据,则不得以刑事案件正在侦查或者尚未审结为由对民事案件不予受理或者中止审理,切实避免因刑事案件影响中小微企业等市场主体通过民事诉讼及时维护其合法权益。在中小微企业等市场主体为被告人的刑事案件审理过程中,应当严格区分违法所得和合法财产、企业法人财产和个人财产,对确实与案件无关的财物,应当及时解除查封、扣押、冻结措施。②

河南省高级人民法院 针对刑事涉案财物执行异议,河南省高级人民法院制定了《刑事裁判涉财产部分执行异议复议案件办理指南》,具有很强的借鉴意义,特别摘录如下:

(一)如何审查案外人对刑事诉讼中查封、扣押、冻结的涉案财物的执行异议?

答:根据《最高人民法院关于刑事裁判涉财产部分执行的若干规定》第十五条规定,案外人对刑事诉讼中查封、扣押、冻结的涉案财物提出异议,认为刑事裁判对相关涉案财物是否属于应当追缴的赃款赃物认定错误或者应当认定而未认定,异议审查部门应当将异议材料移送刑事审判部门以补正裁定方式处理;刑事审判部门无法通过裁定补正的,应当告知异议人通过审判监督程序处理。

根据《最高人民法院关于刑事裁判涉财产部分执行的若干规定》第十一条第二款规定,被执行人将刑事裁判认定为赃款赃物的涉案财物,用于清偿债务、转让或者设置其他权利负担,如果案外人善意取得涉案财物的,执行程序中不予追缴。作为原所

---

① 参见《最高人民法院关于刑事裁判涉财产部分执行的若干规定》第十一条。
② 参见《最高人民法院关于充分发挥司法职能作用助力中小微企业发展的指导意见》第8条。

有人的被害人对该涉案财物主张权利的，人民法院应当告知其通过诉讼程序处理。①

（二）如何审查当事人及案外人对执行机构执行刑事财产刑的异议？

答：执行机构为执行刑事财产刑（如罚金、没收财产等）而查封、扣押、冻结的财产，不涉及刑事诉讼中查扣财产的，当事人、利害关系人认为执行行为违反法律规定，或者案外人对执行标的主张足以阻止执行的实体权利的，应当按照民事执行异议、复议的相关规定进行审查。②

（三）对刑民交叉查封财物的异议事由，由何机关审查？

答：公安机关、检察机关、人民法院根据刑事诉讼所处阶段，均有权审查处理。根据中共中央办公厅国务院办公厅《关于进一步规范刑事诉讼涉案财物处置工作的意见》第二条、第十二条、第十三条规定，凡查封扣押冻结的财物，都应当及时进行审查；经审查确实与案件无关的，应当在三日内予以解除、退还，并通知有关当事人；善意第三人等案外人对涉案财物存在利害关系的，公安机关、检察机关应当告知其相关诉讼权利，人民法院应当通知其参与诉讼并听取其意见，明确利害关系人的诉讼权利。对当事人、利害关系人提出异议、复议、申诉、投诉或者举报的，应当依法及时受理并反馈处理结果。③

（四）民事案件申请执行人对刑事诉讼轮候查封的异议如何处理？

答：申请执行人对民事执行案件中止执行（实为对侦查机关轮候查封）提出异议，要求继续执行的，既可以根据刑事法律规定向正在办理刑事案件的侦查、检察、审判机关提出异议，有关机关应当根据查明的事实，依照刑诉法规定直接决定继续查封或者解除查封；也可以向民事执行案件的执行机构提出异议，执行机构应当依照《最高人民法院最高人民检察院公安部关于办理非法集资刑事案件适用法律若干问题的意见》第七条规定，裁定中止执行并移送侦查机关，或者不中止执行，但不能撤销侦查机关的查封决定。④

3. 典型案例

最高人民法院案例　在刑事裁判涉财产部分执行案中，案外人主张对执行财产享有实体权利，应当适用何种法律程序处理。

---

① 参见《河南省高级人民法院刑事裁判涉财产部分执行异议复议案件办理指南》第八条。
② 参见《河南省高级人民法院刑事裁判涉财产部分执行异议复议案件办理指南》第九条。
③ 参见《河南省高级人民法院刑事裁判涉财产部分执行异议复议案件办理指南》第十条。
④ 参见《河南省高级人民法院刑事裁判涉财产部分执行异议复议案件办理指南》第十一条。

执行法院在刑事追缴或责令退赔的执行过程中，应适用刑事法律及相关司法解释的规定追缴、处理案涉财产，并首先就执行标的物是否具有刑事违法性予以审查。审查中不应按照被告人承担刑事附带民事或普通民事责任的情形，仅以民法上"责任财产"的查明方法与证明标准，审查案涉财产是否属犯罪分子违法所得；也不能仅适用一般民事执行法律、司法解释判断执行机构追缴违法所得或责令退赔的行为是否正确。而《中华人民共和国民事诉讼法》第二百二十七条规定的案外人执行异议之诉是一种民事诉讼程序，并不适用于审查刑事追缴、责令退赔的财产是否属于犯罪分子违法所得，以及案外人民事权利能否排除"刑事裁判涉财产部分"执行的问题。《最高人民法院关于刑事裁判涉财产部分执行的若干规定》第十四条规定："执行过程中，当事人、利害关系人认为执行行为违反法律规定，或者案外人对执行标的主张足以阻止执行的实体权利，向执行法院提出书面异议的，执行法院应当依照民事诉讼法第二百二十五条的规定处理。"在抚州中院作出执行裁定后，案外人龚某杰如不服，应按照《中华人民共和国民事诉讼法》第二百二十五条的规定，自裁定送达之日起十日内向上一级人民法院申请复议。抚州中院、江西高院适用《中华人民共和国民事诉讼法》第二百二十七条受理龚某杰所提案外人执行异议之诉案，与司法解释规定不符，应予纠正。[①]

最高人民法院案例 人民法院审查处理刑事裁判涉财产执行案外人异议、复议案件，应当公开听证，没有听证属于重大程序违法。

从程序角度看，《最高人民法院关于刑事裁判涉财产部分执行的若干规定》第十四条第二款明确规定，人民法院审查案外人异议、复议，应当公开听证。这一规定明显不同于普通民事执行案件，虽与《最高人民法院关于人民法院办理执行异议和复议案件若干问题的规定》不一致，但根据特别规定优先适用的法理，本案是对刑事案件执行中的财产提出案外人异议，应优先适用《最高人民法院关于刑事裁判涉财产部分执行的若干规定》。在民事执行中，如果案外人对执行标的提出异议的，应当适用《中华人民共和国民事诉讼法》第二百二十七条的规定，先由执行机构审查并作出裁定，申请执行人或案外人对裁定不服的，可以向执行法院提起债权人异议之诉或者案外人异议之诉。因此，异议之诉必须有申请执行人作为原告或者被告参加诉讼。由于大多数刑事涉财产执行案件无申请执行人，如果进入异议之诉，也缺乏相应的诉讼当事人。

---

① 参见龚某杰、何某栋再审民事裁定书〔（2017）最高法民再120号〕。

而对该问题适用《中华人民共和国民事诉讼法》第二百二十五条的规定，一律通过异议、复议程序审查处理，程序简便、统一。鉴于此，《最高人民法院关于刑事裁判涉财产部分执行的若干规定》对刑事裁判涉财产部分执行案件中的案外人异议，设计了不同于民事执行案件的处理程序，是在现行法律框架之下，相对较为合理的选择。由于没有异议之诉救济渠道，同时鉴于案外人异议涉及较为复杂的事实，关系当事人重大实体权利，为确保程序公正，也为给各方当事人提供充分的程序保障，《最高人民法院关于刑事裁判涉财产部分执行的若干规定》要求人民法院审查处理案外人异议、复议，应当公开听证。对于没有听证的案件，属于重大程序违法，应发回重新审查。①

专题十七　执行程序中，民事执行标的同时被刑事查封时，"民刑交叉"案件如何处理？

严格地说，民刑交叉并不是准确的法律概念，同一法律行为有可能同时侵犯刑事、民事法益，从而需要同时承担刑事、民事责任。在刑事诉讼程序中，通过附带民事诉讼、刑事退赔程序对民事权益进行救济。在民刑交叉的情形中，罪与非罪的区别，民事权益究竟是"先刑后民"，还是"民刑并行"，司法实务中容易引起分歧，尤其是在执行程序中，执行标的涉及刑事查封、扣押、冻结（以下简称"查封"）时，应当如何处理，有必要予以厘清。

一、"民刑交叉"案件的一般处理原则

对于因同一事实、相同当事人同时涉及刑事、民事责任，如因刑事犯罪行为侵犯受害人人身权利、财产权利，以及受害人对刑事程序中依法应予追缴、责令退赔的财产享有合法民事权益的，为"竞合型"民刑交叉案件，一般应当遵循"先刑后民"的处理原则，在刑事程序中合并处理，民事权利救济可通过刑事附带民事诉讼或追赃、退赔等方式获得实现。②

对于因不同事实、相同当事人分别涉及刑事、民事责任的，或者因同一事实、不同当事人分别涉及刑事、民事责任的，为"牵连型"民刑交叉案件，参考《全国法院民商事审判工作会议纪要》第128条规定，一般采取并行处理的原则，即民事案件与

---

① 参见林某巧、朱某珺执行审查类执行裁定书[（2019）最高法执监468号]。
② 被害人人身权利受到侵犯或者财物被而遭受物质损失的，通过刑事附带民事诉讼进行救济；因被告人非法占有、处置被害人财产的，通过刑事追缴或者责令退赔进行解决。参见《最高人民法院关于适用〈中华人民共和国刑事诉讼法〉的解释》第一百七十五条、第一百七十六条。

刑事案件应分别受理，分开审理。另外，在涉及银行卡纠纷、证券虚假陈述案件中，司法解释已明确规定了"先民后刑"的审理原则。

二、执行标的存在刑事查封，执行法院不宜强制执行

在刑事案件中，公安机关通常会对犯罪嫌疑人名下财产全部予以查封，只要财产存在刑事查封，就意味着涉及刑事案件，可能属于涉案财物。根据《最高人民法院、最高人民检察院、公安部关于办理非法集资刑事案件适用法律若干问题的意见》第七条的规定，在非法集资案件中，如果被申请执行的财物属于涉案财物，公安机关、人民检察院应当通报人民法院。经人民法院审查，确属涉嫌犯罪的，应当中止执行，并将有关材料移送公安机关或者检察机关。因此，如果执行标的上存在刑事查封措施，无论是首封还是轮候查封，执行法院均不宜强制执行。

三、执行标的是否属于刑事涉案财物，应当由人民法院审查决定

根据《最高人民检察院公安部关于公安机关办理经济犯罪案件的若干规定》第二十条、二十一条的规定，如果民事案件与刑事案件属于"同一法律事实或有牵连关系"，应由人民法院进行审查，"经过审查，认为确有经济犯罪嫌疑的，应当将案件移送公安机关或检察机关，并书面通知当事人，退还案件受理费；如认为确属经济纠纷案件的，应当依法继续审理，并将结果函告有关公安机关或检察机关"。① 也就是说，在执行程序中，如果存在刑事查封的情况，应当由人民法院对其是否属于涉案财物进行审查，具体分两种情形：

（一）民事案件审判法院审查：如果刑事查封财物属于民事案件的诉讼标的，即民事案件判项内容涉及查封财物，如财物所有权、抵押权的处置，而该财物存在刑事查封，在此种情形下，民事审判法院应当就案涉财物是否属于涉及犯罪进行判断，如涉及犯罪，应将民事案件移送公安机关或人民检察院处理，如不涉及犯罪应当函告公安机关或人民检察院，由公安机关、人民检察院通知解除查封。例如，民事案件认定第三人善意取得，在刑事案件中第三人涉嫌诈骗，有可能推翻关于善意的认定，此时应当将民事案件移送刑事处理，民事权利救济可通过刑事附带民事诉讼或追赃、退赔等方式获得实现。

（二）刑事案件审判法院审查：如果刑事查封财物不属于民事案件的诉讼标的，只是在民事诉讼程序中，为了实现金钱债权而被采取了查封措施。那么，在此情况下，

---

① 参见《最高人民法院关于在审理经济纠纷案件中涉及经济犯罪嫌疑若干问题的规定》第十二条。

因民事案件在诉讼程序中，未对涉案财物的权属进行实体审查，其只属于执行程序中的执行标的。在案涉财物存在刑事查封时，民事执行应当中止对刑事查封财物的执行，只有在原查封机关解除对涉案财物的刑事查封时，才可以重启对案涉财物的处置程序。

四、关于刑事涉案财物的刑事查封争议的解决方式

执法司法实践中，刑事诉讼涉案财物处置工作随意性大，保管不规范、移送不顺畅、信息不透明、处置不及时、救济不到位等问题非常突出，严重损害当事人合法权益，严重影响司法公信力，社会反映强烈。为此，中共中央办公厅、国务院办公厅印发《关于进一步规范刑事诉讼涉案财物处置工作的意见》，对于规范涉案财物的处置，以及案外人权利救济，具有很强的指导意义。

对于刑事查封导致执行中止，使民事案件执行无限期延长，严重影响民事执行效率的问题。根据《最高人民检察院公安部关于公安机关办理经济犯罪案件的若干规定》第二十一条的规定，申请执行人在发现执行标的存在刑事查封，且执行标的属于民事案件诉讼标的或与之有关时，应当向刑事查封机关提出异议或请求执行法院将申请执行情况函告刑事办案机关，刑事查封机关如果认为查封标的不属于涉案财物，则应当解除查封；如果查封机关认为执行标的属于涉案财物，则应当将刑事案件材料抄送民事审判法院，由人民法院审查处理。

同时，根据中共中央办公厅国务院办公厅《关于进一步规范刑事诉讼涉案财物处置工作的意见》的规定，对于查封、扣押、冻结的财物，公安机关、检察机关、人民法院根据刑事诉讼所处阶段，均有权审查处理；经审查确实与案件无关的，应当在三日内予以解除、退还并通知有关当事人。

第五章　关于规避执行的应对策略

第五章　关于规避执行的应对策略

第一节　采取联合惩戒措施

为了打击债务人逃废债、规避执行行为，最高人民法院于2013年颁布司法解释，推出失信被执行人名单制度，着力构建"一处失信、处处受限"的信用联合惩戒大格局。作为被执行人，随着联合惩戒措施的广泛采用，必然会对个人的工作、生活和学习产生很多有形或无形的不利影响，对企业的生产、经营及商业信誉产生重大影响，能最大限度地压缩被执行人的生存空间，有效迫使其自动履行生效法律文书确定的义务。

一、限制高消费

> **第109项请求权：申请对被执行人采取限制消费措施**　限制消费措施一般由申请执行人提出书面申请，经人民法院审查决定；必要时人民法院可以依职权决定。① 被限制消费的被执行人因生活或者经营必需而进行本规定禁止的消费活动的，应当向人民法院提出申请，获批准后方可进行。② 在限制消费期间，被执行人提供确实有效的担保或者经申请执行人同意的，人民法院可以解除限制消费令；被执行人履行完毕生效法律文书确定的义务的，人民法院应当在本规定第六条通知或者公告的范围内及时以通知或者公告解除限制消费令。③

被执行人为自然人的，被采取限制消费措施后，不得有以下高消费及非生活和工作必需的消费行为：（一）乘坐交通工具时，选择飞机、列车软卧、轮船二等以上舱位；（二）在星级以上宾馆、酒店、夜总会、高尔夫球场等场所进行高消费；（三）购买不动产或者新建、扩建、高档装修房屋；（四）租赁高档写字楼、宾馆、公寓等场所办公；（五）购买非经营必需车辆；（六）旅游、度假；（七）子女就读高收费私立学校；（八）支付高额保费购买保险理财产品；（九）乘坐G字头动车组列车全部座位、

---

① 参见《最高人民法院关于限制被执行人高消费及有关消费的若干规定》第四条。
② 参见《最高人民法院关于限制被执行人高消费及有关消费的若干规定》第八条。
③ 参见《最高人民法院关于限制被执行人高消费及有关消费的若干规定》第九条。

其他动车组列车一等以上座位等其他非生活和工作必需的消费行为。

被执行人为单位的，被采取限制消费措施后，被执行人及其法定代表人、主要负责人、影响债务履行的直接责任人员、实际控制人不得实施前款规定的行为。因私消费以个人财产实施前款规定行为的，可以向执行法院提出申请。执行法院审查属实的，应予准许。①

最高人民法院案例　虽然当事人在被采取限制消费措施时不是公司的法定代表人，但其作为发生争议时公司的法定代表人，同时为董事成员及经理，根据上述事实，可以认定其对本案债务的履行负有直接责任，故法院对其采取限制消费措施并无不当。②

人民法院依职权采取限制消费措施　被执行人未按执行通知书指定的期间履行生效法律文书确定的给付义务的，人民法院可以采取限制消费措施，限制其高消费及非生活或者经营必需的有关消费。纳入失信被执行人名单的被执行人，人民法院应当对其采取限制消费措施。③

违反限制消费令的法律后果　被执行人违反限制消费令进行消费的行为属于拒不履行人民法院已经发生法律效力的判决、裁定的行为，经查证属实的，依照《中华人民共和国民事诉讼法》第一百一十一条的规定，予以拘留、罚款；情节严重，构成犯罪的，追究其刑事责任。有关单位在收到人民法院协助执行通知书后，仍允许被执行人进行高消费及非生活或者经营必需的有关消费的，人民法院可以依照《中华人民共和国民事诉讼法》第一百一十四条的规定，追究其法律责任。④

> **第110项请求权：申请解除或暂时解除限制消费措施**　人民法院在对被执行人采取限制消费措施后，被执行人及其有关人员申请解除或暂时解除的，按照下列情形分别处理：
>
> （1）单位被执行人被限制消费后，其法定代表人、主要负责人、影响债务履行的直接责任人员、实际控制人以因私消费为由提出以个人财产从事消费行为的，经审查属实的，应予准许。

---

① 参见《最高人民法院关于限制被执行人高消费及有关消费的若干规定》第三条。
② 参见某海外建筑工程有限公司、徐某安建设工程合同纠纷执行审查类执行裁定书［（2019）最高法执监150号］。
③ 参见《最高人民法院关于限制被执行人高消费及有关消费的若干规定》第一条。
④ 参见《最高人民法院关于限制被执行人高消费及有关消费的若干规定》第十一条。

（2）单位被执行人被限制消费后，其法定代表人、主要负责人确因经营管理需要发生变更，原法定代表人、主要负责人申请解除对其本人的限制消费措施的，应举证证明其并非单位的实际控制人、影响债务履行的直接责任人员。人民法院经审查属实的，应予准许，并对变更后的法定代表人、主要负责人依法采取限制消费措施。

（3）被限制消费的个人因本人或近亲属重大疾病就医，近亲属丧葬，以及本人执行或配合执行公务，参加外事活动或重要考试等紧急情况亟需赴外地，向人民法院申请暂时解除乘坐飞机、高铁限制措施，经严格审查并经本院院长批准，可以给予其最长不超过一个月的暂时解除期间。

上述人员在向人民法院提出申请时，应当提交充分有效的证据并按要求作出书面承诺；提供虚假证据或者违反承诺从事消费行为的，人民法院应当及时恢复对其采取的限制消费措施，同时依照民事诉讼法第一百一十一条从重处理，并对其再次申请不予批准。①

最高人民法院案例 虽然被执行人已变更法定代表人，当事人已不再担任该公司法定代表人，但参照《最高人民法院关于在执行工作中进一步强化善意文明执行理念的意见》第17条第一款第二项规定，当事人仍须举证证明其并非公司的实际控制人、影响债务履行的直接责任人员，否则，其关于解除或者暂时解除限制消费措施的申请不能得到人民法院准许。②

二、纳入失信被执行人名单

被执行人不履行法律文书确定的义务的，人民法院可以对其采取或者通知有关单位协助采取限制出境，在征信系统记录、通过媒体公布不履行义务信息以及法律规定的其他措施。③

人民法院依职权纳入失信被执行人名单 被执行人不履行法律文书确定的义务

---

① 参见《最高人民法院关于在执行工作中进一步强化善意文明执行理念的意见》第17条。
② 参见杨某冰、北京新某久富资产管理有限公司等合同纠纷执行监督执行裁定书［（2021）最高法执监7号］。
③ 参见《民事诉讼法》第二百六十六条。

的，人民法院除对被执行人予以处罚外，还可以根据情节将其纳入失信被执行人名单，将被执行人不履行或者不完全履行义务的信息向其所在单位、征信机构以及其他相关机构通报。①

被执行人未履行生效法律文书确定的义务，并具有下列情形之一的，人民法院应当将其纳入失信被执行人名单，依法对其进行信用惩戒：（一）有履行能力而拒不履行生效法律文书确定义务的；（二）以伪造证据、暴力、威胁等方法妨碍、抗拒执行的；（三）以虚假诉讼、虚假仲裁或者以隐匿、转移财产等方法规避执行的；（四）违反财产报告制度的；（五）违反限制消费令的；（六）无正当理由拒不履行执行和解协议的。②

纳入失信被执行人名单的期限 被执行人具有本规定第一条第二项至第六项规定情形的，纳入失信被执行人名单的期限为二年。被执行人以暴力、威胁方法妨碍、抗拒执行情节严重或具有多项失信行为的，可以延长一至三年。失信被执行人积极履行生效法律文书确定义务或主动纠正失信行为的，人民法院可以决定提前删除失信信息。③

> **第111项请求权：申请将被执行人纳入失信被执行人名单** 申请执行人认为被执行人具有本规定第一条规定情形之一的，可以向人民法院申请将其纳入失信被执行人名单。人民法院应当自收到申请之日起十五日内审查并作出决定。人民法院认为被执行人具有本规定第一条规定情形之一的，也可以依职权决定将其纳入失信被执行人名单。人民法院决定将被执行人纳入失信被执行人名单的，应当制作决定书，决定书应当写明纳入失信被执行人名单的理由，有纳入期限的，应当写明纳入期限。决定书由院长签发，自作出之日起生效。决定书应当按照民事诉讼法规定的法律文书送达方式送达当事人。④

最高人民检察院指导性案例 查封、扣押、冻结的财产足以清偿生效法律文书确定的债务的，执行法院不应将被执行人纳入失信被执行人名单。执行法院违法将被执行人纳入失信被执行人名单的，检察机关应当及时发出检察建议，监督法院纠正对被执行人违法采取的信用惩戒措施，以维护企业的正常经营秩序，优化营商环境。⑤

---

① 参见《最高人民法院关于适用〈中华人民共和国民事诉讼法〉的解释》第五百一十六条。
② 参见《最高人民法院关于公布失信被执行人名单信息的若干规定》第一条。
③ 参见《最高人民法院关于公布失信被执行人名单信息的若干规定》第二条。
④ 参见《最高人民法院关于公布失信被执行人名单信息的若干规定》第五条。
⑤ 参见某牧业公司被错列失信被执行人名单执行监督案（检例第78号）。

三、媒体曝光

> **第112项请求权：申请在媒体公布被执行人不履行法律文书确定义务的信息**
> 依照民事诉讼法第二百五十五条（民事诉讼法2023年修正为第二百六十六条）的规定，执行法院可以依职权或者依申请执行人的申请，将被执行人不履行法律文书确定义务的信息，通过报纸、广播、电视、互联网等媒体公布。媒体公布的有关费用，由被执行人负担；申请执行人申请在媒体公布的，应当垫付有关费用。①

四、限制出境

中国公民有下列情形之一的，不准出境……（三）有未了结的民事案件，人民法院决定不准出境的……②

> **第113项请求权：申请限制被执行人出境** 依照民事诉讼法第二百五十五条（民事诉讼法2021年修正为第二百六十二条）规定对被执行人限制出境的，应当由申请执行人向执行法院提出书面申请；必要时，执行法院可以依职权决定。③

被执行人为单位的，可以对其法定代表人、主要负责人或者影响债务履行的直接责任人员限制出境。被执行人为无民事行为能力人或者限制民事行为能力人的，可以对其法定代理人限制出境。④

申请复议 被限制出境的人认为对其限制出境错误的，可以自收到限制出境决定之日起十日内向上一级人民法院申请复议。上一级人民法院应当自收到复议申请之日起十五日内作出决定。复议期间，不停止原决定的执行。⑤

---

① 参见《最高人民法院关于适用〈中华人民共和国民事诉讼法〉执行程序若干问题的解释》第二十六条。
② 参见《中华人民共和国出境入境管理法》第十二条。
③ 参见《最高人民法院关于适用〈中华人民共和国民事诉讼法〉执行程序若干问题的解释》第二十三条。
④ 参见《最高人民法院关于适用〈中华人民共和国民事诉讼法〉执行程序若干问题的解释》第二十四条。
⑤ 参见《最高人民法院关于人民法院办理执行异议和复议案件若干问题的规定》第九条。

解除限制出境措施　在限制出境期间，被执行人履行法律文书确定的全部债务的，执行法院应当及时解除限制出境措施；被执行人提供充分、有效的担保或者申请执行人同意的，可以解除限制出境措施。①

五、失信惩戒措施

失信惩戒是指国家机关和法律、法规授权的具有管理公共事务职能的组织以及其他组织依法依规运用司法、行政、市场等手段对失信行为责任主体进行惩戒的活动。根据《全国失信惩戒措施基础清单（2024年版）》的规定，对失信被执行人的其他惩戒措施主要包括：

1. 在一定期限内依法禁止失信被执行人参加政府采购活动。②

2. 限制失信被执行人设立金融类公司、社会组织、发行债券、股权激励、从事危险化学品等行业、海关认证、从事国有资产交易、使用国有林地以及利用其他国有自然资源、参与政府投资项目。③

3. 依法禁止失信被执行人被招录（聘用）为公务员、参照《中华人民共和国公务员法》管理的工作人员、国有企业和事业单位工作人员。④

4. 依法限制失信被执行人登记为事业单位法定代表人，登记或备案为社会组织负责人，以及担任国企高管、金融机构高管、危险化学品等行业高管。⑤

六、公职人员监督

人民法院应及时将党员、公职人员拒不履行生效法律文书以及非法干预、妨害执

---

① 参见《最高人民法院关于适用〈中华人民共和国民事诉讼法〉执行程序若干问题的解释》第二十五条。
② 参见中共中央办公厅、国务院办公厅印发的《关于加快推进失信被执行人信用监督、警示和惩戒机制建设的意见》。
③ 参见中共中央办公厅、国务院办公厅印发的《关于加快推进失信被执行人信用监督、警示和惩戒机制建设的意见》。
④ 参见《公务员法》第二十六条，中共中央办公厅、国务院办公厅印发的《关于加快推进失信被执行人信用监督、警示和惩戒机制建设的意见》。
⑤ 参见中共中央办公厅、国务院办公厅印发的《关于加快推进失信被执行人信用监督、警示和惩戒机制建设的意见》。

行等情况，提供给组织人事部门等单位掌握，采取适当方式共同督促改正。对拒不履行生效法律文书、非法干预或妨碍执行的党员、公职人员，构成违纪违法的，分别按照《中国共产党纪律处分条例》和《中华人民共和国监察法》等有关规定处理。①

国有企业管理人员有下列行为之一，造成不良后果或者影响的，依据公职人员政务处分法第三十九条的规定，予以警告、记过或者记大过；情节较重的，予以降级或者撤职；情节严重的，予以开除……（十）违反规定，拒绝或者延迟支付中小企业款项、农民工工资等……。②

专题十八 被执行人恶意变更法定代表人逃避执行，应当如何应对？

公司法人作为被执行人，因其不具备独立表达意思的能力，其行为均借助法定代表人、负责人或实际控制人进行，这些能够控制法人意志的人是影响执行的关键因素。我国法律规定可以对法定代表人采取限高、限制出境等措施，通过挤压其生存空间的方式倒逼执行，但有的被执行人为了规避执行，将法定代表人恶意变更为年迈的老人、残疾人或不外出的农民等规避制裁，原法定代表人作为影响债务履行的直接责任人员，同样可以采取制裁措施。

一、采取行为保全措施

我国《民事诉讼法》第一百零三条规定，人民法院对于可能因当事人一方的行为或者其他原因，使判决难以执行或者造成当事人其他损害的案件，根据对方当事人的申请，可以裁定对其财产进行保全、责令其作出一定行为或者禁止其作出一定行为。为了防止被执行人通过变更法定代表人规避执行，申请执行人可以在诉前或审判、执行程序中，向人民法院申请行为保全措施，禁止被执行人变更法定代表人。

二、对法定代表人采取限制高消费措施、限制出境措施

（一）限制高消费。根据《最高人民法院关于限制被执行人高消费及有关消费的若干规定》第三条的规定，被执行人为单位的，被采取限制消费措施后，被执行人及其法定代表人、主要负责人、影响债务履行的直接责任人员、实际控制人不得实施高消费及非生活和工作必需的消费行为。如法定代表人未经法院允许违反规定高消费，则可以要求法院对其采取罚款、拘留，直至追究刑事责任。

---

① 参见《中央全面依法治国委员会关于加强综合治理从源头切实解决执行难问题的意见》第二条第（五）款。
② 参见《国有企业管理人员处分条例》第二十五条。

（二）限制出境。根据《最高人民法院关于适用〈中华人民共和国民事诉讼法〉执行程序若干问题的解释》第二十四条的规定，被执行人为单位的，可以对其法定代表人、主要负责人或者影响债务履行的直接责任人员限制出境。被执行人为无民事行为能力人或者限制民事行为能力人的，可以对其法定代理人限制出境。

即使在执行程序中，公司法定代表人发生了变更，如其有规避执行的嫌疑或属于影响债务履行的直接责任人员，仍可以申请法院对其采取限高、限制出境等执行措施。

三、特殊情况下，追加法定代表人为被执行人

最高人民法院在《关于"失信被执行人是单位的，建议冻结法定代表人的个人账户"问题的答复》中指出，有限公司以其财产范围为限，独立对外承担民事责任，有限公司的债务不能由其法定代表人个人承担，在法定代表人不是被执行人的情况下，人民法院无权查封其个人账户。但是，如果作为被执行人的有限公司没有财产履行债务，同时，有充分证据证明其法定代表人转移公司资金到个人账户构成抽逃注册资金，或者有充分证据证明法定代表人个人账户的钱就是公司的钱，人民法院可以裁定变更或追加其法定代表人为被执行人，从而对其个人账户采取冻结措施。

四、对法定代表人采取罚款、拘留措施，直至追究刑事责任

（一）根据《民事诉讼法》第一百一十四条第一款第（六）项、第一百一十六条、第一百一十七条，《最高人民法院关于适用〈中华人民共和国民事诉讼法〉的解释》第一百九十一条的规定，被执行人拒不履行人民法院已经发生法律效力的判决、裁定，与他人恶意串通逃避履行法律文书确定的义务，或者有义务协助调查、执行的单位拒绝协助执行的，人民法院有权对该单位进行罚款，并可以对其主要负责人或者直接责任人员予以人民币十万元以下罚款、十五日以下的拘留；构成犯罪的，依法追究刑事责任。

（二）根据《全国人民代表大会常务委员会关于〈中华人民共和国刑法〉第三百一十三条的解释》、《最高人民法院关于审理拒不执行判决、裁定刑事案件适用法律若干问题的解释》等规定，在12种情形下构成拒不执行判决、裁定犯罪（具体参见本书关于拒执罪的内容），对象包括被执行人、担保人、协助执行义务人等，在公安机关不追究刑事责任时，申请执行人可以发起刑事自诉。

第二节　依法破解规避执行行为

近年来，人民法院执行手段不断丰富、力度越来越大，与此同时，被执行人规避执行的方式也不断翻新，给执行工作带来巨大挑战。但是，无论被执行人有多么狡猾，非法行为都不可能再通过另外的非法行为合法化，规避执行的行为总会在无形中露出马脚。为了打击规避执行行为，最高人民法院出台了一系列执行措施，从限制高消费、失信联合惩戒措施到拒执刑事责任等，执行过程中应善于调取被执行人违法证据，严格追究被执行人的违法责任，从而实现由点到面的突破。

一、破解恶意转移财产行为

1. 请求权基础

（1）申请依法变更追加被执行人

详见第十三章扩大被执行主体部分内容，需要注意的是，变更追加被执行人应当遵循法定主义，不得在法律和司法解释规定之外或者未经依法改判的情况下变更、追加被执行人。

（2）申请撤销无偿处分、恶意转移财产的行为

> **第114项请求权：申请撤销无偿处分财产权益、恶意延长履行期限的行为**　债务人以放弃其债权、放弃债权担保、无偿转让财产等方式无偿处分财产权益，或者恶意延长其到期债权的履行期限，影响债权人的债权实现的，债权人可以请求人民法院撤销债务人的行为。①
>
> **第115项请求权：请求撤销低价转让、高价受让或提供担保的行为**　债务人以明显不合理的低价转让财产、以明显不合理的高价受让他人财产或者为他人的债务提供担保，影响债权人的债权实现，债务人的相对人知道或者应当知道该情形的，债权人可以请求人民法院撤销债务人的行为。②

---

① 参见《民法典》第五百三十八条。
② 参见《民法典》第五百三十九条。

撤销权的行使范围以债权人的债权为限。债权人行使撤销权的必要费用，由债务人负担。① 撤销权自债权人知道或者应当知道撤销事由之日起一年内行使。自债务人的行为发生之日起五年内没有行使撤销权的，该撤销权消灭。② 债务人影响债权人的债权实现的行为被撤销的，自始没有法律约束力。③

2. 典型案例

执行法院严格落实财产报告制度，加大依职权调查财产的力度，适当运用审计方法调查被执行人财产，使案件得以顺利执结。

某师范大学与中某物业管理公司供用热力合同纠纷一案，北京市海淀区人民法院判决中某物业管理公司给付某师范大学供暖费2913715.7元以及利息270025.17元。一审判决后，中某物业管理公司提起上诉。北京市第一中级人民法院二审判决驳回上诉，维持原判。

由于中某物业管理公司未履行生效判决确定的义务，某师范大学向北京市海淀区人民法院申请执行。执行法院要求中某物业管理公司申报财产情况。中某物业管理公司申报了中国工商银行和兴业银行两个银行账户，执行法院对两个账户进行了冻结，仅扣划到9800元。执行法院经进一步调查发现，中某物业管理公司在中国建设银行还开立有一个账户，执行法院遂冻结了该账上仅有的存款13289.02元。执行法院要求中某物业管理公司负责人到庭说明为何没有如实申报财产，并要求中某物业管理公司提供三个银行账号的对账单和会计凭证供调查。中某物业管理公司负责人未到庭，且未提供对账单和会计凭证。鉴于此，执行法院对中某物业管理公司的办公场所进行了搜查。通过查阅搜查获取的会计账簿，发现中某物业管理公司以工资、药费、差旅费等名义向中某北配楼招待所支付了大笔费用，累计近百万元。执行法院调取了中某物业管理公司的中国建设银行账户交易记录，显示在执行法院发出执行通知书后，中某物业管理公司与中某北配楼招待所仍有多笔大额资金往来。执行法院到中某北配楼招待所进行调查，发现招待所条件十分简陋，仅有6名员工，月经营收入为20000元至30000元。

经过调查，执行法院掌握了大量确凿的证据，证明中某物业管理公司在收到执行通知书后，未如实申报财产情况，其将经营收入等大笔资金转入中某北配楼招待所的

---

① 参见《民法典》第五百四十条。
② 参见《民法典》第五百四十一条。
③ 参见《民法典》第五百四十二条。

银行账户，以达到转移财产，规避执行的目的。因此，执行法院对中某物业管理公司的负责人采取了拘留措施，并决定对该公司的账目进行审计。执行法院采取强制性措施后，中某物业管理公司迫于压力，3日内向法院支付了180余万元执行款，并与申请人某师范大学达成了执行和解协议，并已分期履行完毕。①

怠于履行清算义务的行为导致已无法进行清算的，追加股东为被执行人。某工贸公司因某科技公司欠付货款提起诉讼，法院于2006年9月作出民事判决，判令某科技公司给付货款9万余元。2007年10月，工商行政管理部门对某科技公司作出吊销营业执照的处罚。某实业公司作为某科技公司的股东之一，未对某科技公司进行清算。某科技公司下落不明，无财产可供执行。2008年7月，某工贸公司以某科技公司被吊销营业执照后，某实业公司作为股东未依法组织清算，应当承担赔偿责任为由，请求判令某实业公司赔偿货款、诉讼费及利息。一审法院认为，某实业公司作为某科技公司的股东，应当在某科技公司被吊销营业执照之日起十五日内成立清算组开始清算，虽然某实业公司未履行上述义务，但某工贸公司亦未提交证据证明某实业公司怠于履行清算义务造成了公司财产的贬值、流失、损毁或者灭失，故判决驳回某工贸公司的诉讼请求。该案经中级法院二审、高级法院再审，均以同样理由未予支持某工贸公司的诉讼请求。某工贸公司向检察机关申请监督。

检察机关经审查后依法向法院提出抗诉，抗诉理由主要为：第一，某实业公司存在怠于履行法律规定的清算义务的行为。作为占公司出资额60%的股东，在某科技公司被吊销营业执照后，未在法律规定的期限内成立清算组对公司进行清算。第二，某实业公司怠于履行清算义务的行为导致已无法进行清算，某科技公司的所有财产、账册、重要文件等均下落不明。第三，某科技公司下落不明，致使某工贸公司对某科技公司的债权无法得到清偿。综上，债权人某工贸公司依法要求某实业公司承担清偿责任，具有事实和法律依据。法院进行再审后，采纳了检察机关的抗诉意见，判决某实业公司对某科技公司的债务承担清偿责任。该案通过检察机关的抗诉，进一步明确了有限责任公司股东清偿责任的性质及构成要件的认定标准，对实践中如何正确理解和适用股东清偿责任的法律条文具有指导意义。②

---

① 参见《最高人民法院关于反规避执行的九起典型案例》，最高人民法院公报2011年09期。
② 参见某工贸公司与某实业公司欠付货款纠纷抗诉案，民事诉讼和执行活动法律监督典型案例，https://www.spp.gov.cn/spp/zdgz/201810/t20181025_396560.shtml，最后访问时间2024年7月22日。

专题十九 关于被执行人规避执行行为的具体表现与应对措施

一、关于被执行人规避执行行为的表现

关于规避执行的概念，法律并无明确定义。根据江苏省高院的规定，规避执行行为是指在诉讼程序开始之前一年至执行程序终结之前，有履行能力的被执行人为逃避债务履行，采取故意转移财产或者为法院处分财产设置障碍并对申请执行人造成损害的行为。[1]

事实上，规避执行的问题由来已久，在20世纪90年代初，被执行人规避执行就是执行工作中亟待解决的问题，表现为：死一块活一块，通过一个门头挂两个以上的牌子、以联营方式抽逃资产、以中外合资企业特殊政策、以破产程序和地方保护等方式规避执行；开办单位或主管部门为逃避自身负债，将其财产分割成数份，设立多个小型法人企业，分别进行企业法人登记。[2]

2011年6月，最高人民法院执行局负责人就反规避执行活动答记者问时指出，从近年来全国法院在执行工作中遇到的实际困难来看，被执行人规避执行的行为主要有下列一些表现形式。

一是拒不申报或者虚假申报财产。被执行人申报财产是2007年民事诉讼法修订时新增的制度，立法目的就是通过当事人申报财产来减少发现执行财产的成本，加快执行程序的进行。实践中这一制度运行情况并不理想，被执行人的法制意识不强，经常是拒不申报或进行虚假的申报，人为制造障碍。

二是转移财产。转移财产是规避执行的常见形式，是指被执行人在诉讼或执行阶段，采取转移、隐匿或变卖可供执行财产的方法造成无履行能力的假象，以此来逃避执行。该类行为有多种表现方式：如将个人财产如房屋、土地使用权、交通工具等变卖或变更在亲朋好友名下；再如作为被执行人的法人、其他组织采取公款私存、公车私牌、多头开户、固定资产不入账等形式，造成无履行能力的假象。

三是在责任财产上设定权利负担。这类规避行为是转移财产的转变形式，也可以视为是广义上的转移财产。被执行人通过在责任财产上设定质押权、租赁权、承包经营权等，来达到对抗执行的目的。

四是虚构债务。转移财产是减少债务的责任财产，而虚构债务就是增加责任财产

---

[1] 参见《江苏省高级人民法院关于认定和处理规避执行行为若干问题的规定》第一条。
[2] 参见王培铭、朱庆祝：《当前被执行人规避法律逃避执行的新动向及对策》，载《山东审判》1995年第01期，第14-16页。

上的担保范围,并以此来稀释申请执行人债权的受偿比例,从而达到逃避执行的目的。有的表现为虚构债务后直接偿还或直接以物抵债,有的表现为虚构债务后,再配合虚假诉讼,取得法律文书后进入参与分配程序。

五是走为上策。有些被执行人为了规避执行,离开其住所地躲避申请执行人与执行法院,抱着"案件时间久了,自然就消了"的侥幸心理,拒不履行义务。这也是规避执行的一种常见方式。据有些地方法院统计,该类规避方式有时能占到无财产可供执行案件的30%。

六是滥用权利救济途径,拖延执行。如在执行程序中,滥用执行异议、复议,或串通案外人无理提出执行异议,拖延执行程序的进行,给执行工作设置障碍。

七是拉拢腐蚀执行人员或托人说情。这类被执行人想方设法拉关系,通过各种关系对法院执行机构施加压力,或贿赂执行人员,要求网开一面,以达到其规避执行的目的。

八是公开阻碍执行。实践中,有的被执行人不惜绞尽脑汁,采取让年迈老人、弱势群体等出面阻挡等方式来公开阻碍执行,此类行为在排除妨碍、交付房屋等案件中较为常见。

九是公开抗拒执行。此类行为采取的是公开对抗执行的方式,试图达到免除生效法律文书确定义务的目的。具体表现形式有的是蛮不讲理,胡搅蛮缠,公开抗拒执行;有的是围攻、谩骂、殴打执行人员;有的以社会稳定为由,煽动不明真相的群众、职工聚众闹事,抗拒执行。

此外,还有采取虚假协议离婚、虚假仲裁、虚假公证、虚假破产、虚假诉讼等形式规避执行。此类规避行为的共同点就是借助于公权力的介入,来转移财产或虚构债务,从而逃避执行的目的。[1]

江苏省高级人民法院明确规定,人民法院应当将下列行为认定为规避执行行为:(一)被执行人将财产无偿、低价或者通过虚假交易方式转移至他人名下的行为;(二)被执行人与案外人串通,虚设债务的行为;(三)被执行人以明显低于市场价格或明显不符交易习惯将房产长期出租的行为;(四)被执行人与关联企业进行不正当关联交易转移财产的行为;(五)被执行人恶意签订夫妻财产协议,将财产转移至配偶一方的行为;(六)被执行人与案外人为规避执行进行的诉讼、仲裁行为;(七)其

---

[1] 参见 https://www.court.gov.cn/shenpan-xiangqing-3412.html 最高人民法院执行局负责人就反规避执行活动答记者问。

他规避执行行为。①

二、关于申请执行人针对规避执行行为的应对措施

（一）利用财产报告和财产调查，多渠道查明被执行人财产

1. 要求被执行人履行财产报告义务。对于被执行人未按执行通知履行法律文书确定义务的，执行法院应当要求被执行人限期如实报告财产，并告知拒绝报告或者虚假报告的法律后果。对于被执行人暂时无财产可供执行的，可以要求被执行人定期报告。② 申请执行人可以向法院申请查阅财产报告情况，从而发现是否存在隐瞒、虚假报告等违法行为。

2. 提供更多有效的财产线索。各地法院也可根据本地的实际情况，探索尝试以调查令、委托调查函等方式赋予代理律师法律规定范围内的财产调查权。③ 目前，全国绝大部分地方高院已出台律师调查令规范性文件，代理律师可以向执行法院申请持令调查财产线索。

3. 运用审计方法调查被执行人财产。被执行人未履行法律文书确定的义务，且有转移隐匿处分财产、投资开设分支机构、入股其他企业或者抽逃注册资金等情形的，执行法院可以根据申请执行人的申请委托中介机构对被执行人进行审计。④

4. 充分利用财产举报机制。执行法院可以依据申请执行人的悬赏执行申请，向社会发布举报被执行人财产线索的悬赏公告。举报人提供的财产线索经查证属实并实际执行到位的，可按申请执行人承诺的标准或者比例奖励举报人。⑤

（二）依法排除恶意诉讼、仲裁行为，保障执行程序有序进行

5. 申请不予执行仲裁裁决、调解书。申请执行人有证据证明仲裁案件当事人恶意申请仲裁或者虚假仲裁，损害其合法权益的，可以自知道或应当知道人民法院对该标的采取执行措施之日起三十日内，向人民法院申请不予执行仲裁裁决或者仲裁调解书。

6. 申请对恶意诉讼案件进行再审。在执行阶段，案外人向执行法院之外的其他法院起诉，并取得生效裁判文书将已被执行法院查封、扣押、冻结的财产确权或者分割给案外人，或者第三人与被执行人虚构事实取得人民法院生效裁判文书申请参与分配，

---

① 参见《江苏省高级人民法院关于认定和处理规避执行行为若干问题的规定》第一条。
② 参见最高人民法院印发的《关于依法制裁规避执行行为的若干意见》第1条。
③ 参见最高人民法院印发的《关于依法制裁规避执行行为的若干意见》第2条。
④ 参见最高人民法院印发的《关于依法制裁规避执行行为的若干意见》第4条。
⑤ 参见最高人民法院印发的《关于依法制裁规避执行行为的若干意见》第5条。

申请执行人认为该生效裁判文书系恶意串通规避执行损害其利益的，可以请求执行法院向作出该裁判文书的人民法院或者其上级人民法院提出书面建议，有关法院应当依照《中华人民共和国民事诉讼法》和有关司法解释的规定决定再审。①

7. 对虚假破产案件提出异议。申请执行人认为被执行人利用破产逃债的，可以向受理破产案件的人民法院或者其上级人民法院提出异议，受理异议的法院应当依法进行监督。②

（三）依法保全和执行第三人债权，运用代位权、撤销权制裁规避执行行为

8. 申请执行被执行人对外债权。被执行人怠于执行其对第三人到期债权的，申请人可以依法申请强制执行该到期债权。被执行人已经申请执行的，执行法院可以请求执行该债权的人民法院协助扣留相应的执行款物。对被执行人的未到期债权，可以申请依法予以冻结，待债权到期后参照到期债权予以执行。

9. 提起代位权诉讼。被执行人怠于行使债权对申请执行人造成损害的，申请执行人可依照《民法典》第五百三十五条的规定，向有管辖权的人民法院提起代位权诉讼。

10. 提起撤销权诉讼。被执行人放弃债权、无偿转让财产或者以明显不合理的低价转让财产，对申请执行人造成损害的，执行法院可以告知申请执行人依照《民法典》第五百三十九条的规定向有管辖权的人民法院提起撤销权诉讼。

11. 依法变更追加被执行主体或者另行起诉。有充分证据证明被执行人通过离婚析产、不依法清算、改制重组、关联交易、财产混同等方式恶意转移财产规避执行的，申请执行人可以通过依法申请变更追加被执行人或者通过诉讼程序追回被转移的财产。

（四）充分运用民事和刑事制裁手段，有力打击规避执行行为

12. 申请对被执行人采取民事强制措施。被执行人既不履行义务又拒绝报告财产或者进行虚假报告、拒绝交出或者提供虚假财务会计凭证、协助执行义务人拒不协助执行或者妨碍执行、到期债务第三人提出异议后又擅自向被执行人清偿等，给申请执行人造成损失的，应当依法对相关责任人予以罚款、拘留。③

13. 追究被执行人、协助义务人等的刑事责任。被执行人隐匿财产、虚构债务或者以其他方法隐藏、转移、处分可供执行的财产，拒不交出或者隐匿、销毁、制作虚假财务会计凭证或资产负债表等相关资料，以虚假诉讼或者仲裁手段转移财产、虚构

---

① 参见最高人民法院印发的《关于依法制裁规避执行行为的若干意见》第11条。
② 参见最高人民法院印发的《关于依法制裁规避执行行为的若干意见》第10条。
③ 参见最高人民法院印发的《关于依法制裁规避执行行为的若干意见》第15条。

优先债权或者申请参与分配，中介机构提供虚假证明文件或者提供的文件有重大失实，被执行人、担保人、协助义务人有能力执行而拒不执行或者拒不协助执行等，损害申请执行人或其他债权人利益，依照刑法的规定构成犯罪的，应当依法追究行为人的刑事责任。① 申请执行人可以请求人民法院向公安机关移送犯罪线索，或者直接向公安机关进行刑事控告、举报，公安机关不追究的，可以向人民法院提起刑事自诉。

二、破解恶意诉讼行为

恶意诉讼是目前执行实践中存在的规避执行行为之一，虽然所占比例不大，但性质恶劣、后果严重、影响极坏。案外人异议之诉由执行法院管辖。但是，在执行实践中，屡屡出现被执行人与案外人恶意串通，在执行法院之外的其他法院就执行标的提起确权诉讼，且多是通过调解结案，达到通过生效裁判文书将执行标的确权给案外人、损害申请执行人利益的目的。通过恶意诉讼规避执行的情形一般有两种，一是被执行人与案外人恶意串通，将执行标的确权或分割给案外人；二是被执行人与第三人恶意串通、虚构事实，取得生效裁判文书后由第三人申请参与分配，导致申请执行人的合法债权被稀释、缩水或者根本无法执行。②

1. 请求权基础

对当事人双方的诉讼标的，第三人认为有独立请求权的，有权提起诉讼。对当事人双方的诉讼标的，第三人虽然没有独立请求权，但案件处理结果同他有法律上的利害关系的，可以申请参加诉讼，或者由人民法院通知他参加诉讼。人民法院判决承担民事责任的第三人，有当事人的诉讼权利义务。

救济程序一：第三人诉请改变或者撤销原判决、裁定、调解书 前两款规定的第三人，因不能归责于本人的事由未参加诉讼，但有证据证明发生法律效力的判决、裁定、调解书的部分或者全部内容错误，损害其民事权益的，可以自知道或者应当知道其民事权益受到损害之日起六个月内，向作出该判决、裁定、调解书的人民法院提起诉讼。人民法院经审理，诉讼请求成立的，应当改变或者撤销原判决、裁定、调解

---

① 参见最高人民法院印发的《关于依法制裁规避执行行为的若干意见》第 16 条。
② 参见"最高人民法院执行局负责人就流转规避执行问题答记者问"，https://www.court.gov.cn/shenpan/xiangqing/3059.html，最后访问时间 2024 年 7 月 22 日。

书；诉讼请求不成立的，驳回诉讼请求。①

救济程序二：案外人执行标的异议-再审 执行过程中，案外人对执行标的提出书面异议的，人民法院应当自收到书面异议之日起十五日内审查，理由成立的，裁定中止对该标的的执行；理由不成立的，裁定驳回。案外人、当事人对裁定不服，认为原判决、裁定错误的，依照审判监督程序办理；与原判决、裁定无关的，可以自裁定送达之日起十五日内向人民法院提起诉讼。②

根据民事诉讼法第二百三十四条规定，案外人对驳回其执行异议的裁定不服，认为原判决、裁定、调解书内容错误损害其民事权益的，可以自执行异议裁定送达之日起六个月内，向作出原判决、裁定、调解书的人民法院申请再审。③

救济程序选择唯一性 第三人提起撤销之诉后，未中止生效判决、裁定、调解书执行的，执行法院对第三人依照民事诉讼法第二百三十四条规定提出的执行异议，应予审查。第三人不服驳回执行异议裁定，申请对原判决、裁定、调解书再审的，人民法院不予受理。

案外人对人民法院驳回其执行异议裁定不服，认为原判决、裁定、调解书内容错误损害其合法权益的，应当根据民事诉讼法第二百三十四条规定申请再审，提起第三人撤销之诉的，人民法院不予受理。④

根据上述规定，我们可以得出以下结论：对于原判决、裁定、调解书的错误，利害关系人既可以通过第三人撤销之诉程序，也可以通过执行异议-再审程序进行救济，但二者只能选择一个程序进行，一旦选择就不能再改变。

2. 典型案例

最高人民法院指导案例 债权人申请强制执行后，被执行人与他人在另外的民事诉讼中达成调解协议，放弃其取回财产的权利，并大量减少债权，严重影响债权人债权实现，符合合同法第七十四条规定的债权人行使撤销权条件的，债权人对民事调解书具有提起第三人撤销之诉的原告主体资格。

2008年12月，某市中小企业信用担保中心（以下简称担保中心）与某信用社签订保证合同，为汪某经营的养殖厂在该信用社的贷款提供连带责任担保。汪某向担保

---

① 参见《民事诉讼法》第五十九条第三款。
② 参见《民事诉讼法》第二百三十八条。
③ 参见《最高人民法院关于适用〈中华人民共和国民事诉讼法〉的解释》第四百二十一条。
④ 参见《最高人民法院关于适用〈中华人民共和国民事诉讼法〉的解释》第三百零一条。

中心出具一份个人连带责任保证书，为借款人的债务提供反担保。后因养殖厂及汪某没有偿还贷款，担保中心于2010年4月向某信用社支付代偿款2973197.54元。2012年担保中心以养殖厂、汪某等为被告起诉至铁东区人民法院，要求养殖厂及汪某等偿还代偿款。铁东区人民法院于2013年6月作出判决：汪某于该判决书生效之日起十五日内给付担保中心代偿银行欠款2973197.54元及银行利息。2010年12月，汪某将养殖厂转让给鲁某英，转让费450万元，约定合同签订后立即给付163万余元，余款于2011年12月1日全部给付。如鲁某英不能到期付款，则养殖厂的所有资产仍归汪某，首付款作违约金归汪某所有。合同签订后，鲁某英支付了约定的首付款。汪某将养殖厂交付鲁某英，但鲁某英未按约定支付剩余转让款。2014年1月，铁东区人民法院基于担保中心的申请，从鲁某英处执行其欠汪某资产转让款30万元，将该款交付担保中心。

汪某于2013年11月起诉鲁某英，请求判令养殖厂的全部资产归其所有；鲁某英承担违约责任。辽宁省鞍山市中级人民法院经审理作出民事判决：1.鲁某英将养殖厂的资产归汪某所有；2.鲁某英赔偿汪某实际损失及违约金1632573元。其中应扣除鲁某英代汪某偿还的30万元，实际履行中由汪某给付鲁某英30万元。鲁某英向辽宁省高级人民法院提起上诉。该案二审期间，汪某和鲁某英自愿达成调解协议，养殖厂归鲁某英所有，双方同意将原转让款450万元变更为3132573元，鲁某英已给付汪某1632573元，还需给付150万元，其中不包括鲁某英已给付担保中心的30万元等。鲁某英依据调解书向担保中心、执行法院申请回转已被执行的30万元，担保中心知悉汪某和鲁某英买卖合同纠纷诉讼及调解书内容，随即提起本案第三人撤销之诉。

最高人民法院经审理认为，本案中担保中心与汪某之间虽然属于债权债务关系，但基于担保中心对汪某债权形成与汪某转让的养殖厂之间的关联关系，法院对汪某因养殖厂转让形成的到期债权在诉讼和执行程序中采取的保全和执行措施使得汪某与鲁某英买卖合同纠纷案件的处理结果对担保中心利益产生的影响，以及担保中心主张受损害的民事权益因民事调解书而存在根据合同法第七十四条提起撤销权诉讼障碍等基本事实，可以认定汪某和鲁某英买卖合同纠纷案件处理结果与担保中心具有法律上的利害关系，担保中心有权提起本案第三人撤销之诉。①

---

① 参见指导案例152号：某市中小企业信用担保中心诉汪某、鲁某英第三人撤销之诉案。

三、破解虚假仲裁行为

1. 请求权基础

> **第 116 项请求权：案外人申请不予执行仲裁裁决、调解书** 案外人向人民法院申请不予执行仲裁裁决或者仲裁调解书的，应当提交申请书以及证明其请求成立的证据材料，并符合下列条件：（一）有证据证明仲裁案件当事人恶意申请仲裁或者虚假仲裁，损害其合法权益；（二）案外人主张的合法权益所涉及的执行标的尚未执行终结；（三）自知道或者应当知道人民法院对该标的采取执行措施之日起三十日内提出。①

人民法院对不予执行仲裁裁决案件的审查，应当在立案之日起两个月内审查完毕并作出裁定；有特殊情况需要延长的，经本院院长批准，可以延长一个月。②

案外人根据本规定第九条申请不予执行仲裁裁决或者仲裁调解书，符合下列条件的，人民法院应当支持：（一）案外人系权利或者利益的主体；（二）案外人主张的权利或者利益合法、真实；（三）仲裁案件当事人之间存在虚构法律关系，捏造案件事实的情形；（四）仲裁裁决主文或者仲裁调解书处理当事人民事权利义务的结果部分或者全部错误，损害案外人合法权益。③

不予审查的例外 被执行人申请不予执行仲裁裁决，对同一仲裁裁决的多个不予执行事由应当一并提出。不予执行仲裁裁决申请被裁定驳回后，再次提出申请的，人民法院不予审查，但有新证据证明存在民事诉讼法第二百三十七条第二款第四、六项规定情形的除外。④

符合下列条件的，人民法院应当认定为民事诉讼法第二百三十七条第二款第四项规定的"裁决所根据的证据是伪造的"情形：（一）该证据已被仲裁裁决采信；（二）该证据属于认定案件基本事实的主要证据；（三）该证据经查明确属通过捏造、变造、提供虚假证明等非法方式形成或者获取，违反证据的客观性、关联性、合法性

---

① 参见《最高人民法院关于人民法院办理仲裁裁决执行案件若干问题的规定》第九条。
② 参见《最高人民法院关于人民法院办理仲裁裁决执行案件若干问题的规定》第十二条。
③ 参见《最高人民法院关于人民法院办理仲裁裁决执行案件若干问题的规定》第十八条。
④ 参见《最高人民法院关于人民法院办理仲裁裁决执行案件若干问题的规定》第十条。

要求。①

查封、扣押、冻结排除另案执行异议的效力 在执行中，被执行人通过仲裁程序将人民法院查封、扣押、冻结的财产确权或者分割给案外人的，不影响人民法院执行程序的进行。案外人不服的，可以根据民事诉讼法第二百三十四条规定提出异议。②金钱债权执行中，案外人依据执行标的被查封、扣押、冻结后作出的另案生效法律文书提出排除执行异议的，人民法院不予支持。③

2. 仲裁司法审查

一般仲裁司法审查向高级人民法院报核 各中级人民法院或者专门人民法院办理非涉外涉港澳台仲裁司法审查案件，经审查拟认定仲裁协议无效，不予执行或者撤销我国内地仲裁机构的仲裁裁决，应当向本辖区所属高级人民法院报核；待高级人民法院审核后，方可依高级人民法院的审核意见作出裁定。④

特殊仲裁司法审查向最高人民法院报核 本规定第二条第二款规定的非涉外涉港澳台仲裁司法审查案件，高级人民法院经审查拟同意中级人民法院或者专门人民法院认定仲裁协议无效，不予执行或者撤销我国内地仲裁机构的仲裁裁决，在下列情形下，应当向最高人民法院报核，待最高人民法院审核后，方可依最高人民法院的审核意见作出裁定：（一）仲裁司法审查案件当事人住所地跨省级行政区域；（二）以违背社会公共利益为由不予执行或者撤销我国内地仲裁机构的仲裁裁决。⑤

涉外涉港澳台仲裁司法审查向最高人民法院报核 各中级人民法院或者专门人民法院办理涉外涉港澳台仲裁司法审查案件，经审查拟认定仲裁协议无效，不予执行或者撤销我国内地仲裁机构的仲裁裁决，不予认可和执行香港特别行政区、澳门特别行政区、台湾地区仲裁裁决，不予承认和执行外国仲裁裁决，应当向本辖区所属高级人民法院报核；高级人民法院经审查拟同意的，应当向最高人民法院报核。待最高人民法院审核后，方可依最高人民法院的审核意见作出裁定。⑥

人民法院在仲裁司法审查案件中作出的裁定，除不予受理、驳回申请、管辖权异

---

① 参见《最高人民法院关于人民法院办理仲裁裁决执行案件若干问题的规定》第十五条。
② 参见《最高人民法院关于适用〈中华人民共和国民事诉讼法〉的解释》第四百七十七条。
③ 参见《最高人民法院关于人民法院办理执行异议和复议案件若干问题的规定》第二十六条第二款。
④ 参见《最高人民法院关于仲裁司法审查案件报核问题的有关规定》第二条第二款。
⑤ 参见《最高人民法院关于仲裁司法审查案件报核问题的有关规定》第三条。
⑥ 参见《最高人民法院关于仲裁司法审查案件报核问题的有关规定》第二条第一款。

议的裁定外，一经送达即发生法律效力。当事人申请复议、提出上诉或者申请再审的，人民法院不予受理，但法律和司法解释另有规定的除外。①

3. 典型案例

广东省高级人民法院　人民法院结合案外人的举证，对仲裁当事人之间的法律关系、资金流转状况、债权债务等情况进行充分审查，认定仲裁当事人之间存在虚构法律关系、捏造案件事实进行虚假仲裁的情形，依法保护案外人的合法权益，维护仲裁秩序。

龙某向黄某借款40万元后，龙某与其父亲签订《广州市存量房买卖合同》，约定龙父购买龙某名下房屋，并将房屋产权人变更登记为龙父，但龙父并未支付任何购房款。黄某作为龙某的债权人，对上述房屋转让行为提出了债权人撤销之诉。生效民事判决认定龙某将案涉房屋无偿转让给龙父，给债权人黄某造成损害，判决撤销龙父与龙某签订的《广州市存量房买卖合同》。之后，某仲裁委员会根据龙母与龙父、龙某达成的仲裁协议和龙母的仲裁申请，受理了龙母关于房屋确权纠纷的仲裁申请，并裁决确认龙母为案涉房屋的共同共有人，由龙父、龙某协助办理房屋共有权证。龙母向广州市中级人民法院申请执行上述仲裁裁决，黄某提出不予执行仲裁裁决申请。

广州市中级人民法院认为，龙某与龙父、龙母在明知生效民事判决已经撤销龙某将案涉房屋转让给龙父的行为的情况下，又签订仲裁协议并提出案涉房屋确权的仲裁申请，属于虚构法律关系，恶意申请仲裁。案涉仲裁裁决结果错误，损害了黄某的合法权益，故裁定不予执行该仲裁裁决。龙母申请复议，广东省高级人民法院认为广州市中级人民法院裁定不予执行该仲裁裁决符合《最高人民法院关于人民法院办理仲裁裁决执行案件若干问题的规定》，故驳回龙母的复议申请。②

最高人民法院案例　根据《最高人民法院关于人民法院办理仲裁裁决执行案件若干问题的规定》第十七条规定，被执行人申请不予执行仲裁调解书或者根据当事人之间的和解协议、调解协议作出的仲裁裁决，人民法院不予支持，但该仲裁调解书或者仲裁裁决违背社会公共利益的除外。因此，执行法院有权对涉案仲裁调解书是否违背公共利益进行审查。根据《最高人民法院关于仲裁司法审查案件报核问题的有关规定》第三条规定，以违背社会公共利益为由不予执行或者撤销我国内地仲裁机构的仲

---

① 参见《最高人民法院关于审理仲裁司法审查案件若干问题的规定》第二十条。
② 参见"广东法院仲裁司法审查典型案例"，https：//www.gdcourts.gov.cn/gsxx/quanweifabu/anlihuicui/content/post_1791768.html，最后访问时间2024年7月22日。

裁裁决，应当向最高人民法院报核，待其审核后，方可依审核意见作出裁定。本案中，不予执行仲裁调解书的裁定，未向最高人民法院报核，亦未经高级人民法院审核，违反法定程序，应予撤销。①

专题二十　案外人如何破解虚假仲裁、调解等难题？

仲裁因自身所具有的充分体现当事人的意思自治、灵活便捷、一裁终局等诸多特性，成为兼具契约性、自治性、民间性和准司法性的一种重要的纠纷化解方式。仲裁机构不是国家司法机关，仲裁系约定解决争议当事人双方的纠纷，虽然案外人不属于仲裁一方，但仲裁裁决、调解书客观上能启动或阻却执行，有可能损害案外人的利益。

一、仲裁案外人权利救济的困境

（一）案外人申请不予执行仲裁裁决

根据《仲裁法》第五十八条的规定，当事人提出证据证明裁决存在缺乏仲裁协议、超范围裁决、无权仲裁、证据伪造、程序违法等情形时，可以向仲裁委员会所在地的中级人民法院申请撤销裁决。根据《最高人民法院关于人民法院办理仲裁裁决执行案件若干问题的规定》的规定，被执行人有权向人民法院申请不予执行仲裁裁决，案外人有权向人民法院申请不予执行仲裁裁决和仲裁调解书。

对执行标的涉及的权利保护，一般通过执行异议和执行异议之诉程序救济，但《民诉法》将执行异议限定为民事判决、裁定，并不包括仲裁裁决、调解书。申请撤销仲裁的主体是当事人，并不包括案外人。因此，在被执行人与他人串通虚假仲裁、恶意仲裁损害案外人合法权益时，案外人只能通过申请不予执行仲裁裁决和仲裁调解书进行救济。

（二）仲裁司法审查的局限

仲裁作为独立于诉讼的纠纷解决机制，法院对仲裁的司法审查遵循有限监督原则，避免审判权对仲裁的过度干预。为充分尊重仲裁的权威性与效率性，保护当事人选择仲裁解决纠纷的意思自治，最高人民法院规定对仲裁司法审查实行报核机制，逐级报高院或最高院审核。人民法院认定仲裁裁决、仲裁调解书违背社会公共利益的，应当裁定撤销。但是，这种法院依职权行使的撤销行为，只能在撤销程序中审查行使，对案外人无济于事。

---

① 参见武汉砾某天华小额贷款有限公司、九江乐某士生物科技有限公司企业借贷纠纷执行审查类执行裁定书［（2019）最高法执监82号］。

仲裁制度具有独立、不公开的特点，尊重当事人的意思自治，一裁终局，如当事人利用仲裁串通损害案外人利益时，则面临救济手段不足的问题。与诉讼程序中的审判监督、第三人撤销之诉、执行异议等纠错机制不同，仲裁案外人仅能通过申请不予执行进行救济，且人民法院对仲裁的司法审查持非常审慎的态度，需经过高院、最高院审核，对案外人权利保护严重不足。

二、仲裁案外人救济程序之立法展望

我国针对虚假仲裁损害案外人权益的问题，2018年最高人民法院发布的《关于人民法院办理仲裁裁决执行案件若干问题的规定》确立了仲裁案外人申请不予执行制度，首次明确仲裁案外人的保护路径。但是，该救济制度对于不予执行之后的救济程序缺乏规定，面临实体审查问题，实践中法院支持比例不高，不能从根本上解决案外人权利救济问题。

2019年9月，最高人民法院起草的《民事强制执行法草案（征求意见稿）》设置了案外人撤销仲裁之诉制度。2021年7月公布的《仲裁法（修订）（征求意见稿）》拟对《仲裁法》进行全面修改，删除备受诟病的申请不予执行的规定，增设仲裁裁决确认执行制度，确立案外人异议制度和侵权之诉制度。2022年6月全国人大常委会发布《民事强制执行法（草案）》第八十九条将提起案外人异议之诉范围扩张至"执行依据为仲裁裁决、公证债权文书等的"，摒弃了2019年《民事强制执行法草案（征求意见稿）》确立专门的撤销仲裁裁决、调解书之诉的思路，延续了2021年《仲裁法（修订）（征求意见稿）》通过案外人异议程序进行救济的基本思路，同时规定仲裁案外人可提起案外人异议之诉，明确案外人实体救济程序。

三、追究虚假仲裁刑事责任

（一）虚假诉讼罪

根据《最高人民法院关于办理虚假诉讼刑事案件适用法律若干问题的解释》的规定，"向人民法院申请执行基于捏造的事实作出的仲裁裁决"属于刑法第三百零七条之一第一款规定的"以捏造的事实提起民事诉讼"，"立案执行基于捏造的事实作出的仲裁裁决"属于刑法第三百零七条之一第一款规定的"妨害司法秩序或者严重侵害他人合法权益"，构成虚假诉讼罪。因此，当事人通过虚假仲裁并向法院申请执行时，人民法院立案启动执行程序，即可以追究当事人虚假诉讼犯罪行为。

（二）拒不执行判决、裁定罪

根据《最高人民法院关于审理拒不执行判决、裁定刑事案件适用法律若干问题的解释》第二条的规定,"与他人串通,通过虚假诉讼、虚假仲裁、虚假和解等方式妨害执行,致使判决、裁定无法执行的",属于刑法第三百一十三条规定的"其他有能力执行而拒不执行,情节严重的情形",构成拒不执行判决、裁定罪。因此,当被执行人通过虚假仲裁,故意制造障碍导致判决、裁定无法执行时,即可以追究被执行人拒不执行判决、裁定犯罪行为。

综上,对于仲裁案外人利益救济的问题,我国法律法规并不完善,在诉讼之前应当尽早采取保全措施,在执行程序中申请不予执行,及时收集虚假仲裁的证据,必要时启动刑事追诉措施。

四、破解利用公司规避执行行为

股东有限责任和公司法人人格独立是现代公司制度的基石,在发挥推动经济增长和积累资本作用的同时,也经常被股东用作逃避法律义务,牟取非法利益的工具,进而将风险转嫁给公司债权人,严重损害了其利益。为了平衡公司股东与债权人的利益,公司人格否认制度应运而生。最高人民法院将公司人格否认类型化为人格混同、滥用控制权和资本弱化,实践中"夫妻档""父母兵""一套人马、几块牌子""金蝉脱壳""借鸡生蛋""小马拉大车"等滥用股东有限责任、逃避债务的情形均应受到司法的严格规制。

1. 请求权基础

> **第117项请求权:申请股东、关联公司承担连带责任** 公司股东滥用公司法人独立地位和股东有限责任,逃避债务,严重损害公司债权人利益的,应当对公司债务承担连带责任。股东利用其控制的两个以上公司实施前款规定行为的,各公司应当对任一公司的债务承担连带责任。只有一个股东的公司,股东不能证明公司财产独立于股东自己的财产的,应当对公司债务承担连带责任。[①]

背景解释 2005年修订的《公司法》为保护和鼓励投资,同时也保证公司经营的灵活性和高效性,创制了股东有限责任和公司独立法人地位制度。这是一种"纵向法人人格否认制度",主要是解决股东通过控制公司,与公司之间资产混同、财务不

---

① 参见《公司法》第二十三条。

清,或挪用、转移公司财产等方式"掏空公司",又以有限责任为掩护逃避责任等损害债权人利益的问题。但是,在司法实践中存在股东为逃避执行,采取隐性新设公司,将原公司业务导入新公司,将债务全部留在原公司,"大船搁浅,小船逃生",损害债权人的利益。甚至有的股东为牟取非法利益,有预谋地逃避执行,设立多家表面上不存在关联关系的公司,但实际上相互之间界限模糊、人格混同,将所有利润导入一家核心公司,而把债务留给另外的壳公司,严重损害债权人利益。在司法实践中,利用关联公司逃避执行的情况并不少见,但非常隐蔽,属于债务人规避执行的惯用手法。

最高人民法院在2020年《对十三届全国人大三次会议第6354号建议的答复》中承认,人大代表提出的"个别企业将财务和业务全部转移到公司体外运营,以体外公司或个人名义与客户进行业务往来、收支业务款项从而逃避债务、规避执行的问题",具有很强的针对性。2023年新修正的《公司法》第二十三条将关联公司人格否认制度法律化,明确股东利用其控制的两个以上公司实施逃避债务,严重损害公司债权人利益的,各公司应当对任一公司的债务承担连带责任。事实上,在本次《公司法》修正之前,最高院也明确肯定关联公司人格混同时,相互承担连带责任。

2013年最高人民法院在发布的第15号指导案例中明确:关联公司的人员、业务、财务等方面交叉或混同,导致各自财产无法区分,丧失独立人格的,构成人格混同。当关联公司的财产无法区分,丧失独立人格时,就丧失了独立承担责任的基础。公司股东滥用公司法人独立地位和股东有限责任,逃避债务,严重损害公司债权人利益的,应当对公司债务承担连带责任。关联公司人格混同,严重损害债权人利益的,违背了诚实信用原则,其行为本质和危害结果与《公司法》第二十条第三款规定的情形相当,因此,关联公司相互之间对外部债务应当承担连带责任。[①]

2019年最高人民法院在《九民纪要》中也认为:控制股东或实际控制人控制多个子公司或者关联公司,滥用控制权使多个子公司或者关联公司财产边界不清、财务混同、利益相互输送,丧失人格独立性,沦为控制股东逃避债务、非法经营,甚至违法犯罪工具的,可以综合案件事实,否认子公司或者关联公司法人人格,判令承担连带责任。[②]

最高人民法院案例 不同关联公司之间表面上彼此独立,但均受当事人或其直系亲

---

① 参见指导案例15号:徐某集团工程机械股份有限公司诉成都川某工贸有限责任公司等买卖合同纠纷案。
② 参见《全国法院民商事审判工作会议纪要》第11条。

属控制，当事人或其直系亲属作为控股股东或实际控制人控制关联公司，滥用控制权使关联公司财产边界不清，利益相互输送，丧失人格独立性，成为逃避债务的工具，严重损害债权人的利益。关联公司以享有民事权益为由，提出排除执行的诉求，不予支持。①

2. 典型案例

（1）公司"金蝉脱壳"逃避执行，执行法官通过周密调查，及时控制被执行人的"隐形"财产，为申请人及时挽回损失。

在某电梯有限公司申请执行某置业有限公司买卖合同纠纷一案中，申请人某电梯有限公司于2017年7月向未央法院申请强制执行，要求被执行人某置业有限公司支付货款及违约金35万余元。因一直未能查询到被执行人名下财产，导致本案案款迟迟未能兑现，执行工作陷入僵局。

2023年11月，申请人向执行法官举证称，被执行人在高陵区开发的某小区有尚未出售的商铺，且被执行人长期使用另一公司银行账户收取商铺租金。法官立即组织前往案涉小区商铺调查核实该财产线索，经过走访询问，发现多家商户均将房屋租金付给了某物业管理有限公司。为查清两家公司之间的关系，法官根据商户们提供的转账付款信息，前往该物业管理有限公司收取租金的开户银行进一步调查。调取的银行流水显示，该物业管理有限公司在本案执行期间共收取某小区一层商铺租金高达300余万元。

此时，承办法官意识到被执行人可能通过"金蝉脱壳"，借用其他关联公司名义隐匿其名下财产，便当场对该物业管理有限公司银行账户予以冻结，并传唤公司负责人刘某到庭说明情况。经询问，刘某称其与涉案某置业有限公司实际控制人张某系夫妻关系，并认可其经营的物业管理有限公司长期收取案涉小区未售部分商业用房房屋租金的事实。后本院对该物业管理有限公司名下银行账户存款35万余元进行扣划并发还申请执行人，该物业管理有限公司未提出异议，本案顺利执结。②

（2）公司企业为逃避执行，使用体外公司、个人账户进行业务往来、收付业务款项，导致生效裁判无法执行的，应当认定为刑法第三百一十三条规定的有能力执行而拒不执行，以拒不执行判决、裁定罪定罪处罚。

2016年11月1日，重庆市沙坪坝区人民法院判决被告单位塞某门业公司和重庆国

---

① 参见湖南金某房地产开发有限公司、湖南省汇某贸易有限公司等案外人执行异议之诉民事再审民事判决书［（2021）最高法民再342号］。
② 参见"公司'金蝉脱壳'看执行法官如何'破局'"，https：//shx.chinadaily.com.cn/a/2024 02/26/WS65dc530ca3109f7860dd2fd4.html，最后访问时间2024年7月22日。

某实业发展有限公司共同支付原告被害人重庆林某商贸有限公司钢材款5884626.72元。该判决生效后，因两被告均未履行义务，被害人申请强制执行。

被告人陶某2系被告单位塞某门业公司占股80%的大股东和实际控制人。2017年年初，陶某2在生产场地、机器设备、工作人员不变的情况下，开始以塞某家居公司的名义对外生产经营，且使用塞某家居公司账户、陶某2及其父陶某友的私人账户进行业务往来、收付业务款项，导致执行法院无法查询塞某门业公司的资金状况，生效裁判难以执行。经重庆合智会计师事务所司法会计鉴定，2017年2月28日至2019年6月11日，塞某门业公司及关联方共对外收款4881笔，金额共计16049546.24元。该金额足以履行（2016）渝0106民初8475号民事判决书判令的给付义务。

沙坪坝区人民法院认为，被告单位塞某门业公司在收到法院依法作出的具有执行内容并已发生法律效力的判决、裁定后，为逃避执行，利用关联公司的名义继续经营，并以私人账户收取远超执行金额的经营款，属于有能力执行而拒不执行的隐藏、转移财产行为，情节严重，扰乱了人民法院的正常司法秩序，已构成拒不执行判决、裁定罪。被告人陶某2作为塞某门业公司的实际控制人，属于直接负责的主管人员，其行为亦构成拒不执行判决、裁定罪，依法应当承担刑事责任。判决：被告单位塞某门业公司犯拒不执行判决、裁定罪，判处罚金10万元；被告人陶某2犯拒不执行判决、裁定罪，判处有期徒刑2年6个月。上诉后，重庆市第一中级人民法院二审驳回上诉，维持原判。[1]

五、追究被执行人、案外人侵权责任

行为人与相对人恶意串通，损害他人合法权益的民事法律行为无效。[2]

> **第118项请求权：申请被执行人、案外人侵权赔偿**　被执行人与案外人恶意串通，通过执行异议、执行异议之诉妨害执行的，人民法院应当依照民事诉讼法第一百一十六条规定处理。申请执行人因此受到损害的，可以提起诉讼要求被执行人、案外人赔偿。[3]

---

[1] 参见田文军：《利用体外循环规避执行的判定》，载《人民司法·案例》2023年第2期，第40-42页。

[2] 参见《民法典》第一百五十四条。

[3] 参见《最高人民法院关于适用〈中华人民共和国民事诉讼法〉的解释》第三百一十三条第二款。

最高人民法院第一巡回法庭裁判观点 民事案件构成恶意串通事实证明标准的认定——博某公司与王某萍、郭某民间借贷纠纷案

对于恶意串通的证明标准,《最高人民法院关于适用〈中华人民共和国民事诉讼法〉的解释》第一百零九条作出特别规定。根据该条规定,人民法院认定民事案件构成恶意串通事实的证明标准为排除合理怀疑,即要求当事人对其提出的存在恶意串通的事实主张,应提供充分的证据以达到足以排除合理怀疑的证明标准,否则,其主张的恶意串通的待证事实便难以认定。①

六、以物抵债协议的效力审查

在司法实践中,故意捏造债权债务关系和以物抵债协议的行为多发生在离婚等类型民事诉讼和民事执行过程中,行为人往往意图通过上述行为,达到多分配夫妻共同财产或者非法转移被执行财产的目的。

根据《九民纪要》的规定,在认定以物抵债协议的性质和效力时,要根据订立协议时履行期限是否已经届满予以区别对待:

(一)当事人在债务履行期限届满后达成以物抵债协议,抵债物尚未交付债权人,债权人请求债务人交付的,人民法院要着重审查以物抵债协议是否存在恶意损害第三人合法权益等情形,避免虚假诉讼的发生。经审查,不存在以上情况,且无其他无效事由的,人民法院依法予以支持。当事人在一审程序中因达成以物抵债协议申请撤回起诉的,人民法院可予准许。当事人在二审程序中申请撤回上诉的,人民法院应当告知其申请撤回起诉。当事人申请撤回起诉,经审查不损害国家利益、社会公共利益、他人合法权益的,人民法院可予准许。当事人不申请撤回起诉,请求人民法院出具调解书对以物抵债协议予以确认的,因债务人完全可以立即履行该协议,没有必要由人民法院出具调解书,故人民法院不应准许,同时应当继续对原债权债务关系进行审理。②

(二)当事人在债务履行期届满前达成以物抵债协议,抵债物尚未交付债权人,债权人请求债务人交付的,因此种情况不同于本纪要第71条规定的让与担保,人民法

---

① 参见《最高人民法院第一巡回法庭典型民商事案件裁判观点与文书指导·第1卷》,中国法制出版社2020年版,第19页。

② 参见《全国法院民商事审判工作会议纪要》第44条。

院应当向其释明，其应当根据原债权债务关系提起诉讼。经释明后当事人仍拒绝变更诉讼请求的，应当驳回其诉讼请求，但不影响其根据原债权债务关系另行提起诉讼。①

山东省高级人民法院　对于案外人与被执行人的债务清偿期届满，在查封前已经与被执行人签订合法有效的以房抵债协议并实际合法占有被执行房屋，且不存在规避执行或逃避债务等情形的，可以参照适用《最高人民法院关于人民法院办理执行异议和复议案件若干问题规定》第二十八条的规定予以审查。如案外人系建设工程承包人或实际施工人，其与被执行人之间存在真实的建设工程承包合同，案外人享有的工程价款与抵债标的价值相当，且工程款清偿期已经届满，案外人基于建设工程价款与被执行人订立合法有效的以物抵债协议，主张其已支付相应对价，请求排除强制执行的，一般应予支持。②

专题二十一　被执行人与案外人以恶意租赁方式排除执行，申请执行人应如何破除？

执行程序中对于租赁权的处理，主要是在拍卖时如何处理租赁权的问题。根据《最高人民法院关于人民法院民事执行中拍卖、变卖财产的规定》第二十八条的规定，司法拍卖对于担保物权及其他优先受偿权采用涤除主义，对于租赁权及其他用益物权采用承受主义。但是该条第二款规定，拍卖财产上原有的租赁权及其他用益物权，不因拍卖而消灭，但该权利继续存在于拍卖财产上，对在先的担保物权或者其他优先受偿权的实现有影响的，人民法院应当依法将其除去后进行拍卖。因此，在执行程序中一般采取保留租赁权进行拍卖，在拍卖公告中披露权利负担，同时通知租赁权人行使优先购买权。

根据《最高人民法院关于人民法院办理执行异议和复议案件若干问题的规定》第三十一条第二款的规定，承租人与被执行人恶意串通，以明显不合理的低价承租被执行的不动产或者伪造交付租金证据的，对其提出的阻止移交占有的请求，人民法院不予支持。《民法典》第四百零五条、第七百二十五条分别明确"抵押不破租赁原则"③，

---

① 参见《全国法院民商事审判工作会议纪要》第45条。
② 参见《山东高院执行疑难法律问题审查参考（一）——案外人执行异议专题》第14条。
③ 见《民法典》第四百零五条 抵押权设立前，抵押财产已经出租并转移占有的，原租赁关系不受该抵押权的影响。

"买卖不破租赁原则"①。需要说明的是，《民法典》第四百零五条删除了《物权法》第一百九十条第二句"抵押权设立后抵押财产出租的，该租赁关系不得对抗已登记的抵押权"。这种变化更加强调对抵押权的保护，在抵押权设立后的租赁权无权对抗抵押权。在这两个法条里面均有一个关键词"占有"，结合《最高人民法院关于人民法院办理执行异议和复议案件若干问题的规定》第三十一条第一款的规定，在法院查封之前"签订合法有效的书面租赁合同并占有使用"不动产的，能够"阻止向受让人移交占有"被执行的不动产，法律条文背后隐藏的是对"占有"的特殊保护，承租人基本租赁合同享有的是债权请求权，即要求占有使用租赁物的权利，对租赁权的保护实则是对"合法占有"的保护。

最高人民法院案例 现有证据不足以证明在房屋抵押前已签订合法有效租赁合同并实际占有房屋，不能排除人民法院的强制执行。

共某贸易公司及其时任法定代表人方某、股东翟某福于 2012 年 8 月 15 日至 2014 年 10 月 24 日分 16 笔向张某转账 1112 万元，部分款项转账时间晚于房屋抵押权设立时间及查封时间。共某贸易公司在房屋已被查封的情况下仍向张某支付租金，与正常习惯不符。况且，在总租期长达 20 年的情况下，其于承租前三年即支付全部租金，亦不符合常理。共某贸易公司主张于 2012 年 8 月 1 日入驻案涉房屋，并无充分证据证明。原审法院综合上述情况认为现有证据不足以证明共某贸易公司在房屋抵押前已与张某签订合法有效租赁合同并实际占有房屋，故而不能排除人民法院的强制执行，并无不当。②

查封具有冻结权利状态的效力，法院的查封决定一经生效，任何人非经查封法院允许不得改变查封资产的权利状态，包括但不限于改变所有权、使用权和占有等。如果在查封之时，出租人没有转移占有，那么即使双方签署了租赁合同，承租人也不得对抗查封效力，不得阻止法院将标的物向受让人移交。在法院查封之后物权处于冻结状态，受让人基于通过执行程序取得了物权，即取得占有、使用、处分标的物的权利，受让人基于物权的请求权优于承租人基于债权的请求权。

在司法实践中，通常存在案外人以其享有租赁权对抗抵押权及查封效力，阻止标的物转让、交付的情况，具体应当如何把握判断，我们可以部分参考江西高院的观点：

---

① 见《民法典》第七百二十五条 租赁物在承租人按照租赁合同占有期限内发生所有权变动的，不影响租赁合同的效力。

② 参见合肥共某贸易有限公司、中国信某资产管理股份有限公司安徽省分公司等案外人执行异议之诉民事申请再审审查民事裁定书［（2021）最高法民申 7452 号］。

第一，需要正确认定租赁权与抵押权发生对抗效力的时间点。租赁权的成立以占有为条件，判断租赁权产生对抗性的时间点为"占有时"。就抵押权来说，法律规定将能够对抗的租赁权明确为"设立时"的抵押权，因此判断抵押权产生对抗性的时间点为"设立时"。关于"设立时"的时间节点界定，建筑物和其他土地附着物、建设用地使用权、海域使用权和正在建造的建筑物、船舶、航空器自登记时设立，动产自抵押合同生效时设立。①

第二，法律规定的对抗性，仅指抵押权与租赁权之间，并未涉及抵押权人与抵押人、租赁权人与出租人之间的权利义务关系。对后述两对关系来说，还是要受双方签订的租赁合同的约束。即，在抵押在前的情况下，租赁权人虽然不能对抗抵押权人，但是其可以依据合同要求出租人承担违约责任；同理，成立在后的抵押权人也可基于抵押合同向抵押人主张权利。

最高人民法院案例 案外人于案件执行过程中对涉案房产主张租赁权，执行法院未对此进行立案审查，而是直接认定租赁关系成立并可对抗抵押权，属于程序违法。

案外人于案件执行过程中对涉案房产主张租赁权，本质是阻却房产的交付，属案外人针对执行标的提出的异议，执行法院应对此进行立案审查，并作出裁定；当事人如对审查结果不服可提起案外人异议之诉，通过异议之诉程序解决涉案房产租赁权相关争议。执行法院未针对案外人提出的20年"以债抵租"合同作为案外人异议立案审查，而直接认定租赁关系成立并可对抗抵押权，属程序违法，应予纠正。②

江苏省高级人民法院 执行程序中，在人民法院查封之前已签订合法有效的书面租赁合同并占有使用租赁房屋的承租人，有请求阻止向受让人移交占有被执行不动产的权利。但此节点的"占有使用"应为实质意义上的占有使用。因此，案外人执行异议之诉案件中，认定租赁房屋是否被承租人占有使用，应当结合房屋的位置及性质（商铺、住宅或生产经营）、租金的数额及其支付，房屋的使用状况（占有的稳定性和充分性）等予以综合判定。③

1. 案外人以其在执行标的被设定抵押或被查封之前与被执行人订立租赁合同，且对执行标的实际占有使用为由，提出执行异议及执行异议之诉，具有下列情形之一的，应认定为虚假租赁：

---

① 参见《民法典》第四百零二条、第四百零三条。
② 参见李某俊、赵某萍借款合同纠纷执行审查类执行裁定书［(2017)最高法执监335号］。
③ 参见江西省高级人民法院执行局民事执行实务疑难问题解答第（10）期。

(1) 承租人与被执行人恶意串通，将执行标的以明显不合理的低价出租的；

(2) 承租人或者被执行人伪造、变造租赁合同的；

(3) 承租人或者被执行人倒签租赁合同签署时间的；

(4) 承租人或被执行人伪造租金交付或收取证据的；

(5) 承租人与被执行人伪造其实际占有使用执行标的证据的；

(6) 承租人系被执行人的近亲属或关联企业，该租赁关系与案件其他证据或事实相互矛盾的。①

2. 承租人基于租赁期限为5年以上的长期租约，对执行标的提出执行异议或提起执行异议之诉的，应重点围绕以下几种情形对租赁合同的真实性予以审查：

(1) 租赁合同的订立时间；

(2) 租金约定是否明显低于所在区域同类房屋的租金水平；

(3) 租金支付是否违反常理；

(4) 是否办理房屋租赁登记备案手续；

(5) 是否存在名为租赁实为借贷情形；

(6) 租赁房屋是否实际转移占有使用；

(7) 是否存在其他违反商业习惯或商业常理的情形。

案涉不动产为被执行人或其他人占有使用，承租人仅以其已向房产管理部门办理登记备案，并将该不动产登记为新设公司营业地址为由主张租赁权的，应认定其未实际占有并使用该不动产。承租人已在租赁的土地或房屋内从事生产经营活动，包括已将租赁物用于生活、生产、经营、已进行装修或以其他方式行使对租赁物的实际控制权的，应视为承租人实际占有并使用租赁物。②

在实务中，我们经常碰到"以租抵债"为由提出异议，要求阻止交付，这时异议人的主张是否成立，需要严格进行区分、审查：

(一) "以租抵债"的债权人即名义承租人提出异议。债务人以其房产、土地使用权抵偿欠款的合同之债，不同于出租人与承租人之间签订的租赁合同，故不适用《合同法》规定的"买卖不破租赁"原则。③ 北京市高级人民法院认为，名为租赁实为抵

---

① 参见《江苏省高级人民法院执行异议及执行异议之诉案件办理工作指引（三）》第3条。

② 参见《江苏省高级人民法院执行异议及执行异议之诉案件办理工作指引（三）》第4条。

③ 参见江苏佐某科技有限公司、中国民某银行股份有限公司郑州分行再审审查与审判监督民事裁定书［(2020)最高法民申3044号］。

债或担保的，对名义承租人提出的排除移交占有的请求，人民法院不予支持。①

（二）实际承租人提出异议。"以租抵债"债权人在取得租赁权后，向第三人转租以实现金钱债权，在执行中第三人提出异议。对此，如果承租人已实际占有租赁物，则不能仅在形式上否认租赁效力，而应严格按照"案外人执行异议"及"善意取得"的标准进行审查。

此外，申请执行人对于案外人租赁的违规建设的房屋、临时建筑可以主张租赁合同无效，依据如下：

出租人就未取得建设工程规划许可证或者未按照建设工程规划许可证的规定建设的房屋，与承租人订立的租赁合同无效。但在一审法庭辩论终结前取得建设工程规划许可证或者经主管部门批准建设的，人民法院应当认定有效。②

出租人就未经批准或者未按照批准内容建设的临时建筑，与承租人订立的租赁合同无效。但在一审法庭辩论终结前经主管部门批准建设的，人民法院应当认定有效。租赁期限超过临时建筑的使用期限，超过部分无效。但在一审法庭辩论终结前经主管部门批准延长使用期限的，人民法院应当认定延长使用期限内的租赁期间有效。③

第三节 追究被执行人的刑事责任

追究被执行人的刑事责任属于最严厉的处罚措施。当被执行人明明有执行能力，而采取各种措施逃避执行，拒不履行生效判决、裁定确定的义务时，可通过追究被执行人的刑事责任，逼迫被执行人履行法定义务。实践中，有的债务人视法律如儿戏，千方百计逃避强制执行，恶意逃废债务，严重挑战法律权威，损害债权人的合法权益。对于这种债务人有必要使出这一"杀器"，追究其刑事责任，通过刑事和解、退赔等方式实现权益。

《中央全面依法治国委员会关于加强综合治理从源头切实解决执行难问题的意

---

① 参见《北京市法院执行局局长座谈会（第九次会议）纪要——关于执行查控时财产权属判断规则及案外人异议审查中权利（利益）冲突规则若干问题的意见》第21条第三款。
② 参见《最高人民法院关于审理城镇房屋租赁合同纠纷案件具体应用法律若干问题的解释》第二条。
③ 参见《最高人民法院关于审理城镇房屋租赁合同纠纷案件具体应用法律若干问题的解释》第三条。

见》明确提出，加大对拒不执行生效判决、裁定等违法犯罪行为打击力度。公检法等政法机关加强协调配合，统一立案标准，建立常态化打击拒执犯罪工作机制。对拒不执行生效判决、裁定以及其他妨碍执行的犯罪行为，公安机关应当依法及时立案侦查，检察机关应当依法及时批准逮捕和审查起诉，人民法院应当依法及时审理。公安机关不予立案、检察机关不予起诉的，应当出具法律文书，畅通当事人自诉渠道。逐步建立起以当事人刑事自诉为主的拒不执行判决、裁定罪的诉讼模式，加大对以虚假诉讼、虚假仲裁、虚假公证等方式转移财产、逃避执行违法犯罪行为的打击力度。[1]

一、拒不执行生效判决、裁定罪

1. 求刑权基础

> **第 119 项请求权：请求追究拒不执行判决、裁定行为的刑事责任** 对人民法院的判决、裁定有能力执行而拒不执行，情节严重的，处三年以下有期徒刑、拘役或者罚金；情节特别严重的，处三年以上七年以下有期徒刑，并处罚金。单位犯前款罪的，对单位判处罚金，并对其直接负责的主管人员和其他直接责任人员，依照前款的规定处罚。[2]

关于"有能力执行而拒不执行，情节严重"的认定标准：

(1) 有能力执行而拒不执行，情节严重 下列情形属于刑法第三百一十三条规定的"有能力执行而拒不执行，情节严重"的情形：

(一)被执行人隐藏、转移、故意毁损财产或者无偿转让财产、以明显不合理的低价转让财产，致使判决、裁定无法执行的；

(二)担保人或者被执行人隐藏、转移、故意毁损或者转让已向人民法院提供担保的财产，致使判决、裁定无法执行的；

(三)协助执行义务人接到人民法院协助执行通知书后，拒不协助执行，致使判决、裁定无法执行的；

(四)被执行人、担保人、协助执行义务人与国家机关工作人员通谋，利用国家机

---

[1] 参见《中央全面依法治国委员会关于加强综合治理从源头切实解决执行难问题的意见》第二条第（六）款。
[2] 参见《刑法》第三百一十三条。

关工作人员的职权妨害执行,致使判决、裁定无法执行的;

(五)其他有能力执行而拒不执行,情节严重的情形。①

(2) 其他有能力执行而拒不执行,情节严重 负有执行义务的人有能力执行而实施下列行为之一的,应当认定为全国人民代表大会常务委员会关于刑法第三百一十三条的解释中规定的"其他有能力执行而拒不执行,情节严重的情形":

(一)具有拒绝报告或者虚假报告财产情况、违反人民法院限制高消费及有关消费令等拒不执行行为,经采取罚款或者拘留等强制措施后仍拒不执行的;

(二)伪造、毁灭有关被执行人履行能力的重要证据,以暴力、威胁、贿买方法阻止他人作证或者指使、贿买、胁迫他人作伪证,妨碍人民法院查明被执行人财产情况,致使判决、裁定无法执行的;

(三)拒不交付法律文书指定交付的财物、票证或者拒不迁出房屋、退出土地,致使判决、裁定无法执行的;

(四)与他人串通,通过虚假诉讼、虚假仲裁、虚假和解等方式妨害执行,致使判决、裁定无法执行的;

(五)以暴力、威胁方法阻碍执行人员进入执行现场或者聚众哄闹、冲击执行现场,致使执行工作无法进行的;

(六)对执行人员进行侮辱、围攻、扣押、殴打,致使执行工作无法进行的;

(七)毁损、抢夺执行案件材料、执行公务车辆和其他执行器械、执行人员服装以及执行公务证件,致使执行工作无法进行的;

(八)拒不执行法院判决、裁定,致使债权人遭受重大损失的。②

2. 刑事自诉

申请执行人有证据证明同时具有下列情形,人民法院认为符合刑事诉讼法第二百一十条第三项③规定的,以自诉案件立案审理:

(一)负有执行义务的人拒不执行判决、裁定,侵犯了申请执行人的人身、财产权利,应当依法追究刑事责任的;

(二)申请执行人曾经提出控告,而公安机关或者人民检察院对负有执行义务的

---

① 参见《全国人民代表大会常务委员会关于〈中华人民共和国刑法〉第三百一十三条的解释》。
② 参见《最高人民法院关于审理拒不执行判决、裁定刑事案件适用法律若干问题的解释》第二条。
③ 见《刑事诉讼法》第二百一十条第(三)项 被害人有证据证明对被告人侵犯自己人身、财产权利的行为应当依法追究刑事责任,而公安机关或者人民检察院不予追究被告人刑事责任的案件。

人不予追究刑事责任的。①

申请执行人向公安机关控告负有执行义务的人涉嫌拒不执行判决、裁定罪，公安机关不予接受控告材料或者在接受控告材料后60日内不予书面答复，申请执行人有证据证明该拒不执行判决、裁定行为侵犯了其人身、财产权利，应当依法追究刑事责任的，人民法院可以以自诉案件立案审理。②

3. 刑事案例

（1）**最高人民法院指导案例** 具有执行内容的判决、裁定发生法律效力后，负有执行义务的人有隐藏、转移、故意毁损财产等拒不执行行为，致使判决、裁定无法执行，情节严重的，应当以拒不执行判决、裁定罪定罪处罚。

浙江省平阳县人民法院于2012年12月11日作出（2012）温平鳌商初字第595号民事判决，判令被告人毛某文于判决生效之日起15日内返还陈某银挂靠在其名下的温州宏某包装制品有限公司投资款20万元及利息。该判决于2013年1月6日生效。因毛某文未自觉履行生效法律文书确定的义务，陈某银于2013年2月16日向平阳县人民法院申请强制执行。立案后，平阳县人民法院在执行中查明，毛某文于2013年1月17日将其名下的浙C×××1小型普通客车以15万元的价格转卖，并将所得款项用于个人开销，拒不执行生效判决。毛某文于2013年11月30日被抓获归案后如实供述了上述事实。

浙江省平阳县人民法院于2014年6月17日作出（2014）温平刑初字第314号刑事判决：被告人毛某文犯拒不执行判决罪，判处有期徒刑十个月。宣判后，毛某文未提起上诉，公诉机关未提出抗诉，判决已发生法律效力。③

（2）通过协议离婚的方法转移财产，私自处置法院查封房产，致使判决无法执行，情节严重的，构成拒不执行判决、裁定罪。

李某与曹某某侵权责任纠纷一案，贵州省正安县人民法院于2013年8月作出的（2013）正民初字第1313号民事判决，判令被告曹某某赔偿李某因提供劳务而遭受人身损害赔偿的各项费用共计20余万元。判决生效后，曹某某未在判决确定的期限内履行义务，李某于2014年3月向正安县人民法院申请强制执行。在执行过程中，被执行人曹某某与李某达成分期履行的和解协议，曹某某先后共计履行了10万元后，尚余10

---

① 参见《最高人民法院关于审理拒不执行判决、裁定刑事案件适用法律若干问题的解释》第三条。
② 参见《最高人民法院关于拒不执行判决、裁定罪自诉案件受理工作有关问题的通知》第一条。
③ 参见最高人民法院指导案例71号：毛某文拒不执行判决、裁定案。

余万元一直未履行。法院执行过程中查明，正安县城建设工程指挥部于2013年7月拆迁被执行人曹某某的房屋433.50㎡、门面101.64㎡，拆迁返还住房4套、门面3间。2014年5月28日法院查封了曹某某安置房一套。为逃避债务履行，曹某某与贾某某于2014年8月办理了离婚登记，离婚协议约定所有返还房产均归贾某某所有。2014年12月曹某某、贾某某与向某某夫妇签订房屋转让协议，将法院查封的住房以20.50万元的价格转让给向某某。其后，曹某某继续不履行判决确定的义务，且下落不明，致使该判决长期得不到执行。

正安县人民法院遂将曹某某涉嫌拒不执行判决、裁定罪的线索移交正安县公安局立案侦查。被执行人曹某某于2017年3月30日向正安县公安局投案自首，当天被刑事拘留。在拘留期间，被执行人的前妻贾某某于2017年4月5日主动到法院交纳了欠款和迟延履行期间的债务利息。经检察机关提起公诉，2017年8月8日正安县人民法院以拒不执行判决、裁定罪，判处曹某某有期徒刑一年。[1]

（3）被执行人拒绝报告财产情况，拒不履行生效法律文书确定的义务，擅自处置法院查封财产导致生效判决无法执行，符合"有能力执行而拒不执行，情节严重"的情形。

2013年6月至10月，被告人李某彬为其堂哥李某有与罗某签订的鱼饲料买卖合同提供担保。后因李某有未按期支付货款，罗某于2015年2月将李某彬、李某有诉至法院。黑龙江省肇东市人民法院立案后，对李某彬经营的鱼池及池中价值35万元的鱼采取了财产保全措施，并于2015年6月4日作出（2015）肇商初字第154号民事判决，判令李某彬于判决生效后十日内给付罗某饲料款33万余元。判决生效后，李某彬既未在法定期限内履行义务，罗某遂向法院申请强制执行。肇东市人民法院于2015年8月13日立案执行，依法向李某彬发出执行通知书和报告财产令。李某彬未在规定期限内履行义务，又拒绝申报财产，并将已被查封的鱼池中价值35万元的活鱼卖掉后携款逃走，致使法院判决、裁定无法执行。

肇东市人民法院将李某彬涉嫌犯罪的线索移送公安机关。肇东市公安局立案侦查，于2016年9月5日将李某彬抓获，依法予以刑事拘留。经公安机关侦查终结，肇东市人民检察院于2016年11月16日以被告人李某彬涉嫌拒不执行判决、裁定罪，向肇东市人民法院提起公诉。法院经审理认为，被告人李某彬未经人民法院许可，擅自将人民法院依法查封的财产出卖，亦未将价款交给人民法院保存或给付申请执行人，又拒

---

[1] 参见"人民法院依法打击拒不执行判决、裁定罪典型案例"，https：//www.court.gov.cn/zixun/xiangqing/100102.html，最后访问日期2024年7月22日。

绝报告财产情况，有能力执行而拒不执行人民法院已经发生法律效力的判决、裁定，情节严重，构成拒不执行判决、裁定罪。依法判处被告人李某彬有期徒刑一年六个月。①

（4）被执行人与案外人恶意串通，以虚假交易的方式转移财产，逃避履行义务，致使法院判决无法执行，共同构成拒不执行判决、裁定罪。

2013年10月9日，陈某驾驶闽B××××1小型普通客车在莆田市荔城区西天尾镇龙山村路段将行人柯某、陈某崇撞倒致伤，形成纠纷。莆田市荔城区人民法院（下称荔城法院）于2014年10月14日分别作出（2014）荔民初字第2172号民事判决书、（2014）荔民初字第2563号民事判决书，判决被告陈某赔偿柯某经济损失共计人民币119070.95元，陈某崇经济损失共计人民币705514.92元，判决均于2014年11月4日发生效力。判决生效后，陈某未主动履行赔偿义务，陈某崇、柯某分别于2014年12月22日、2014年12月24日向荔城法院申请强制执行，荔城法院于同日立案执行。立案后，荔城法院依法向被执行人发出执行通知书及财产报告令，督促其履行法律文书所确定的义务，但陈某仍未主动履行赔偿义务。荔城法院在执行过程中，亦未能查到被执行人陈某名下可供执行的财产。后经法院进一步调查查明，被执行人陈某为保全名下房屋，伙同其母亲徐某某私下签订房屋买卖协议书，约定将被执行人陈某所有的位于莆田市涵江区霞徐片区A3幢108的安置房及A2#地下室56号柴火间以人民币10万元的低价转让给徐某某，且未实际交付房款。2015年1月4日，被执行人陈某、徐某某办理了房屋所有权转移登记，致使判决无法执行。

被执行人陈某、案外人徐某某转移房屋的行为涉嫌拒不执行法院判决、裁定罪，荔城法院将该线索移送公安机关立案侦查。随后，公安机关立案侦查后依法对陈某、徐某某采取强制措施。在此期间，被执行人陈某主动履行了赔偿义务，申请人柯某、陈某崇于2016年11月30日向荔城法院书面申请执行结案。2017年4月26日，荔城法院根据公诉机关的指控，作出（2017）闽0304刑初179号刑事判决，以拒不执行法院判决、裁定罪，分别判处被告人陈某有期徒刑九个月，缓刑一年；被告人徐某某拘役六个月，缓刑八个月。②

---

① 参见"人民法院依法打击拒不执行判决、裁定罪典型案例"，https://www.court.gov.cn/zixun/xiangqing/100102.html，最后访问日期2024年7月22日。
② 参见"人民法院依法打击拒不执行判决、裁定罪典型案例"，https://www.court.gov.cn/zixun/xiangqing/100102.html，最后访问日期2024年7月22日。

（5）被执行人明知公司账户被法院冻结的情况下，指使他人将本应进入公司账户的资金转移至他人账户，挪作他用，隐匿公司财产，逃避法院强制执行，构成拒不执行判决、裁定罪。

重庆翔某市政工程有限责任公司（下称翔某公司）与重庆蓉某塑胶有限公司（下称蓉某公司）因建筑工程施工合同纠纷一案，经重庆市合川区人民法院一审，蓉某公司上诉后，重庆市第一中级人民法院终审，判决蓉某公司在判决生效后五日内支付翔某公司工程款1424801.2元及利息。2015年11月10日因蓉某公司未按期履行义务，故翔某公司向合川区人民法院申请强制执行。执行立案后，合川区人民法院依法向被执行人送达执行通知书、报告财产令等执行文书，并将被执行人法定代表人刘某设传至法院，告知其翔某公司申请强制执行的相关情况及蓉某公司要如实申报财产等义务，并对公司账户采取了查封措施。但蓉某公司及法定代表人刘某设仍未履行义务。2015年12月10日，刘某设与案外人林某公司协商好后，指派公司员工冯某某与林某公司签订了厂房租赁协议，以364607元的价格将公司某厂房租赁给林某公司使用三年。后刘某设在明知蓉某公司和自己私人账户均被法院冻结的情况下，指示林某公司将此笔租房款转至其子刘某彬的账户，后取出挪作他用，未履行还款义务，致使法院生效判决无法执行。

合川区人民法院将被执行人蓉某公司及刘某设涉嫌构成拒不执行判决、裁定罪的线索移送至合川区公安局立案侦查。同月21日刘某设主动向合川区公安局投案自首，同日被合川区公安局刑事拘留。案件审理过程中，蓉某公司及刘某设主动履行了部分义务。2017年4月17日，合川区人民法院作出判决，认定被告单位蓉某公司及该单位直接负责的主管人员被告人刘某设对判决有能力执行而拒不执行，情节严重，其行为均已构成拒不执行判决、裁定罪。鉴于刘某设有自首情节，且蓉某公司系主动履行部分义务，决定对蓉某公司及刘某设从轻处罚，以拒不执行判决、裁定罪，对被告单位蓉某公司判处罚金10万元，对刘某设判处有期徒刑一年，缓刑一年六个月，并处罚金5万元。[①]

专题二十二　关于拒不执行判决、裁定犯罪的法律适用，以及如何以刑事手段推动执行工作？

我国《刑法》第三百一十三条规定，"对人民法院的判决、裁定有能力执行而拒

[①] 参见"人民法院依法打击拒不执行判决、裁定罪典型案例"，https://www.court.gov.cn/zixun/xiangqing/100102.html，最后访问日期2024年7月22日。

不执行,情节严重的",构成拒不执行判决、裁定犯罪(以下简称拒执罪)。在实践中,对于拒执罪的适用各地发展非常不均衡,虽然最高院公布了一批典型案例,但在一些重要观念上各地认识不一,导致很多法院对拒执罪的采用依然慎重,变相助长了拒执行为。因此,我们有必要对拒执罪的犯罪构成予以厘清,进一步细化法律适用,精准打击拒执罪。

一、如何理解"人民法院的判决、裁定",是否包括调解书、仲裁等法律文书?

2002年全国人大常委会在关于刑法第三百一十三条的立法解释中规定,人民法院的判决、裁定,是指人民法院依法作出的具有执行内容并已发生法律效力的判决、裁定。人民法院为依法执行支付令、生效的调解书、仲裁裁决、公证债权文书等所作的裁定属于该条规定的裁定。因此,调解书、仲裁裁决等本身并不属于"人民法院的判决、裁定",但人民法院为执行"调解书、仲裁裁决等"而出具的裁定,属于该条规定的裁定。

最高人民法院刘贵祥、刘慧卓认为,对于该解释的理解应当注意以下问题:

关于调解书是否属于判决、裁定的范围问题。我们认为,人民法院主持下做出的调解书本身不能作为拒执罪的行为对象,应该严格按照上述立法解释的规定理解,只有人民法院为依法执行生效的调解书所作的裁定才属于条文规定的"裁定"。

关于"人民法院依法作出的具有执行内容并已发生法律效力的判决、裁定",是否包括人民法院作出的保全裁定、先予执行裁定以及为依法执行行政处理决定或者行政处罚决定等所作的裁定问题。实践中,由于拒不执行保全裁定、先予执行裁定的行为多发生在诉讼程序而非执行程序,相关法律对此类裁定能否作为拒执罪对象均未作出明确规定,能否对该裁定的拒执行为以拒执罪追诉,许多法院要求予以明确。我们认为,设置诉讼保全、先予执行制度本身就是为了保障判决、裁定的顺利执行,生效的诉讼保全、先予执行裁定属于具有执行内容并已发生法律效力的判决、裁定,将拒不执行此类裁定的犯罪行为纳入打击范围,符合立法精神和执行工作实际。但对于为依法执行行政处理决定或者行政处罚决定等所作的裁定,则应根据相关规定,慎重适用。[①]

二、如何理解"有能力执行而拒不执行",与执行不能的界限在哪里?

人民法院判决、裁定的执行内容既包括金钱债权的执行,也包括非金钱债权的执行。在非金钱债权的执行中,既包括物的交付,还包括行为给付等。因此,对于是否

[①] 参见刘贵祥、刘慧卓:《〈关于审理拒不执行判决、裁定刑事案件适用法律若干问题的解释〉的理解与适用》,载《人民司法》2015年第23期,第11—15页。

有能力执行，需要根据具体的执行内容进行判定，最高院刘贵祥、刘慧卓认为：拒执罪客观行为既包括对财产执行的拒执行为，也包括对行为执行的拒执行为；在对财产的执行中，有能力执行是指有可供执行的财产，既包括有可供全部执行的财产，也包括可供部分执行的财产；拒不执行行为，既包括主动的对抗执行行为，也包括拒绝履行的不作为行为。①

在执行程序中，因被执行人的财产状况在不断变化，执行能力也在不断变化，故除客观上的执行不能以外，对被执行人是否构成拒不执行应当进行动态判断。在金钱债权的执行中，对于是否有能力执行应分三个层面进行判断：

一是执行时即当下是否有财产可供执行。在进入执行程序后，人民法院首先会通过网络查控系统对被执行人名下的财产进行查控，如其名下无可供执行财产，即属于当下无财产可供执行。当然这只是形式上的无财产可供执行，如果被执行人存在隐瞒、转移财产，也不主动申报财产，导致人民法院未能发现其实际所有的财产，那么被执行人就涉嫌逃避执行，构成拒执罪。如果被执行人不存在隐瞒、转移财产行为，客观上确实无可供执行财产，那也只是暂时的执行不能。

二是未来是否有财产可供执行。在执行程序中，被执行人的所有财产、收入，除保留基本生活保障之外，都应当优先履行生效法律文书确定的义务。被执行人暂时无财产可供执行，并不等于未来无财产可供执行，因为正常的社会人只要参与经济生活，就能创造收入，获得财产权益，即产生可供执行的财产。湖北省巴东法院原院长张谊指出，"有财产可供执行肯定是有能力执行，但应该优先采取财产强制处置措施，没有财产可供执行，不一定就是没有能力执行。如果把有能力执行仅仅理解或者等同为有财产可供执行，就在很大程度上缩小了有能力执行的认定范围，降低了刑事打击的力度，限制了办理拒执罪案件推动执行工作的作用"。②

三是客观上的执行不能。被执行人的履行法定义务以其存在执行能力为前提，而一旦被执行人丧失执行能力，就构成客观上的执行不能。例如，作为被执行人的公民死亡，无遗产可供执行且又无义务承担人，或作为法人的企业破产清算，无剩余财产可供分配，等等。如果被执行人主体身份在法律上已"死亡"，永久地丧失了执行能力，无任何财产可供执行，将来也不可能产生财产以供执行，这就构成了客观上、永久执行不能。

---

① 参见刘贵祥、刘慧卓：《〈关于审理拒不执行判决、裁定刑事案件适用法律若干问题的解释〉的理解与适用》，载《人民司法》2015年第23期，第11—15页。

② 参见万紫千：《巴东打击拒执：理念与操作之变》，载《执行周刊》第45期，第5版。

因此，在判断被执行人是否存在拒执行为时，应当对"有能力执行"和"有财产可供执行"进行区分，有财产可供执行是静态的判断，而有能力执行是动态的判断，用静态的概念去对应十分复杂、随时变化的被执行人的拒执行为，得到的是点的效果，失去的是面的控制。人民法院对被执行人财产查控是对某一"时点"的判断，而执行是一个动态的过程，被执行人的财产状态也在动态变化，只要执行中被执行人有各种收入而没有用这些收入优先履行生效判决裁定确定的义务或者违反人民法院限制高消费令的规定，就构成"有能力执行而拒不执行"的行为。

三、如何理解"情节严重"，罪与非罪的边界在哪里？

根据《刑法》第三百一十三条的规定，"有能力执行而拒不执行"判决、裁定的行为，情节严重的，处三年以下有期徒刑、拘役或者罚金；情节特别严重的，处三年以上七年以下有期徒刑，并处罚金。因此，在被执行人存在"有能力执行而拒不执行"的情形时，是否构成犯罪的关键在于是否达到"严重"的程度。全国人大和最高院对《刑法》第三百一十三条的解释，共列举了十二种"情节严重"的行为，但现实中除了十二种明确情形以外，还有大量"其他有能力执行而拒不执行，情节严重的情形"，应当如何以执拒罪予以精准打击，值得深思。

人民法院的判决、裁定一经生效，就具备了司法强制力，被执行人不履行判决、裁定确定的义务，损害了司法机关的权威，构成妨害司法罪。本罪侵害的法益是司法裁判的权威性和执行力，与执行标的的数额没有直接关联。从上述十二种情形看，主要考虑了两方面因素：一是行为手段，即行为人应当实施了逃避、对抗执行义务的拒不执行行为，例如隐藏、转移财产，公然对抗、暴力抗拒执行，拒绝报告、违反高消费禁令等；二是行为后果，拒不执行的行为应当造成判决、裁定无法执行，执行工作无法进行，或者债权人遭受重大损失等后果。

关于被执行人拒不履行行为性质的认定，湖北省巴东法院原院长张谊认为：应该区分一般意义上的"拒"和涉嫌刑事犯罪意义上的"拒"。一般意义上的"拒"是指法院判决裁定生效后被执行人未自动履行，这是启动民事强制执行措施的前提。涉嫌刑事犯罪意义上的"拒"，根据《最高院解释》第二条第（一）项的规定，只要被执行人经过拘留或者罚款等强制措施后仍不履行就合乎标准。对于刑事犯罪意义上的"拒"在司法实践中可以掌握得更加严格完备一些，同时工作难度也不大。可以分五次认定"拒"：人民法院发出执行通知书后，不履行的属于第一次"拒"，责令申报财产后不履行的属于第二次"拒"，发出限制高消费令后不履行的属于第三次"拒"，公布为失信被执行人后不履行的属于第四次"拒",拘留或罚款后仍不履行的属于第五次"拒"。具备了五次"拒"的行为再认定为刑事犯罪意义上的"拒"既体现了刑罚的严肃性,又可以规范执行人员用足用好执行措施,而且对被执行人来说追究其刑事责任更有说服力。①

因此,结合最高人民法院司法解释第二条之(一)的规定,"具有拒绝报告或者虚假报告财产情况、违反人民法院限制高消费及有关消费令等拒不执行行为,经采取罚款或者拘留等强制措施后仍拒不执行的"属于"情节严重"。只要有证据证明人民法院判决裁定生效后被执行人取得的各种收入、财产未优先履行生效判决裁定确定的义务或者违反人民法院限制高消费令的规定,经过拘留或者罚款后仍不履行即达到"情节严重",同样属于拒执罪打击的范围。

四、关于拒不执行判决、裁定犯罪的刑事追诉的河南经验。

河南省法院从2016年开始加大打击"拒执罪"力度,确立"以依法惩戒打击拒执犯罪为总揽,以点带面推动解决执行难工作全面开展"的整体工作思路,将打击拒执犯罪作为解决执行难的"牛鼻子",取得了极大的成效。河南省高院原院长张立勇2017年接受记者采访时表示,在以拒执罪判处的全部刑事案件中,被告人上诉率仅为0.8%,远远低于其他刑事案件13.5%的上诉率,且没有发现一起涉诉信访案件。绝大多数的被执行人在被拘留、批捕期间履行法定义务之后,法院依法判处其缓刑或免于刑事处罚。2016年,全省法院审结拒执案8537件,只有1244人被判了刑,仅占拒执案件的13%左右。②

2017年3月2日,周强院长批示"应大力宣传河南省法院基本解决执行难的做法和成功经验"。从裁判文书网公开的数据看,截至2024年3月31日,河南省法院审结拒执犯罪案件54394件,占全国的70%以上。"治乱必用重典,沉疴需下猛药",河南省法院在解决执行难的问题上"动了真格",基本实现了解决"执行难"的目标。以下以河南柘城法院为例③,简述拒执犯罪的打击步骤:

---

① 参见张谊:"突破法律适用瓶颈 精准打击拒执犯罪——以打击拒执犯罪引领执行工作新思路、新方法、新机制的调研报告",https://www.cjbd.com.cn/cjbd65/354454.htm,最后访问时间2024年7月22日。

② 参见赵红旗:"河南法院打击拒执犯罪有何秘诀",https://news.youth.cn/jsxw/201704/t20170428_9605622.html,最后访问时间2024年7月22日。

③ 参见张书勤:《探索执行工作规范化建设的柘城实践》,载《人民法院报》2021年10月20日,第7版。

（一）依次升级打击手段，为刑事追诉做好准备。

被执行人规避执行，不按照执行通知书的要求主动申报财产或申报财产不实的，将其纳入失信被执行人名单。纳入失信名单的被执行人仍不主动履行义务的，报请院长批准，按照被执行人拒不申报财产或申报财产不实，依法对其采取司法拘留措施。该被执行人在拘留期间仍然拒不履行义务的，拘留期满后，按照其拒不履行裁判文书的情节，依法再次拘留。两次拘留能最大限度地击溃被执行人的侥幸心理，促使其在法律的威慑下履行义务，两次拘留的主动履行率占被拘留案件的60%，提高了执行完毕率，同时也为将案件以涉嫌拒执犯罪移交公安机关立案侦查、进入公诉程序或由申请执行人提起刑事自诉奠定了基础，为打击拒执犯罪赢得了先机。

（二）依法启动公诉程序，采取刑事侦查措施。

在打击拒执犯罪工作中，采取公诉与自诉相结合的方式，强化打击拒执犯罪力度。被执行人拒不配合法院执行，经采取纳入失信被执行人名单等措施仍拒不履行义务，需要采取司法拘留强制措施的，依法采取司法拘留措施。失信被执行人被拘留后仍不履行义务，涉嫌构成拒执犯罪的，法院依法调取相关证据，移交公安机关侦查。公安机关经侦查认为符合立案条件的，依法启动公诉程序。

（三）申请执行人自诉程序，依法进行网上追逃。

对于依法采取拘留措施未果，长期躲避执行的失信被执行人，申请执行人以被执行人涉嫌构成拒执犯罪向公安机关报案或法院移交公安机关立案，公安机关认为不具备立案条件的，由公安机关出具不予立案通知书；申请执行人有异议，向法院提起刑事自诉的，法院经审查认为符合刑事自诉条件的，依法按照刑事自诉案件立案，经审判委员会研究，对该刑事被告人决定逮捕，并移交公安机关依法网上追逃，待其归案后依法审理。

二、非法处置查封、扣押、冻结的财产罪

1. 求刑权基础

> **第120项请求权：请求追究非法处置查封、扣押、冻结财产行为的刑事责任**
> 隐藏、转移、变卖、故意毁损已被司法机关查封、扣押、冻结的财产，情节严重的，处三年以下有期徒刑、拘役或者罚金。①

---

① 参见《刑法》第三百一十四条。

2. 刑事案例

（1）被执行人在强制执行过程中，私自变卖查封财产清偿其他债务，导致申请执行人的债权得不到执行，情节严重，构成非法处置查封的财产罪。

被告人肖某某因资金周转困难向曾某某借款人民币285万元，后未及时偿还。曾某某遂向江西省南昌市西湖区人民法院提起诉讼，并于2014年5月29日申请财产保全。西湖区人民法院依法作出保全裁定，对肖某某存于南昌市洪都中大道14号仓库的自行车、电动车进行了查封。2014年7月10日，在西湖区人民法院主持下，肖某某与曾某某达成调解协议，法院依法制作民事调解书。调解书生效后，肖某某未在确定的期间内履行还款义务，曾某某于2014年7月31日向西湖区人民法院申请强制执行。同日，执行法院向肖某某下达执行通知书，肖某某不配合执行。2014年8月肖某某私自将其被法院查封的2000多辆自行车拖走，并对自行车进行变卖和私自处理，用于偿还其所欠案外人胡某某的部分债务。肖某某既未将上述非法处置查封的财产行为告知西湖区人民法院，也未将变卖自行车所得款项打入西湖区人民法院指定账户，并将原有手机关机后出逃，致使申请执行人曾某某的债权无法执行到位。

2016年6月13日，公安机关将被告人肖某某抓获。经公安机关侦查终结，检察院提起公诉，西湖区人民法院经审理，以非法处置查封的财产罪，判处被告人肖某某有期徒刑一年六个月。①

（2）被执行人擅自转卖已查封的财产，导致判决无法执行，进入刑事追责程序后仍拒不履行，构成非法处置查封的财产罪。

2012年12月，江西省石城县人民法院对熊某滨与黄某借款纠纷一案作出民事判决，判令被告黄某归还原告熊某滨欠款30万元及利息。判决生效后，黄某未如期履行，熊某滨向石城县人民法院申请强制执行。案件进入执行程序后，执行法院依法向黄某送达了执行通知书，并查询了其财产情况，但未查到可供执行财产。2013年5月8日，根据申请执行人提供的线索，执行人员在广东省东莞市大朗镇找到黄某，黄某承认在东莞市大朗镇开办雪糕批发部，有5部送货车、2间冻库、250个冰柜及一些办公设备，石城县人民法院依法对上述财产进行查封。次日，黄某随执行人员回到石城县，因黄某一直拒不执行生效法律文书确定的义务，故石城县人民法院决定对其司法拘留15日。黄某向执行法院表示愿意将其所有的雪糕批发部财产转让他人，所得款项

---

① 参见"人民法院依法打击拒不执行判决、裁定罪典型案例"，https://www.court.gov.cn/zixun/xiangqing/100102.html，最后访问时间2024年7月22日。

用于清偿债务。但黄某回到东莞市后，未经执行法院许可，擅自与他人签订转让合同，将被法院查封的全部财产以 46 万元的价格转让，所得款项仅支付熊某滨 5.3 万元。之后，黄某更换联系方式，躲避法院执行。

2014 年 8 月，黄某因故被东莞市大朗镇派出所拘留 15 日。石城县人民法院获此信息后，随即派执行人员将其从东莞市拘留所带回石城县。鉴于黄某拒不履行生效判决确定的义务，执行法院决定再次对其司法拘留 15 日，并移交石城县公安局立案侦查。经公安侦查、检察起诉、法庭审理等环节，2014 年 12 月 30 日，石城县人民法院对被告人黄某以非法处置查封的财产罪判处其有期徒刑一年六个月。①

三、妨害清算罪

1. 求刑权基础

> **第 121 项请求权：请求追究妨害清算行为的刑事责任**　公司、企业进行清算时，隐匿财产，对资产负债表或者财产清单作虚伪记载或者在未清偿债务前分配公司、企业财产，严重损害债权人或者其他人利益的，对其直接负责的主管人员和其他直接责任人员，处五年以下有期徒刑或者拘役，并处或者单处二万元以上二十万元以下罚金。②

2. 刑事立案追诉标准

公司、企业进行清算时，隐匿财产，对资产负债表或者财产清单作虚伪记载或者在未清偿债务前分配公司、企业财产，涉嫌下列情形之一的，应予立案追诉：

（一）隐匿财产价值在五十万元以上的；

（二）对资产负债表或者财产清单作虚伪记载涉及金额在五十万元以上的；

（三）在未清偿债务前分配公司、企业财产价值在五十万元以上的；

（四）造成债权人或者其他人直接经济损失数额累计在十万元以上的；

（五）虽未达到上述数额标准，但应清偿的职工的工资、社会保险费用和法定补偿金得不到及时清偿，造成恶劣社会影响的；

---

① 参见"最高法发布人民法院依法惩处拒执罪典型案例·案例 8 黄某非法处置查封财产案"，https://www.court.gov.cn/fabu_ xiangqing_ 15043.html，最后访问时间 2024 年 7 月 22 日。

② 参见《刑法》第一百六十二条。

（六）其他严重损害债权人或者其他人利益的情形。①

四、隐匿、故意销毁会计凭证、会计账簿、财务会计报告罪

1. 求刑权基础

> **第 122 项请求权：请求追究隐匿、故意销毁会计凭证、会计帐簿、财务会计报告行为的刑事责任**　隐匿或者故意销毁依法应当保存的会计凭证、会计帐簿、财务会计报告，情节严重的，处五年以下有期徒刑或者拘役，并处或者单处二万元以上二十万元以下罚金。单位犯前款罪的，对单位判处罚金，并对其直接负责的主管人员和其他直接责任人员，依照前款的规定处罚。②

2. 刑事立案追诉标准

隐匿或者故意销毁依法应当保存的会计凭证、会计帐簿、财务会计报告，涉嫌下列情形之一的，应予立案追诉：

（一）隐匿、故意销毁的会计凭证、会计帐簿、财务会计报告涉及金额在五十万元以上的；

（二）依法应当向监察机关、司法机关、行政机关、有关主管部门等提供而隐匿、故意销毁或者拒不交出会计凭证、会计帐簿、财务会计报告的；

（三）其他情节严重的情形。③

五、虚假破产罪

1. 求刑权基础

> **第 123 项请求权：请求追究实施虚假破产行为的刑事责任**　公司、企业通过隐匿财产、承担虚构的债务或者以其他方法转移、处分财产，实施虚假破产，严重损

---

① 参见《最高人民检察院、公安部关于公安机关管辖的刑事案件立案追诉标准的规定（二）》第七条。
② 参见《刑法》第一百六十二条之一。
③ 参见《最高人民检察院、公安部关于公安机关管辖的刑事案件立案追诉标准的规定（二）》第八条。

害债权人或者其他人利益的，对其直接负责的主管人员和其他直接责任人员，处五年以下有期徒刑或者拘役，并处或者单处二万元以上二十万元以下罚金。①

2. 刑事立案追诉标准

公司、企业通过隐匿财产、承担虚构的债务或者以其他方法转移、处分财产，实施虚假破产，涉嫌下列情形之一的，应予立案追诉：

（一）隐匿财产价值在五十万元以上的；

（二）承担虚构的债务涉及金额在五十万元以上的；

（三）以其他方法转移、处分财产价值在五十万元以上的；

（四）造成债权人或者其他人直接经济损失数额累计在十万元以上的；

（五）虽未达到上述数额标准，但应清偿的职工的工资、社会保险费用和法定补偿金得不到及时清偿，造成恶劣社会影响的；

（六）其他严重损害债权人或者其他人利益的情形。②

3. 刑事案例

"虚假破产"实际上是一种破产欺诈行为，属于诈骗犯罪范畴，罪与非罪的界限要看其是否达到"严重损害债权人或者其他人利益的"程度，而其中"严重损害债权人的利益"，主要是指通过虚假破产意图逃避偿还债权人的债务数额巨大等情形。至于实施虚假破产的时间界限，应当截至公司企业提出破产申请之日。

2016年5月6日，上诉人沈某贵身为Z公司法定代表人和主要负责人，为逃避偿还债务，通过虚报债务、重复申报债务、夸大申报债务等手段，实际虚报Z公司欠王某等人共计1.1亿余元的债务及转移、隐匿财产等方式，缩小公司财产数额、夸大负债状况，造成Z公司资不抵债的假象，向安徽省寿县人民法院申请Z公司破产。根据Z公司委托的六安才兴会计师事务所出具的专项审计报告显示，截至2016年4月30日，Z公司资产总额616945148.95元，负债总额727785286.68元，负债率117.97%。安徽省寿县人民法院于同年5月10日受理了Z公司的破产清算申请。若扣除一审法院认定的虚报1.1347亿元债务，则Z公司真实负债6.1431亿元，小于资产总额6.1694亿元，因此，可以认定Z公司在提出破产申请之日，实际不符合破产案件企业已不能清偿到期债务，且资产

---

① 参见《刑法》第一百六十二条之二。
② 参见《最高人民检察院、公安部关于公安机关管辖的刑事案件立案追诉标准的规定（二）》第九条。

不足以清偿全部债务的条件。在认定 Z 公司及沈某贵有虚假破产行为的情况下，沈某贵通过虚假破产意图逃避偿还债权人的债务数额巨大，可以认定为严重损害了债权人的利益。判处被告人沈某贵犯虚假破产罪，判处有期徒刑一年六个月，并处罚金人民币十万元。①

六、虚假诉讼罪

1. 求刑权基础

（1）刑法规定

> 第 124 项请求权：请求追究实施虚假诉讼行为的刑事责任　　以捏造的事实提起民事诉讼，妨害司法秩序或者严重侵害他人合法权益的，处三年以下有期徒刑、拘役或者管制，并处或者单处罚金；情节严重的，处三年以上七年以下有期徒刑，并处罚金。单位犯前款罪的，对单位判处罚金，并对其直接负责的主管人员和其他直接责任人员，依照前款的规定处罚。有第一款行为，非法占有他人财产或者逃避合法债务，又构成其他犯罪的，依照处罚较重的规定定罪从重处罚。司法工作人员利用职权，与他人共同实施前三款行为的，从重处罚；同时构成其他犯罪的，依照处罚较重的规定定罪从重处罚。②

（2）"以捏造的事实提起民事诉讼"的认定标准

采取伪造证据、虚假陈述等手段，实施下列行为之一，捏造民事法律关系，虚构民事纠纷，向人民法院提起民事诉讼的，应当认定为刑法第三百零七条之一第一款规定的"以捏造的事实提起民事诉讼"：

（一）与夫妻一方恶意串通，捏造夫妻共同债务的；

（二）与他人恶意串通，捏造债权债务关系和以物抵债协议的；

（三）与公司、企业的法定代表人、董事、监事、经理或者其他管理人员恶意串通，捏造公司、企业债务或者担保义务的；

（四）捏造知识产权侵权关系或者不正当竞争关系的；

（五）在破产案件审理过程中申报捏造的债权的；

（六）与被执行人恶意串通，捏造债权或者对查封、扣押、冻结财产的优先权、

---

① 参见沈某贵虚假破产罪一案二审刑事裁定书［（2018）沪 01 刑终 1318 号］。
② 参见《刑法》第三百零七条之一。

担保物权的；

（七）单方或者与他人恶意串通，捏造身份、合同、侵权、继承等民事法律关系的其他行为。

隐瞒债务已经全部清偿的事实，向人民法院提起民事诉讼，要求他人履行债务的，以"以捏造的事实提起民事诉讼"论。向人民法院申请执行基于捏造的事实作出的仲裁裁决、公证债权文书，或者在民事执行过程中以捏造的事实对执行标的提出异议、申请参与执行财产分配的，属于刑法第三百零七条之一第一款规定的"以捏造的事实提起民事诉讼"。①

实施《最高人民法院、最高人民检察院关于办理虚假诉讼刑事案件适用法律若干问题的解释》第一条第一款、第二款规定的捏造事实行为，并有下列情形之一的，应当认定为刑法第三百零七条之一第一款规定的"以捏造的事实提起民事诉讼"：

（一）提出民事起诉的；

（二）向人民法院申请宣告失踪、宣告死亡，申请认定公民无民事行为能力、限制民事行为能力，申请认定财产无主，申请确认调解协议，申请实现担保物权，申请支付令，申请公示催告的；

（三）在民事诉讼过程中增加独立的诉讼请求、提出反诉，有独立请求权的第三人提出与本案有关的诉讼请求的；

（四）在破产案件审理过程中申报债权的；

（五）案外人申请民事再审的；

（六）向人民法院申请执行仲裁裁决、公证债权文书的；

（七）案外人在民事执行过程中对执行标的提出异议，债权人在民事执行过程中申请参与执行财产分配的；

（八）以其他手段捏造民事案件基本事实，虚构民事纠纷，提起民事诉讼的。②

（3）"妨害司法秩序或者严重侵害他人合法权益"的认定标准

以捏造的事实提起民事诉讼，有下列情形之一的，应当认定为刑法第三百零七条之一第一款规定的"妨害司法秩序或者严重侵害他人合法权益"：

---

① 参见《最高人民法院、最高人民检察院关于办理虚假诉讼刑事案件适用法律若干问题的解释》第一条。

② 参见《最高人民法院、最高人民检察院、公安部、司法部关于进一步加强虚假诉讼犯罪惩治工作的意见》第四条。

（一）致使人民法院基于捏造的事实采取财产保全或者行为保全措施的；

（二）致使人民法院开庭审理，干扰正常司法活动的；

（三）致使人民法院基于捏造的事实作出裁判文书、制作财产分配方案，或者立案执行基于捏造的事实作出的仲裁裁决、公证债权文书的；

（四）多次以捏造的事实提起民事诉讼的；

（五）曾因以捏造的事实提起民事诉讼被采取民事诉讼强制措施或者受过刑事追究的；

（六）其他妨害司法秩序或者严重侵害他人合法权益的情形。①

2. 刑事立案追诉标准

单独或者与他人恶意串通，以捏造的事实提起民事诉讼，涉嫌下列情形之一的，应予立案追诉：

（一）致使人民法院基于捏造的事实采取财产保全或者行为保全措施的；

（二）致使人民法院开庭审理，干扰正常司法活动的；

（三）致使人民法院基于捏造的事实作出裁判文书、制作财产分配方案，或者立案执行基于捏造的事实作出的仲裁裁决、公证债权文书的；

（四）多次以捏造的事实提起民事诉讼的；

（五）因以捏造的事实提起民事诉讼被采取民事诉讼强制措施或者受过刑事追究的；

（六）其他妨害司法秩序或者严重侵害他人合法权益的情形。②

3. 民事法律责任

虚假诉讼致人损害符合侵权行为一般特征和构成要件，属于侵权行为，故行为人因虚假诉讼致人损害的，受害人有权依据《中华人民共和国民法典》相关规定要求虚假诉讼行为人承担侵权责任。虚假诉讼行为人被判处刑罚并不免除其民事责任。

> **第 125 项请求权：请求虚假诉讼参与人承担侵权责任**　　虚假诉讼侵害他人民事权益的，虚假诉讼参与人应当承担赔偿责任③。

---

① 参见《最高人民法院、最高人民检察院关于办理虚假诉讼刑事案件适用法律若干问题的解释》第二条。

② 参见《最高人民检察院、公安部关于公安机关管辖的刑事案件立案追诉标准的规定（二）》第七十八条。

③ 参见《最高人民法院关于防范和制裁虚假诉讼的指导意见》第 12 条。

受害人因虚假诉讼导致民事权益受到损害，依照民法典第一千一百六十五条第一款的规定请求损害赔偿的，人民法院予以受理。受害人就下列损失请求损害赔偿的，人民法院予以支持：（1）受害人为应对虚假诉讼及索赔而产生的律师费、差旅费、调查取证费等直接经济损失；（2）受害人因虚假诉讼所造成预期利润减少等间接经济损失；（3）虚假诉讼给受害人造成的其他经济损失。

人民法院根据上述损失与虚假诉讼的因果关系确定实施虚假诉讼当事人应当承担的损害赔偿责任。在受害人损失难以确定的情况下，可以综合考虑提起虚假诉讼的当事人的主观过错程度、侵权行为的性质和情节、受害人遭受损失的严重程度等因素，酌情确定赔偿数额。实施虚假诉讼侵害他人人身权益造成严重精神损害，受害人主张依据民法典第一千一百八十三条的规定请求赔偿精神损害的，人民法院予以受理。[1]

2015年2月，为转移甲公司财产逃避债务，该公司实际控制人傅某与其同学邵某共谋，虚构该公司向邵某借款200万元的事实并伪造了相应的银行转账凭证，又将公司机器设备等主要资产虚假抵押给邵某。人民法院在对该公司强制执行后，傅某以邵某对公司机器设备享有抵押权为由，以邵某名义提出执行异议，企图阻却强制执行。其间傅某还操作该公司将部分抵押物低价转让。2018年10月，傅某、邵某因犯虚假诉讼罪被追究刑事责任。同年12月，该公司被宣告破产。2019年7月，公司债权人毛某代表全体债权人向人民法院提起诉讼，要求判令邵某在造成公司流失的价值370万余元抵押物范围内对公司所有破产债权未受偿部分承担赔偿责任。人民法院认定，邵某因与傅某构成共同侵权，应承担连带赔偿责任，判决邵某向甲公司债权人赔偿222万余元，赔偿款项归入甲公司财产。[2]

4. 刑事案例

在民事执行程序中，债务人、案外人串通实施虚假诉讼案件高发，主要表现在：（1）与案外人恶意串通，实施虚假诉讼行为转移财产，以达到逃避履行债务的非法目的。（2）以捏造的事实提出执行异议或者执行异议之诉，干扰人民法院正常执行活动，为自己或者帮助他人逃避人民法院生效裁判文书确定的执行义务的行为。（3）故意捏造债权债务关系提起民事诉讼，以取得生效法律文书为依据，在参与分配、企业破产中申报虚假债权，意图达到多分配财产或者非法转移财产、逃避履行债务的目的。

---

[1] 参见《最高人民法院关于在民事诉讼中防范与惩治虚假诉讼工作指引（一）》第30条。
[2] 参见"人民法院整治虚假诉讼典型案例"，https://www.court.gov.cn/zixun/xiangqing/330811.html，最后访问时间2024年7月22日。

（1）通过伪造商品房买卖合同、办理入住等手续，提起执行异议阻碍执行被查封财产，构成虚假诉讼罪。

2016年某区人民法院根据刘某良的申请，依法查封某楼盘房产27套。刘某春为逃避执行被查封的房产，与公司法律顾问杨某勇（被告人）预谋，伪造杨某勇等6人虚假购房手续，以及电费票据、取暖费票据、入住证明等材料，以捏造的商品房买卖合同关系和已办理房屋入住事实向某区人民法院提出执行异议，致使某区人民法院基于捏造的事实先后作出6份民事裁定，中止对涉案6套房产的执行。刘某春、杨某勇的上述行为致使刘某良的债权无法实现。经估价，涉案6套房产总价为162.79万元。法院审理认为，被告人刘某春、杨某勇在民事执行过程中以捏造的事实对执行标的提出异议，妨害司法秩序，严重侵害他人合法权益，情节严重，行为均已构成虚假诉讼罪，且系共同犯罪。①

（2）故意捏造债权债务关系和以物抵债协议，向人民法院提起民事诉讼，致使人民法院开庭审理，干扰正常司法活动的，构成虚假诉讼罪。

2019年5月至9月，被告人彭某某与他人恶意串通，故意捏造债权债务关系和以物抵债协议。后彭某某又与被告人赵某通谋，委托赵某担任诉讼代理人，向某区人民法院提起民事诉讼，致使人民法院开庭审理，干扰正常司法活动。彭某某、赵某于2020年6月19日被公安机关抓获。人民法院依法以虚假诉讼罪判处彭某某有期徒刑七个月，并处罚金人民币七千元；判处赵某有期徒刑六个月，并处罚金人民币六千元。②

（3）捏造事实骗取民事调解书，据此申请参与执行财产分配的，构成虚假诉讼罪。

2019年5月至2020年1月，易某分多次陆续向被告人张某某借款共计200余万元，后相继归还其中的100余万元，尚欠90余万元未还。易某另外还向郭某某等人大额借款均未能归还，郭某某将易某起诉至某市人民法院。2020年3月26日，该市人民法院判决易某偿还郭某某借款132.6万元，后该案进入执行程序，该市人民法院准备强制执行易某名下房产。张某某为达到在强制执行过程中多分执行款的目的，与易某进行了预谋。同年4月2日，张某某和易某恶意串通，张某某隐瞒易某已经偿还借款100余万元的事实，以易某拖欠其借款共计182.5万元不还为由，向该市人民法院提起

---

① 参见"依法惩治通过虚假诉讼逃废债典型刑事案例"，https://www.court.gov.cn/zixun/xiangqing/421712.html，最后访问时间2024年7月22日。

② 参见"人民法院整治虚假诉讼典型案例"，https://www.court.gov.cn/zixun/xiangqing/330811.html，最后访问时间2024年7月22日。

民事诉讼。在法庭主持下，易某与张某某达成调解协议，由易某支付张某某欠款182.5万元，该市人民法院据此作出民事调解书。张某某以该民事调解书为执行依据，申请参与分配被执行人易某的财产。债权人郭某某报案后，公安机关将张某某抓获。人民法院依法以虚假诉讼罪判处张某某有期徒刑一年，并处罚金人民币一万元。①

（4）通过签订虚假租赁合同，伪造交割清单、租金收条等，以捏造的事实提出执行异议和执行异议之诉，构成虚假诉讼罪。

被告人胡某利为防止名下房产被拍卖，逃避履行债务，于2017年年初与妹夫陶某云（被告人）经预谋后签订一份虚假的房屋租赁合同，约定胡某利以60万元的价格将其名下宾馆和健身房的使用权出租给陶某云，出租期限14年，合同签订日期确定为2016年6月15日（一审法院作出民事判决前），并指使他人伪造了租赁交割物资清单、租金收条等证据材料，意图干扰某县人民法院强制执行其名下房产。2017年6月15日，胡某利指使陶某云依据二人签订的虚假房屋租赁合同向某县人民法院提出执行异议，同年6月29日，某县人民法院以案外人未实际占有涉案房产为由裁定驳回执行异议。8月1日，陶某云向某县人民法院提起执行异议之诉，某县人民法院裁定中止对涉案执行标的的处分，导致胡某利名下房产长时间未进入拍卖程序。法院经审理认为，被告人胡某利、陶某云共同故意以捏造的事实提起民事诉讼，妨害司法秩序，均构成虚假诉讼罪。最终，判处被告人胡某利和被告人陶某云有期徒刑六个月，分别并处罚金人民币五千元和人民币两千元，并对陶某云宣告缓刑。一审宣判后无抗诉、上诉，判决已发生法律效力。②

（5）通过捏造的事实向法院提起民事诉讼，利用虚假诉讼申报虚假破产债权，构成虚假诉讼罪。

2019年3月，被告人郑某与被告人陈某滨、丁某预谋，捏造郑某向陈某滨借款210万元，并由陈某滨实际控制的某服饰公司承担连带责任的虚假事实，由丁某提供面额为210万元的虚假承兑汇票作为证明材料，并由陈某滨作为原告以上述捏造的事实向法院提起民事诉讼，以达到以法院民事裁判为依据，在某服饰公司司法拍卖过程中申请参与财产分配，获得一部分执行款的目的。同年3月18日，陈某滨以其与郑

---

① 参见"人民法院整治虚假诉讼典型案例"，https://www.court.gov.cn/zixun/xiangqing/330811.html，最后访问时间2024年7月22日。
② 参见"依法惩治通过虚假诉讼逃废债典型刑事案例"，https://www.court.gov.cn/zixun/xiangqing/421712.html，最后访问时间2024年7月22日。

某、某服饰公司存在民间借贷纠纷为由,向某市人民法院提起民事诉讼,5月30日,某市人民法院作出民事判决,判决郑某偿还陈某滨借款210万元及相应利息,某服饰公司承担连带清偿责任。民事判决生效后,陈某滨向某市人民法院申请执行,因某服饰公司进入破产程序,陈某滨于2020年10月19日向破产管理人申报债权,后在被发现后主动撤回了申报。公安机关立案侦查后,郑某、陈某滨、丁某经公安机关电话通知后,相继自行到公安机关投案。法院经审理认为,被告人郑某、陈某滨、丁某经预谋,以捏造的事实提起民事诉讼,妨害司法秩序,行为均已构成虚假诉讼罪。①

专题二十三 执行程序中,申请执行人如何发起刑事控告程序?

在执行程序中,被执行人违法转移财产、逃避执行的情况时常发生,有时通过民事诉讼程序无法得到有效救济时,如发现被执行人涉嫌违法犯罪的线索,可以通过提起刑事程序向被执行人施压,通过倒逼其主动履行、刑事和解等方式实现债权清收。

一、刑事控告前的准备

(一)梳理案件事实,确定罪名

在执行程序中,发现被执行人涉嫌刑事犯罪,可能事实很复杂,多种犯罪行为交织在一起,不同的罪名具有不同的犯罪构成,控告人应当选择一个最有可能构罪的罪名为切入点,切忌没有重点、任意发挥,给立案审查增加困难。在进入刑事侦查程序之后,由办案机关对犯罪行为进行全面调查,在刑事报案时应力求简单、精准。

根据掌握的案件事实进行分析,选择最可能构成刑事犯罪的罪名,包括但不限于:拒不执行判决、裁定罪,非法处置查封、扣押、冻结的财产罪,虚假诉讼罪,妨害清算罪,虚假破产罪,隐匿、故意销毁会计凭证、会计账簿、财务会计报告罪,虚报注册资本罪,虚假出资、抽逃出资罪,国有公司、企业、事业单位人员滥用职权罪,徇私舞弊低价折股、出售国有资产罪,高利转贷罪,骗取贷款、票据承兑、金融票证罪,违法发放贷款罪,违规出具金融票证罪,贷款诈骗罪,非法转让、倒卖土地使用权罪,提供虚假证明文件罪,出具证明文件重大失实罪,职务侵占罪,挪用资金罪,伪造、变造、买卖国家机关公文、证件、印章罪,伪造公司、企业、事业单位、人民团体印章罪,伪造、变造、买卖身份证件罪,执行判决、裁定失职罪,执行判决、裁定滥用职权罪,等等。

---

① 参见"依法惩治通过虚假诉讼逃废债典型刑事案例",https://www.court.gov.cn/zixun/xiangqing/421712.html,最后访问时间2024年7月22日。

(二) 选择案件管辖机关

根据刑事诉讼的规定,我国刑事案件管辖机关有监察机关、人民检察院、人民法院、监狱、军队保卫部门等。我国《刑事诉讼法》第十九条规定,"刑事案件的侦查由公安机关进行,法律另有规定的除外"。在执行程序中涉及的刑事犯罪,一般应由公安机关管辖,涉及公职人员的由监察机关管辖。

县级公安机关负责侦查发生在本辖区内的刑事案件。设区的市一级以上公安机关负责下列犯罪中重大案件的侦查:危害国家安全犯罪;恐怖活动犯罪;涉外犯罪;经济犯罪;集团犯罪;跨区域犯罪。① 因此,要根据控告的罪名和案情,选择具体的管辖机关。

(三) 准备刑事控告材料

虽然控告人对于犯罪事实非常清楚,但对办案人员来说,案件事实、背景是完全不清楚的,可能要花很长时间了解案情。因此,一份条理清晰、逻辑严谨的《刑事控告书》是非常必要的。控告书内容包括身份信息、罪名、犯罪事实、构成犯罪的理由等,确保控告书内容要有证据材料支持,能够初步证明涉嫌犯罪,提高刑事立案概率。在提出刑事控告时,要同时提交控告书和证据材料。为了强化控告书的内容,也可以制作案件事实图、法律关系图等图表,增强办案人员对案件的认知。

二、公安机关办理刑事案件流程

(一) 案件受理

公安机关对于报案、控告应当立即接受,问明情况,并制作笔录,经核对无误后由报案人、控告人签名。对报案人、控告人提供的证据材料应当进行登记,制作接受证据材料清单并由报案人、控告人签名。公安接受案件时,应当制作受案登记表和受案回执,并将受案回执交报案人、控告人。②

(二) 案件审查

刑事案件立案审查期限原则上不超过 3 日;涉嫌犯罪线索需要查证的,立案审查期限不超过 7 日;重大疑难复杂案件,经县级以上公安机关负责人批准,立案审查期限可以延长至 30 日。③

---

① 参见《公安机关办理刑事案件程序规定》第二十四条。
② 参见《公安机关办理刑事案件程序规定》第一百六十九条、第一百七十一条。
③ 参见《公安部关于改革完善受案立案制度的意见》。

第五章　关于规避执行的应对策略

（三）审查决定

1、移送有管辖权机关处理

经过审查，认为有犯罪事实，但不属于自己管辖的案件，应当立即报经县级以上公安机关负责人批准，制作移送案件通知书，在二十四小时以内移送有管辖权的机关处理，并告知报案人、控告人。①

2、告知向人民法院起诉

经过审查，对告诉才处理的案件，公安机关应当告知当事人向人民法院起诉。对被害人有证据证明的轻微刑事案件，公安机关应当告知被害人可以向人民法院起诉；被害人要求公安机关处理的，公安机关应当依法受理。②

3、立案

公安机关接受案件后，经审查，认为有犯罪事实需要追究刑事责任，且属于自己管辖的，经县级以上公安机关负责人批准，予以立案。③

4、不予立案

认为没有犯罪事实，或者犯罪事实显著轻微不需要追究刑事责任，或者具有其他依法不追究刑事责任情形的，经县级以上公安机关负责人批准，不予立案。对有控告人的案件，决定不予立案的，公安机关应当制作不予立案通知书，并在三日以内送达控告人。④

三、不予立案的救济

（一）申请复议、复核

控告人对不予立案决定不服的，可以在收到不予立案通知书后七日以内向作出决定的公安机关申请复议；公安机关应当在收到复议申请后三十日以内作出决定，并将决定书送达控告人。

控告人对不予立案的复议决定不服的，可以在收到复议决定书后七日以内向上一级公安机关申请复核；上一级公安机关应当在收到复核申请后三十日以内作出决定。对上级公安机关撤销不予立案决定的，下级公安机关应当执行。案情重大、复杂的，公安机关可以延长复议、复核时限，但是延长时限不得超过三十日，并书面告知申请人。⑤

---

① 参见《公安机关办理刑事案件程序规定》第一百七十五条。
② 参见《公安机关办理刑事案件程序规定》第一百七十六条。
③ 参见《公安机关办理刑事案件程序规定》第一百七十八条。
④ 参见《公安机关办理刑事案件程序规定》第一百七十八条。
⑤ 参见《公安机关办理刑事案件程序规定》第一百七十九条。

(二) 驳回复议后的其他救济途径

1、向公安机关的法制部门、督察部门、纪检监察等部门投诉

公安法制部门是受案立案工作监督管理的主管部门，监督和管理本级公安机关受案立案情况，及时发现、预警和纠正受案立案环节的执法问题；对经济犯罪案件以及其他易出问题、有争议的案件是否受案立案进行审核监督；统一接受检察机关通知立案的案件；协调解决本级公安机关各办案警种、部门之间的案件管辖争议；办理不予立案复议复核案件。

其他部门配合形成监督合力。指挥中心通过回访报警人、检查处警警情反馈等形式，及时发现受案立案问题；督察部门通过执法检查、网上督察等方式加强对接报案、受案立案工作的现场督察，运用督察手段及时处理群众对接报案、受案立案工作的投诉；纪检监察部门及时查处受案立案工作中存在的违纪违法问题；信访部门要认真组织调查处理受案立案信访事项。对于报案不接、接报案后不登记不受案不立案、受案立案后不查处、越权管辖、违法受案立案、插手经济纠纷，以及虚报接报案和受案立案统计数据等违法违纪行为，依照有关规定追究相关领导和直接责任人员的责任。①

2、申请人民检察院立案监督

被害人及其法定代理人、近亲属认为公安机关对应当立案侦查的案件而不立案侦查，向人民检察院提出的，人民检察院应当要求公安机关说明不立案的理由。公安机关应当在收到通知书后七日以内，对不立案的情况、依据和理由作出书面说明，回复人民检察院。人民检察院认为公安机关不立案理由不能成立的，应当通知公安机关立案，公安机关应当在收到《通知立案书》后十五日以内决定立案。②

3、向监督机关进行反映

监察委员会依法履行监督、调查、处置职责，有权对公职人员开展依法履职、秉公用权进行监督检查，对滥用职权、玩忽职守等职务违法进行调解，以及对违法公职人员依法作出政务处分决定，向监察对象所在单位提出监察建议。对于公安机关应当立案而不立案的情况，可以向监察委员会进行投诉。③

---

① 参见《公安部关于改革完善受案立案制度的意见》。
② 参见《刑事诉讼法》第一百一十三条，《公安机关办理刑事案件程序规定》第一百八十二条及《关于刑事立案监督有关问题的规定（试行）》第四条、第五条。
③ 参见《监察法》第三条、第十一条。

四、提起刑事自诉程序

我国《刑事诉讼法》规定的自诉案件包括：（一）告诉才处理的案件；（二）被害人有证据证明的轻微刑事案件；（三）被害人有证据证明对被告人侵犯自己人身、财产权利的行为应当依法追究刑事责任，而公安机关或者人民检察院不予追究被告人刑事责任的案件。① 当控告人穷尽一切救济手段，也无法启动刑事侦查程序时，可以选择直接向人民法院提起刑事自诉。

---

① 参见《刑事诉讼法》第二百一十条。

第六章　执行监督、申诉与国家赔偿

第一节　执行工作监督

在启动执行程序之后，任何执行措施都依赖法院执行人员实施，如果执行人员消极执行、拖延执行、选择性执行，执行效果必将大打折扣，损害申请执行人权益的实现。通过执行工作监督程序，督促执行人员严格按法律、司法解释等规定履行职责，杜绝人情案、关系案、金钱案，做到依法、及时采取执行措施，切实保护申请执行人的合法权益。

一、申请督促执行

第 126 项请求权：向上一级人民法院申请执行　人民法院自收到申请执行书之日起超过六个月未执行的，申请执行人可以向上一级人民法院申请执行。上一级人民法院经审查，可以责令原人民法院在一定期限内执行，也可以决定由本院执行或者指令其他人民法院执行。①

第 127 项请求权：申请责令执行法院限期执行或者变更执行法院　依照民事诉讼法第二百二十六条（民事诉讼法在 2023 年修正为第二百三十七条）的规定，有下列情形之一的，上一级人民法院可以根据申请执行人的申请，责令执行法院限期执行或者变更执行法院：

（一）债权人申请执行时被执行人有可供执行的财产，执行法院自收到申请执行书之日起超过六个月对该财产未执行完结的；

（二）执行过程中发现被执行人可供执行的财产，执行法院自发现财产之日起超过六个月对该财产未执行完结的；

（三）对法律文书确定的行为义务的执行，执行法院自收到申请执行书之日起超过六个月未依法采取相应执行措施的；

（四）其他有条件执行超过六个月未执行的。②

---

① 参见《民事诉讼法》第二百三十七条。
② 参见《最高人民法院关于适用〈中华人民共和国民事诉讼法〉执行程序若干问题的解释》第十条。

督促执行令 上一级人民法院依照民事诉讼法第二百二十六条（民事诉讼法在 2023 年修正为第二百三十七条）规定责令执行法院限期执行的，应当向其发出督促执行令，并将有关情况书面通知申请执行人。上一级人民法院决定由本院执行或者指令本辖区其他人民法院执行的，应当作出裁定，送达当事人并通知有关人民法院。①

上一级人民法院责令执行法院限期执行，执行法院在指定期间内无正当理由仍未执行完结的，上一级人民法院应当裁定由本院执行或者指令本辖区其他人民法院执行。②

民事诉讼法第二百二十六条（民事诉讼法在 2023 年修正为第二百三十七条）规定的六个月期间，不应当计算执行中的公告期间、鉴定评估期间、管辖争议处理期间、执行争议协调期间、暂缓执行期间以及中止执行期间。③

二、申请移送执行

1. 申请移送优先债权法院执行

> **第 128 项请求权：申请向优先债权法院移送执行** 执行过程中，应当由首先查封、扣押、冻结（以下简称查封）法院负责处分查封财产。但已进入其他法院执行程序的债权对查封财产有顺位在先的担保物权、优先权（该债权以下简称优先债权），自首先查封之日起已超过 60 日，且首先查封法院就该查封财产尚未发布拍卖公告或者进入变卖程序的，优先债权执行法院可以要求将该查封财产移送执行。④

优先债权执行法院要求首先查封法院将查封财产移送执行的，应当出具商请移送执行函，并附确认优先债权的生效法律文书及案件情况说明。首先查封法院应当在收到优先债权执行法院商请移送执行函之日起 15 日内出具移送执行函，将查封财产移送

---

① 参见《最高人民法院关于适用〈中华人民共和国民事诉讼法〉执行程序若干问题的解释》第十一条。
② 参见《最高人民法院关于适用〈中华人民共和国民事诉讼法〉执行程序若干问题的解释》第十二条。
③ 参见《最高人民法院关于适用〈中华人民共和国民事诉讼法〉执行程序若干问题的解释》第十三条。
④ 参见《最高人民法院关于首先查封法院与优先债权执行法院处分查封财产有关问题的批复》第一条。

优先债权执行法院执行，并告知当事人。移送执行函应当载明将查封财产移送执行及首先查封债权的相关情况等内容。①

2. 申请移送在先轮候查封、扣押、冻结法院执行

商请保全法院移送执行　保全法院在首次采取查封、扣押、冻结措施后超过一年未对被保全财产进行处分的，除被保全财产系争议标的外，在先轮候查封、扣押、冻结的执行法院可以商请保全法院将被保全财产移送执行。但司法解释另有特别规定的，适用其规定。保全法院与在先轮候查封、扣押、冻结的执行法院就移送被保全财产发生争议的，可以逐级报请共同的上级法院指定该财产的执行法院。共同的上级法院应当根据被保全财产的种类及所在地、各债权数额与被保全财产价值之间的关系等案件具体情况指定执行法院，并督促其在指定期限内处分被保全财产。②

三、申请执行监督

> **第 129 项请求权：申请上一级人民法院执行监督**　当事人、利害关系人对于人民法院依照民事诉讼法第二百三十二条（民事诉讼法在 2023 年修正为第二百三十六条）规定作出的执行复议裁定不服，向上一级人民法院申请执行监督，人民法院应当立案，但法律、司法解释或者本意见另有规定的除外。申请人依法应当提出执行异议而未提出，直接向异议法院的上一级人民法院申请执行监督的，人民法院应当告知其向异议法院提出执行异议或者申请执行监督；申请人依法应当申请复议而未申请，直接向复议法院的上一级人民法院申请执行监督的，人民法院应当告知其向复议法院申请复议或者申请执行监督。人民法院在办理执行申诉信访过程中，发现信访诉求符合前两款规定情形的，按照前两款规定处理。③

申请执行人认为人民法院应当采取执行措施而未采取，向执行法院请求采取执行措施的，人民法院应当及时审查处理，一般不立执行异议案件。执行法院在法定期限内未执行，申请执行人依照民事诉讼法第二百三十三条（民事诉讼法在 2023 年修正为

---

①　参见《最高人民法院关于首先查封法院与优先债权执行法院处分查封财产有关问题的批复》第二条。

②　参见《最高人民法院关于人民法院办理财产保全案件若干问题的规定》第二十一条。

③　参见《最高人民法院关于办理申请执行监督案件若干问题的意见》第一条。

第二百三十七条）规定请求上一级人民法院提级执行、责令下级人民法院限期执行或者指令其他人民法院执行的，应当立案办理。①

不作为执行复议或执行监督案件受理　当事人对执行裁定不服，向人民法院申请复议或者申请执行监督，有下列情形之一的，人民法院应当以适当的方式向其释明法律规定或者法定救济途径，一般不作为执行复议或者执行监督案件受理：

（一）依照民事诉讼法第二百三十四条规定，对案外人异议裁定不服，依照审判监督程序办理或者向人民法院提起诉讼的；

（二）依照《最高人民法院关于民事执行中变更、追加当事人若干问题的规定》第三十二条规定，对处理变更、追加当事人申请的裁定不服，可以向人民法院提起执行异议之诉的；

（三）依照民事诉讼法第二百四十四条规定，仲裁裁决被人民法院裁定不予执行，当事人可以重新申请仲裁或者向人民法院起诉的；

（四）依照《最高人民法院关于公证债权文书执行若干问题的规定》第二十条规定，公证债权文书被裁定不予执行或者部分不予执行，当事人可以向人民法院提起诉讼的；

（五）法律或者司法解释规定不通过执行复议程序进行救济的其他情形。②

申请期限　申请人对执行复议裁定不服向人民法院申请执行监督的，参照民事诉讼法第二百一十二条规定，应当在执行复议裁定发生法律效力后六个月内提出。申请人因超过提出执行异议期限或者申请复议期限向人民法院申请执行监督的，应当在提出异议期限或者申请复议期限届满之日起六个月内提出。申请人超过上述期限向人民法院申请执行监督的，人民法院不予受理；已经受理的，裁定终结审查。③

结案方式　执行监督案件的结案方式包括：

（一）准许撤回申请，即当事人撤回监督申请的；

（二）驳回申请，即监督申请不成立的；

（三）限期改正，即监督申请成立，指定执行法院在一定期限内改正的；

（四）撤销并改正，即监督申请成立，撤销执行法院的裁定直接改正的；

（五）提级执行，即监督申请成立，上级人民法院决定提级自行执行的；

---

① 参见《最高人民法院关于办理申请执行监督案件若干问题的意见》第二条。
② 参见《最高人民法院关于办理申请执行监督案件若干问题的意见》第三条。
③ 参见《最高人民法院关于办理申请执行监督案件若干问题的意见》第五条。

（六）指定执行，即监督申请成立，上级人民法院决定指定其他法院执行的；

（七）其他，即其他可以报结的情形。①

四、申请检察监督

人民检察院有权对民事执行活动实行法律监督。② 人民检察院对人民法院执行生效民事判决、裁定、调解书、支付令、仲裁裁决以及公证债权文书等法律文书的活动实行法律监督。③

> **第 130 项请求权：申请人民检察院监督** 当事人认为民事审判程序中审判人员存在违法行为或者民事执行活动存在违法情形，向人民检察院申请监督的，由审理、执行案件的人民法院所在地同级人民检察院负责控告申诉检察的部门受理。当事人不服上级人民法院作出的复议裁定、决定等，提出监督申请的，由上级人民法院所在地同级人民检察院受理。人民检察院受理后，可以根据需要依照本规则有关规定将案件交由原审理、执行案件的人民法院所在地同级人民检察院办理。④

当事人认为人民检察院不依法受理其监督申请的，可以向上一级人民检察院申请监督。上一级人民检察院认为当事人监督申请符合受理条件的，应当指令下一级人民检察院受理，必要时也可以直接受理。⑤

人民检察院向人民法院提出民事执行监督检察建议，应当经检察长批准或者检察委员会决定，制作检察建议书，在决定之日起十五日内将检察建议书连同案件卷宗移送同级人民法院。检察建议书应当载明检察机关查明的事实、监督理由、依据以及建议内容等。⑥

不予受理监督申请 当事人、利害关系人、案外人认为民事执行活动存在违法情形，向人民检察院申请监督，法律规定可以提出异议、复议或者提起诉讼，当事人、利害关系人、案外人没有提出异议、申请复议或者提起诉讼的，人民检察院不予受

---

① 参见《最高人民法院关于执行案件立案、结案若干问题的意见》第二十六条。
② 参见《民事诉讼法》第二百四十六条。
③ 参见《人民检察院民事诉讼监督规则》第一百零四条。
④ 参见《人民检察院民事诉讼监督规则》第三十条。
⑤ 参见《人民检察院民事诉讼监督规则》第三十一条。
⑥ 参见《最高人民法院、最高人民检察院关于民事执行活动法律监督若干问题的规定》第十一条。

理，但有正当理由的除外。当事人、利害关系人、案外人已经向人民法院提出执行异议或者申请复议，人民法院审查异议、复议期间，当事人、利害关系人、案外人又向人民检察院申请监督的，人民检察院不予受理，但申请对人民法院的异议、复议程序进行监督的除外。①

说明案件执行情况 人民检察院认为人民法院在执行活动中可能存在怠于履行职责情形的，可以依照有关规定向人民法院发出《说明案件执行情况通知书》，要求说明案件的执行情况及理由。② 人民检察院认为人民法院在民事执行活动中可能存在怠于履行职责情形的，可以向人民法院书面了解相关情况，人民法院应当说明案件的执行情况及理由，并在十五日内书面回复人民检察院。③

检察建议 人民检察院发现人民法院在执行活动中有下列情形之一的，应当向同级人民法院提出检察建议：（一）决定是否受理、执行管辖权的移转以及审查和处理执行异议、复议、申诉等执行审查活动存在违法、错误情形的；（二）实施财产调查、控制、处分、交付和分配以及罚款、拘留、信用惩戒措施等执行实施活动存在违法、错误情形的；（三）存在消极执行、拖延执行等情形的；（四）其他执行违法、错误情形。④

人民检察院对执行活动提出检察建议的，应当经检察长或者检察委员会决定，制作《检察建议书》，在决定之日起十五日内将《检察建议书》连同案件卷宗移送同级人民法院，并制作决定提出检察建议的《通知书》，发送当事人。⑤

人民法院收到人民检察院的检察建议书后，应当在三个月内将审查处理情况以回复意见函的形式回复人民检察院，并附裁定、决定等相关法律文书。有特殊情况需要延长的，经本院院长批准，可以延长一个月。回复意见函应当载明人民法院查明的事实、回复意见和理由并加盖院章。不采纳检察建议的，应当说明理由。⑥

不支持监督申请决定 人民检察院认为当事人申请监督的人民法院执行活动不存在违法情形的，应当作出不支持监督申请的决定，并在决定之日起十五日内制作《不支持监督申请决定书》，发送申请人。⑦

---

① 参见《最高人民法院、最高人民检察院关于民事执行活动法律监督若干问题的规定》第六条。
② 参见《人民检察院民事诉讼监督规则》第一百零五条。
③ 参见《最高人民法院、最高人民检察院关于民事执行活动法律监督若干问题的规定》第十条。
④ 参见《人民检察院民事诉讼监督规则》第一百零六条。
⑤ 参见《人民检察院民事诉讼监督规则》第一百零八条。
⑥ 参见《最高人民法院、最高人民检察院关于民事执行活动法律监督若干问题的规定》第十三条。
⑦ 参见《人民检察院民事诉讼监督规则》第一百零九条。

专题二十四 关于人民法院执行权制约与内部分离机制

一、审判、破产、国家赔偿程序对执行权的制约

（一）审执分离机制

在诉讼程序中，审判权以明晰权利义务关系为目标，强调公平公正，执行权以实现胜诉权益为目标，侧重效率优先。审判工作由审判员负责，执行工作由执行员负责，通过法院内部分工、权力监督，实现专业分工，提高工作效率。正因为二者价值目标不同，相应的司法程序、人员配置也不相同，所以审执分离成为一项基本原则，以执代审剥夺当事人的辩论权，构成严重的程序违规行为。执行中的重大实体争议问题，应严格按照民事诉讼法及司法解释的规定，通过相应诉讼程序解决，避免违规以执代审。

（二）破产清偿机制

执行中发现企业法人不能清偿到期债务，并且资产不足以清偿全部债务或者明显缺乏清偿能力的，应当暂缓财产分配，及时询问申请执行人、被执行人是否申请或者同意将案件移送破产审查，避免影响各债权人的公平受偿权；对于无财产可供执行的终本案件，要及时启动执转破程序，清理僵尸企业，有序消化终本案件存量。人民法院收到移送破产审查决定书面通知的，应依法中止执行，坚决杜绝在破产案件受理后不配合解除相应保全措施、搞地方保护等现象。①

（三）国家赔偿制度

人民法院在民事执行过程中，违法采取对妨害诉讼的强制措施、保全措施或者对判决、裁定及其他生效法律文书执行错误，造成损害的，赔偿请求人有权要求国家赔偿。执行错误的，依法及时启动国家赔偿程序，完善执行错误案件国家赔偿制度机制，有效及时挽回因执行错误给当事人造成的损失，维护当事人的合法权益。②

二、执行裁决权与执行实施权分离

执行案件包括执行实施类案件和执行审查类案件：（一）执行实施类案件是指人民法院因申请执行人申请、审判机构移送、受托、提级、指定和依职权，对已发生法律效力且具有可强制执行内容的法律文书所确定的事项予以执行的案件。（二）执行审查类案件是指在执行过程中，人民法院审查和处理执行异议、复议、申诉、请示、

---

① 参见《最高人民法院关于进一步完善执行权制约机制 加强执行监督的意见》第5条。
② 参见《最高人民法院关于进一步完善执行权制约机制 加强执行监督的意见》第5条。

协调以及决定执行管辖权的移转等事项的案件。①

具备条件的人民法院可单独设立执行裁判庭，负责办理执行异议、复议、执行异议之诉案件，以及消极执行督办案件以外的执行监督案件。不具备条件的人民法院，执行异议、复议、消极执行督办案件以外的执行监督案件由执行机构专门合议庭负责审查，执行异议之诉案件由相关审判庭负责审理。充分发挥执行裁决权对执行实施权的制衡和约束作用。②

典型案例 执行程序中对涉及实体权利争议的事项进行认定，属以执代审，违反了审判、执行相分离的原则。

2010年7月，潘某云、潘某翔向法院起诉称，某医用器具公司非法生产其专利产品并销售的行为构成侵权，请求判令停止使用诉争发明专利，并赔偿200万元。一审判决后，双方当事人均向上级法院提出上诉。2012年11月，二审法院主持双方调解并达成调解协议，调解协议共五项内容，其中第四、第五项系调解协议的主要条款，分别涉及两个800万元的违约赔偿。调解协议生效后，潘某云、潘某翔以医用器具公司违反调解协议约定为由，向法院分别申请强制执行调解书约定的第四、第五项违约赔偿。医用器具公司对此亦分别提出执行异议。后经上级法院复议后均裁定执行。2016年1月，两个执行标的为800万元的案件均进入执行。案件在执行期间，医用器具公司厂房及机械设备被查封，企业被迫全线停产，员工失业，银行停止发放贷款，公司背负较重的经济负担。

2016年8月，医用器具公司向检察机关申请执行监督。检察机关经审查认为，本案调解书中所确定的基于违约责任而导致的给付义务，取决于未来发生的事实，即医用器具公司在履行生效调解书过程中是否违约、是否承担民事责任，属于与案件审结后新发生事实相结合而形成的新的实体权利义务争议，并非简单的事实判断，法院在执行程序中直接予以认定，属以执代审，违反了审判、执行相分离的原则。为有效保障各方当事人的合法权益，应允许当事人通过另行提起诉讼的方式予以解决。遂向法院发出撤销原执行复议裁定的检察建议。2018年4月，法院采纳检察机关提出的检察建议，作出撤销原执行复议裁定，驳回潘某云、潘某翔的强制执行申请。③

---

① 参见《最高人民法院关于执行案件立案、结案若干问题的意见》第一条。
② 参见《最高人民法院关于进一步完善执行权制约机制 加强执行监督的意见》第6条。
③ 参见"民事诉讼和执行活动法律监督典型案例"，https：//www.spp.gov.cn/spp/zdgz/201810/t20181025_396560.shtml，最后访问时间2024年7月22日。

第二节　执行信访申诉

我国宪法规定，公民对于任何国家机关和国家工作人员有提出批评与建议的权利。因此，申请执行人除了正常的工作监督之外，还可以通过信访申诉等方式向人民法院内部的监察、督查、纪检等部门、上级人民法院反映监督诉求，以及向同级党委、人大等机关对人民法院工作提出意见、建议等。

一、执行案件信访程序

人民法院执行部门应当确定专人处理涉及执行案件的来信、来访，所有执行信访案件均应及时、全面录入人民法院执行申诉信访办理系统，并且全流程在人民法院执行申诉信访办理系统上办理。①

对于反映本院执行案件办理问题的信访材料，各地人民法院信访工作承办人应当于30日内办结，并及时将办理结果告知信访人。②

对于反映下级人民法院执行案件办理问题的信访材料，高级、中级人民法院的承办人应当于15个工作日内完成甄别工作，紧急情况应即刻办理、及时报告、及时采取措施。③

对于上级人民法院挂网交办的执行信访案件，执行法院应当于45日内办理完毕，并及时告知信访人；办理意见经执行部门相关负责人审批同意后，通过人民法院执行申诉信访办理系统层报上级交办法院核销。④

各高级人民法院每季度对辖区中级、基层人民法院办理执行信访案件情况进行通报。对执行信访案件办理情况进行常态化监督，发现执行法院不进行初信初访登记、登记后未实际处理或者未在合理期限内采取措施，导致群体访、越级赴省进京信访的，对执行法院主要负责人和其他相关责任人进行约谈。⑤

---

① 参见《最高人民法院关于建立健全执行信访案件"接访即办"工作机制的意见》第三条。
② 参见《最高人民法院关于建立健全执行信访案件"接访即办"工作机制的意见》第五条。
③ 参见《最高人民法院关于建立健全执行信访案件"接访即办"工作机制的意见》第六条。
④ 参见《最高人民法院关于建立健全执行信访案件"接访即办"工作机制的意见》第七条。
⑤ 参见《最高人民法院关于建立健全执行信访案件"接访即办"工作机制的意见》第十条。

执行法院或者执行人员在"接访即办"工作中弄虚作假或者不执行上级人民法院的监督意见,以及执行人员存在消极执行、违法执行等情形,造成恶劣影响或者严重后果的,除责令限期纠正外,相关人民法院应当启动"一案双查"工作机制予以查处。[1]

二、人民法院监察程序

人民法院监察部门,是人民法院行使监察职能的专门机构,依照法律和本条例对人民法院及其法官和其他工作人员实施监察。[2] 人民法院监察部门依照法律和本条例行使职权,不受行政机关、社会团体、个人及人民法院内设其他部门的干涉。[3]

最高人民法院,高、中级人民法院设立监察室。基层人民法院设立监察室或者专职监察员。[4]

最高人民法院监察室对下列单位、部门和人员实施监察:(一)本院各部门及其法官和其他工作人员;(二)省、自治区、直辖市高级人民法院及其院长、副院长、副院级领导干部、监察室主任。[5]

省、自治区、直辖市高级人民法院和中级人民法院监察室对下列单位、部门和人员实施监察:(一)本院各部门及其法官和其他工作人员;(二)下一级人民法院及其院长、副院长、副院级领导干部、监察室主任、专职监察员。[6]

基层人民法院监察室或者专职监察员对本院各部门及其法官和其他工作人员实施监察。[7]

监察部门根据检查、调查结果,遇有下列情形之一的,可以提出监察建议:

(一)拒不执行法律、法规或者违反法律、法规以及人民法院纪律,应当予以纠正的;

(二)违反人民法院纪律,应当给予警告、记过、记大过、降级、撤职、开除处

---

[1] 参见《最高人民法院关于建立健全执行信访案件"接访即办"工作机制的意见》第十二条。
[2] 参见《人民法院监察工作条例》第二条。
[3] 参见《人民法院监察工作条例》第三条。
[4] 参见《人民法院监察工作条例》第七条。
[5] 参见《人民法院监察工作条例》第十五条。
[6] 参见《人民法院监察工作条例》第十六条。
[7] 参见《人民法院监察工作条例》第十七条。

分的；

（三）录用、任免、奖惩决定明显不适当，应当予以纠正的；

（四）需要完善制度、堵塞漏洞的；

（五）其他需要提出监察建议的。①

监察部门立案调查的案件，应当自立案之日起六个月内结案，因特殊原因需要延长期限的，可以适当延长，但应当报上一级人民法院监察部门备案，说明情况和原因。②

三、人民法院督查程序

人民法院督查工作是指对人民法院重大决策部署、重要专项工作，上级或同级党委和人大常委会等有关机关及其领导、上级人民法院及其领导或本院领导批示交办的事项进行督查。③

最高人民法院和高级人民法院应当设立专门的督查工作机构或部门，负责督查督办下级人民法院和本院各单位承担的督查事项。有条件的中级人民法院、基层人民法院可以设立专门的督查工作机构；没有条件的，应当视情配备专职或兼职督查工作人员。④

督查工作内容主要包括：

（一）上级人民法院或本院文件中，要求报告贯彻落实情况或需要督查的事项；每年度向人民代表大会所作《人民法院工作报告》中需要督查的事项。

（二）人民法院召开的各类工作会议、本院党组会议、院长办公会议以及院领导主持召开的专题工作会议决定事项中，要求报告贯彻落实情况或需要督查的事项。

（三）人民法院开展重要专项工作中需要督查的事项。

（四）上级或同级党委和人大常委会等有关机关及其领导批示交办的需要督查的事项。

（五）上级人民法院及其领导或本院领导批示交办的需要督查的事项。

---

① 参见《人民法院监察工作条例》第二十一条。
② 参见《人民法院监察工作条例》第二十九条。
③ 参见《人民法院督促检查工作规定》第二条。
④ 参见《人民法院督促检查工作规定》第四条。

(六) 其他需要督查的事项。①

督查工作一般包括立项登记、拟办送审、交办、办理、反馈、催办、报告、回访复核、结项归档等程序。②

四、执行工作"一案双查"

执行工作"一案双查",是指上级法院执行机构和监察机构协调配合,统筹督查下级法院执行案件办理、执行工作管理问题和干警违规违法违纪问题,依照法律、司法解释及有关规定作出处理。③

执行工作"一案双查"线索来源主要包括:(一)人民群众来信来访;(二)人大代表、政协委员以及其他党政机关反映或转交;(三)检察机关提出检察建议;(四)司法巡查或审务督察中发现的问题;(五)院领导、执行机构负责人等为依法履行监督管理职责重点督办事项;(六)涉执行重大突发事件、舆情事件;(七)办理执行复议、协调、监督等案件中发现的问题; (八)执行指挥中心运行管理过程中发现的问题;(九)其他途径发现的涉执行问题。④

最高人民法院、高级人民法院和中级人民法院执行机构应确定专门人员组成工作组负责收集、筛选"一案双查"线索,提请执行机构主要负责人审核通过后与监察机构会商;监察机构收到涉执行举报投诉的,也可以作为"一案双查"线索与执行机构会商。执行机构和监察机构应建立联席会议制度,共同研究确定对有关线索是否启动"一案双查"。联席会议根据工作需要,定期或不定期召开。司法巡查或审务督察中发现的线索,由司法巡查组、审务督察组或联合检查组提出意见,提交执行机构、监察机构联席会议讨论决定是否启动"一案双查"。⑤

下级法院应在上级法院指定期限内上报"一案双查"调查报告,报告应包含调查经过、查明事实、问题分析和处理意见等内容。上级法院认为需要继续调查核实的,可责令下级法院限期补充调查,也可直接派员赴当地调查,必要时还可以组织听证,对

---

① 参见《人民法院督促检查工作规定》第八条。
② 参见《人民法院督促检查工作规定》第十条。
③ 参见《最高人民法院关于对执行工作实行"一案双查"的规定》第一条。
④ 参见《最高人民法院关于对执行工作实行"一案双查"的规定》第三条。
⑤ 参见《最高人民法院关于对执行工作实行"一案双查"的规定》第四条。

有关问题进行核查。①

上级法院执行机构和监察机构收到下级法院调查报告并分别核查后,应及时召开联席会议进行会商,形成检查结论,分别以下不同情形处理:

(一)执行监督纠正。发现案件办理确有错误的,可以将问题反馈至执行法院,由执行法院自行纠正,也可以由上级法院直接立案监督纠正。

(二)督促限期办理。发现案件存在消极执行、选择性执行等情形的,应当逐级向执行法院发出督办意见,要求在指定期限内采取执行措施、推进执行进程等;发现执行管理方面存在问题或漏洞的,可要求下级法院限期改进。

(三)违纪行为处分。发现执行干警存在违规违法违纪等问题的,根据处分权限移送相关法院或职能部门,依照《中国共产党纪律处分条例》《人民法院工作人员处分条例》等规定处理;涉嫌犯罪的,建议相关法院移送有关监察、司法机关依法处理。

(四)通报、约谈及纳入考评。经启动"一案双查"发现下级法院执行工作存在需要整改的典型问题,以及下级法院对"一案双查"工作开展不力的,上级法院可启动约谈机制责令整改。凡经最高人民法院启动"一案双查"被约谈或通报的,将作为该省、自治区、直辖市年度平安建设考评(执行难综合治理及源头治理部分)扣分项处理。②

第三节 执行国家赔偿

在执行程序中,人民法院行使的是国家权力,代表国家强制被执行人履行法定义务,其法律后果理应由国家承担。因此,人民法院错误采取执行措施或者罚款、拘留等强制措施,侵犯案外人的合法权益,或者未依法采取执行措施,导致申请执行人利益受损,受害人有权请求国家赔偿。

人民法院在民事诉讼、行政诉讼过程中,违法采取对妨害诉讼的强制措施、保全措施或者对判决、裁定及其他生效法律文书执行错误,造成损害的,赔偿请求人要求赔偿的程序,适用本法刑事赔偿程序的规定。③

---

① 参见《最高人民法院关于对执行工作实行"一案双查"的规定》第八条。
② 参见《最高人民法院关于对执行工作实行"一案双查"的规定》第九条。
③ 参见《国家赔偿法》第三十八条。

第 131 项请求权：申请错误执行行为国家赔偿　公民、法人和其他组织认为有下列错误执行行为造成损害申请赔偿的，人民法院应当依法受理：

（一）执行未生效法律文书，或者明显超出生效法律文书确定的数额和范围执行的；

（二）发现被执行人有可供执行的财产，但故意拖延执行、不执行，或者应当依法恢复执行而不恢复的；

（三）违法执行案外人财产，或者违法将案件执行款物交付给其他当事人、案外人的；

（四）对抵押、质押、留置、保留所有权等财产采取执行措施，未依法保护上述权利人优先受偿权等合法权益的；

（五）对其他人民法院已经依法采取保全或者执行措施的财产违法执行的；

（六）对执行中查封、扣押、冻结的财产故意不履行或者怠于履行监管职责的；

（七）对不宜长期保存或者易贬值的财产采取执行措施，未及时处理或者违法处理的；

（八）违法拍卖、变卖、以物抵债，或者依法应当评估而未评估，依法应当拍卖而未拍卖的；

（九）违法撤销拍卖、变卖或者以物抵债的；

（十）违法采取纳入失信被执行人名单、限制消费、限制出境等措施的；

（十一）因违法或者过错采取执行措施或者强制措施的其他行为。[①]

公民、法人和其他组织申请错误执行赔偿，应当在执行程序终结后提出，终结前提出的不予受理。但有下列情形之一，且无法在相关诉讼或者执行程序中予以补救的除外：

（一）罚款、拘留等强制措施已被依法撤销，或者实施过程中造成人身损害的；

（二）被执行的财产经诉讼程序依法确认不属于被执行人，或者人民法院生效法律文书已确认执行行为违法的；

（三）自立案执行之日起超过五年，且已裁定终结本次执行程序，被执行人已无

[①] 参见《最高人民法院关于审理涉执行司法赔偿案件适用法律若干问题的解释》第二条。

可供执行财产的;

（四）在执行程序终结前可以申请赔偿的其他情形。

赔偿请求人依据前款规定，在执行程序终结后申请赔偿的，该执行程序期间不计入赔偿请求时效。①

错误执行造成受害人停产停业的，下列损失属于停产停业期间必要的经常性费用开支：

（一）必要留守职工工资；

（二）必须缴纳的税款、社会保险费；

（三）应当缴纳的水电费、保管费、仓储费、承包费；

（四）合理的房屋场地租金、设备租金、设备折旧费；

（五）维系停产停业期间运营所需的其他基本开支。

错误执行生产设备、用于营运的运输工具，致使受害人丧失唯一生活来源的，按照其实际损失予以赔偿。②

最高人民法院指导案例　执行程序终结不是国家赔偿程序启动的绝对标准。一般来讲，执行程序只有终结以后，才能确定错误执行行为给当事人造成的损失数额，才能避免执行程序和赔偿程序之间的并存交叉，也才能对赔偿案件在穷尽其他救济措施后进行终局性的审查处理。但是，这种理解不应当绝对化和形式化，应当从实质意义上进行理解。在人民法院执行行为长期无任何进展，也不可能再有进展，被执行人实际上已经彻底丧失清偿能力，申请执行人等已因错误执行行为遭受无法挽回的损失的情况下，应当允许其提出国家赔偿申请。否则，有错误执行行为的法院只要不作出执行程序终结的结论，国家赔偿程序就不能启动，这种理解与国家赔偿法以及相关司法解释的目的是背道而驰的。③

最高人民法院指导案例　人民法院审理执行异议案件，因原执行行为所依据的当事人执行和解协议侵犯案外人合法权益，对原执行行为裁定予以撤销，并将被执行财产恢复至执行之前状态的，该撤销裁定及执行回转行为不属于《中华人民共和国国家赔偿法》第三十八条规定的执行错误。④

---

① 参见《最高人民法院关于审理涉执行司法赔偿案件适用法律若干问题的解释》第五条。
② 参见《最高人民法院关于审理涉执行司法赔偿案件适用法律若干问题的解释》第十六条。
③ 参见指导案例116号：丹东益某投资有限公司申请丹东市中级人民法院错误执行国家赔偿案。
④ 参见指导性案例43号：国泰君某证券股份有限公司海口滨海大道（天福酒店）证券营业部申请错误执行赔偿案。

> **第132项请求权：申请刑事违法执行赔偿** 行使侦查、检察、审判职权的机关以及看守所、监狱管理机关及其工作人员在行使职权时有下列侵犯财产权情形之一的，受害人有取得赔偿的权利：（一）违法对财产采取查封、扣押、冻结、追缴等措施的；（二）依照审判监督程序再审改判无罪，原判罚金、没收财产已经执行的。①

对财产采取查封、扣押、冻结、追缴等措施后，有下列情形之一，且办案机关未依法解除查封、扣押、冻结等措施或者返还财产的，属于国家赔偿法第十八条规定的侵犯财产权：（一）赔偿请求人有证据证明财产与尚未终结的刑事案件无关，经审查属实的；（二）终止侦查、撤销案件、不起诉、判决宣告无罪终止追究刑事责任的；（三）采取取保候审、监视居住、拘留或者逮捕措施，在解除、撤销强制措施或者强制措施法定期限届满后超过一年未移送起诉、作出不起诉决定或者撤销案件的；（四）未采取取保候审、监视居住、拘留或者逮捕措施，立案后超过两年未移送起诉、作出不起诉决定或者撤销案件的；（五）人民检察院撤回起诉超过三十日未作出不起诉决定的；（六）人民法院决定按撤诉处理后超过三十日，人民检察院未作出不起诉决定的；（七）对生效裁决没有处理的财产或者对该财产违法进行其他处理的。有前款第三项至六项规定情形之一，赔偿义务机关有证据证明尚未终止追究刑事责任，且经人民法院赔偿委员会审查属实的，应当决定驳回赔偿请求人的赔偿申请。②

---

① 参见《中华人民共和国国家赔偿法》第十八条。
② 参见《最高人民法院、最高人民检察院关于办理刑事赔偿案件适用法律若干问题的解释》第三条。

请求权基础索引表

请求权基础	页码
第1项请求权：申请执行民事判决、裁定	第3页
第2项请求权：申请执行仲裁裁决	第4页
第3项请求权：申请执行赋予强制执行效力的债权文书	第4页
第4项请求权：申请执行实现担保物权裁定、确认调解协议裁定、支付令	第4页
第5项请求权：申请执行担保财产或者保证人的财产	第5页
第6项请求权：申请执行回转	第7页
第7项请求权：申请查封、扣押、冻结被执行人的动产、不动产及其他财产权	第11页
第8项请求权：申请扣留、提取被执行人收入	第12页
第9项请求权：申请责令被执行人或其他人限期追回财产或承担赔偿责任	第12页
第10项请求权：申请禁止被执行人转让知识产权，申请拍卖、变卖知识产权	第12页
第11项请求权：申请冻结、提取股息或红利等收益	第12页
第12项请求权：申请扣划收益权收费账户内资金	第13页
第13项请求权：申请扣押、强制转让、拍卖、变卖股份凭证（股票）	第13页
第14项请求权：申请冻结投资权益或股权	第13页
第15项请求权：申请转让、拍卖、变卖投资权益或股权	第13页
第16项请求权：申请自行处分被保全财产	第14页
第17项请求权：申请解除保全	第14页
第18项请求权：申请代位析产诉讼	第16页
第19项请求权：申请解除占有或者排除妨害	第19页
第20项请求权：申请预查封未登记的土地使用权	第21页
第21项请求权：申请预查封未登记的房屋所有权	第21页

续表

第 22 项请求权：申请分割登记查封	第 23 页
第 23 项请求权：申请人民法院采取搜查措施	第 28 页
第 24 项请求权：申请不进行评估	第 31 页
第 25 项请求权：申请网络询价报告或者评估报告的书面异议	第 31 页
第 26 项请求权：申请对评估报告的参照标准、计算方法或者评估结果等的书面异议	第 32 页
第 27 项请求权：申请对拍卖行为执行监督	第 33 页
第 28 项请求权：申请扩大公告范围	第 34 页
第 29 项请求权：申请撤销网络司法拍卖	第 41 页
第 30 项请求权：申请不经拍卖直接变卖	第 42 页
第 31 项请求权：第三人申请以流拍价购买财产	第 42 页
第 32 项请求权：被执行人申请以流拍价融资	第 42 页
第 33 项请求权：申请通过网络平台自行公开拍卖	第 43 页
第 34 项请求权：申请拍卖行为无效	第 43 页
第 35 项请求权：申请强制迁出房屋/退出土地	第 56 页
第 36 项请求权：申请委托/代履行	第 56 页
第 37 项请求权：申请排除妨害	第 57 页
第 38 项请求权：申请恢复执行原生效法律文书	第 64 页
第 39 项请求权：申请确认和解协议无效或撤销和解协议	第 65 页
第 40 项请求权：申请终本执行异议	第 68 页
第 41 项请求权：终本后再次申请执行	第 69 页
第 42 项请求权：申请终本后恢复执行	第 69 页
第 43 项请求权：申请人民法院调查财产	第 79 页
第 44 项请求权：申请查询人民法院调查的财产信息	第 79 页
第 45 项请求权：申请被执行人报告财产情况	第 81 页
第 46 项请求权：申请查询被执行人报告财产情况	第 81 页
第 47 项请求权：申请律师调查令	第 82 页
第 48 项请求权：申请委托审计	第 87 页

续表

第 49 项请求权：申请发布悬赏公告	第 88 页
第 50 项请求权：申请在其他媒体平台发布悬赏公告	第 88 页
第 51 项请求权：申请责令协助义务人限期追回或承担责任	第 91 页
第 52 项请求权：申请对超过生活必需房屋和生活用品的执行	第 105 页
第 53 项请求权：申请责令限期拆除	第 110 页
第 54 项请求权：申请公司重大行为报告情况	第 112 页
第 55 项请求权：申请冻结股息、红利等收益	第 112 页
第 56 项请求权：申请自行变价被冻结股权	第 113 页
第 57 项请求权：申请对股权所在公司进行审计	第 113 页
第 58 项请求权：申请"无底价拍卖"公司股权	第 113 页
第 59 项请求权：申请以集中竞价、大宗交易、协议转让方式变价股票	第 115 页
第 60 项请求权：申请扣押当事船舶	第 117 页
第 61 项请求权：申请扣押船载货物、拍卖货物	第 118 页
第 62 项请求权：申请海事强制令	第 118 页
第 63 项请求权：申请设立海事赔偿责任限制基金	第 119 页
第 64 项请求权：申请第三人不得对债务人清偿	第 120 页
第 65 项请求权：申请向第三人发出履行到期债务通知	第 120 页
第 66 项请求权：第三人申请债务履行异议	第 121 页
第 67 项请求权：申请代位权诉讼	第 123 页
第 68 项请求权：申请房屋交付或优先返还价款	第 138 页
第 69 项请求权：申请建设工程款优先受偿	第 139 页
第 70 项请求权：申请狭义参与分配	第 141 页
第 71 项请求权：申请狭义分配方案异议	第 142 页
第 72 项请求权：申请广义参与分配	第 143 页
第 73 项请求权：申请广义分配方案异议	第 143 页
第 74 项请求权：申请变更、追加遗产继承人为被执行人	第 149 页
第 75 项请求权：申请变更、追加遗产管理人、继承人、受遗赠人等取得遗产的主体、财产代管人为被执行人	第 149 页

续表

第76项请求权：申请变更分立、合并、名称变更后的法人或者其他组织、权利义务承受人为被执行人	第149页
第77项请求权：申请变更、追加无偿接受财产的股东、出资人或主管部门为被执行人	第150页
第78项请求权：申请变更、追加接收无偿调拨、划转财产的第三人为被执行人	第150页
第79项请求权：申请变更、追加其出资人为被执行人	第150页
第80项请求权：申请变更、追加普通合伙人、未按期足额缴纳出资的有限合伙人为被执行人	第151页
第81项请求权：申请变更、追加分支机构的法人为被执行人	第151页
第82项请求权：申请变更、追加依法对非法人组织的债务承担责任的主体为被执行人	第151页
第83项请求权：申请变更、追加未缴纳或未足额缴纳出资的股东、出资人或对出资承担连带责任的发起人为被执行人	第151页
第84项请求权：申请变更、追加抽逃出资的股东、出资人为被执行人	第151页
第85项请求权：申请变更、追加未履行出资义务即转让股权的股东或对该出资承担连带责任的发起人为被执行人	第152页
第86项请求权：申请变更、追加一人有限责任公司的股东为被执行人	第152页
第87项请求权：申请变更、追加未经清算即办理注销登记，导致公司无法进行清算的有限责任公司的股东、股份有限公司的董事和控股股东为被执行人	第152页
第88项请求权：申请变更、追加注销登记时承诺承担清偿责任的第三人为被执行人	第153页
第89项请求权：申请变更、追加承诺代履行债务的第三人为被执行人	第153页
第90项请求权：请求未履行或未全面履行出资义务的股东承担补充赔偿责任、发起人、董事、高级管理人员承担连带责任	第154页
第91项请求权：请求抽逃出资的股东承担补偿赔偿责任、协助抽逃出资的其他股东、董事、高级管理人员或者实际控制人承担连带责任	第154页
第92项请求权：请求受让股东承担连带补偿赔偿责任	第154页
第93条请求权：请求第三人承担连带赔偿责任	第155页
第94项请求权：申请对变更、追加裁定或驳回申请裁定的复议	第156页

续表

第 95 项请求权：提起变更、追加执行异议之诉	第 157 页
第 96 项请求权：申请人民法院指定清算	第 158 页
第 97 项请求权：申请清算义务人承担赔偿责任	第 158 页
第 98 项请求权：请求有限公司股东、股份公司董事、实际控制人、第三人承担赔偿、连带清偿责任	第 158 页
第 99 项请求权：申请重整、和解或破产清算	第 160 页
第 100 项请求权：申请执行行为异议	第 173 页
第 101 项请求权：申请执行行为异议复议	第 176 页
第 102 项请求权：申请执行标的异议	第 177 页
第 103 项请求权：申请执行异议之诉	第 191 页
第 104 项请求权：向公安机关提出申诉或控告	第 204 页
第 105 项请求权：向同级人民检察院提出申诉	第 205 页
第 106 项请求权：申请刑事涉财检察监督	第 205 页
第 107 项请求权：提出刑事涉案财物权属异议	第 205 页
第 108 项请求权：申请刑事裁判赃款赃物异议	第 206 页
第 109 项请求权：申请对被执行人采取限制消费措施	第 215 页
第 110 项请求权：申请解除或暂时解除限制消费措施	第 216 页
第 111 项请求权：申请将被执行人纳入失信被执行人名单	第 218 页
第 112 项请求权：申请在媒体公布被执行人不履行法律文书确定义务的信息	第 219 页
第 113 项请求权：申请限制被执行人出境	第 219 页
第 114 项请求权：申请撤销无偿处分财产权益、恶意延长履行期限的行为	第 223 页
第 115 项请求权：请求撤销低价转让、高价受让或提供担保的行为	第 223 页
第 116 项请求权：案外人申请不予执行仲裁裁决、调解书	第 233 页
第 117 项请求权：申请股东、关联公司承担连带责任	第 238 页
第 118 项请求权：申请被执行人、案外人侵权赔偿	第 241 页
第 119 项请求权：请求追究拒不执行判决、裁定行为的刑事责任	第 248 页

续表

第 120 项请求权：请求追究非法处置查封、扣押、冻结财产行为的刑事责任	第 258 页
第 121 项请求权：请求追究妨害清算行为的刑事责任	第 260 页
第 122 项请求权：请求追究隐匿、故意销毁会计凭证、会计帐簿、财务会计报告行为的刑事责任	第 261 页
第 123 项请求权：请求追究实施虚假破产行为的刑事责任	第 261 页
第 124 项请求权：请求追究实施虚假诉讼行为的刑事责任	第 263 页
第 125 项请求权：请求虚假诉讼参与人承担侵权责任	第 265 页
第 126 项请求权：向上一级人民法院申请执行	第 277 页
第 127 项请求权：申请责令执行法院限期执行或者变更执行法院	第 277 页
第 128 项请求权：申请向优先债权法院移送执行	第 278 页
第 129 项请求权：申请上一级人民法院执行监督	第 279 页
第 130 项请求权：申请人民检察院监督	第 281 页
第 131 项请求权：申请错误执行行为国家赔偿	第 290 页
第 132 项请求权：申请刑事违法执行赔偿	第 292 页

图书在版编目（CIP）数据

民事执行实务精要：请求权基础·案例·专题／周培鑫编著. -- 北京：中国法治出版社，2024.11.
ISBN 978-7-5216-4749-5

Ⅰ.D925.104

中国国家版本馆 CIP 数据核字第 2024B1K470 号

责任编辑：刘冰清　　　　　　　　　　　　　　　　封面设计：杨泽江

民事执行实务精要：请求权基础·案例·专题
MINSHI ZHIXING SHIWU JINGYAO：QINGQIUQUAN JICHU·ANLI·ZHUANTI

编著／周培鑫
经销／新华书店
印刷／三河市国英印务有限公司
开本／710 毫米×1000 毫米　16 开　　　　　印张／19.25　字数／273 千
版次／2024 年 11 月第 1 版　　　　　　　　 2024 年 11 月第 1 次印刷

中国法治出版社出版

书号 ISBN 978-7-5216-4749-5　　　　　　　　　　　　　　　　定价：78.00 元

北京市西城区西便门西里甲 16 号西便门办公区
邮政编码：100053　　　　　　　　　　　　　传真：010-63141600
网址：http://www.zgfzs.com　　　　　　 编辑部电话：010-63141837
市场营销部电话：010-63141612　　　　　 印务部电话：010-63141606

（如有印装质量问题，请与本社印务部联系。）